占地受限条件下高速公路
改扩建路基加宽技术

杨广庆　唐兰军 等　编著

科学出版社

北京

内 容 简 介

本书以河北省新元高速公路改扩建占地受限条件下高速公路改扩建路基加宽工程为依托，对其工程设计与施工过程中采用的新技术、新工艺、新材料等进行了总结和提炼。本书共五章，第一章为绪论，主要介绍河北省新元高速公路改扩建工程及路基加宽设计概况；第二章分析高速公路改扩建路基加宽需要解决的问题及技术对策；第三章介绍流态粉煤灰回填悬臂式路堤挡土墙加宽路基应用技术；第四章介绍现浇泡沫轻质土加宽路基应用技术研究；第五章介绍土工格栅加筋土陡坡加宽路基应用技术研究。本书内容创新性强，具有较高的实用性和可操作性。

本书可作为从事公路工程设计、施工、管理、监理等工作的技术人员和管理人员的参考用书，也可供高等院校相关专业的师生参考。

图书在版编目（CIP）数据

占地受限条件下高速公路改扩建路基加宽技术/杨广庆等编著. —北京：科学出版社，2023.4
　ISBN 978-7-03-075367-0

　Ⅰ. ①占⋯　Ⅱ. ①杨⋯　Ⅲ. ①高速公路-改建-路基工程-工程技术②高速公路-扩建-路基工程-工程技术　Ⅳ. ①U418.8

中国国家版本馆 CIP 数据核字（2023）第 064639 号

责任编辑：童安齐 / 责任校对：王万红
责任印制：吕春珉 / 封面设计：东方人华设计部

科 学 出 版 社 出版
北京东黄城根北街 16 号
邮政编码：100717
http://www.sciencep.com

北京中科印刷有限公司 印刷
科学出版社发行　　各地新华书店经销
*
2023 年 4 月第 一 版　　开本：B5（720×1000）
2023 年 4 月第一次印刷　　印张：13
　　　　　字数：250 000
定价：130.00 元
（如有印装质量问题，我社负责调换〈中科〉）
销售部电话 010-62136230　编辑部电话 010-62130874

前　言

河北省新乐至元氏高速公路郭村至拐角铺段（以下简称"新元高速公路"）北接京港澳高速公路，向南经新乐、石家庄机场、正定高新区后与石家庄绕城高速公路汇合，向南接新乐至元氏高速公路拐角铺至元氏段，是河北省最主要的南北交通干线，也是河北省中南部地区联系首都北京，进而沟通东北、华北地区的重要高速公路通道，在路网中具有十分重要的地位。

新元高速公路于 1994 年 12 月竣工通车，为双向四车道，路基面宽度为 27m。新元高速公路通车后对河北省乃至全国经济的发展起到了极大的拉动作用，自从通车后交通量急剧增长。据统计资料预测，该工程互通交通量将达到六车道高速公路技术标准要求，因此对其进行升级改造、提高建设标准是必要的。

本书以新元高速公路改扩建用地受限条件下路基加宽工程为依托，对工程设计与施工过程中采用的新技术、新工艺、新材料等进行了总结和提炼。本书内容创新性强、具有较强的实用性和可操作性。

本书由石家庄铁道大学杨广庆统稿。第一章由唐兰军、高松洁、陈磊编写，第二章由唐兰军、王志杰、陈磊编写，第三章由杨广庆、周彤、王志杰、喻德毅编写，第四章由杨广庆、盛敬亮、王贺、刘翠编写，第五章由唐兰军、杨广庆、张晶、庞巍编写。

限于时间和编著者水平，书中遗漏及不足之处在所难免，敬请广大读者指正。

编著者

2021 年 11 月

目　　录

第一章　绪　　论

1.1　研　究　背　景

1.1.1　项目背景

新元高速公路原为京港澳高速公路河北段的一部分。2012 年京港澳高速公路河北段开始改扩建，其中新乐至元氏段采取绕城新建方案，对应原京港澳高速公路新乐至元氏段划归河北省高速公路网。新元高速公路北接京港澳高速公路，经新乐、石家庄机场、正定高新区后与石家庄绕城高速公路汇合，向南接新乐至元氏高速公路拐角铺至元氏段。新元高速公路是河北省最主要的南北交通干线，是河北省中南部地区联系首都北京，进而沟通东北、华北地区的重要高速公路通道，也是石家庄通往机场的快速路，在路网中具有十分重要的地位。

新元高速公路既有线路于 1993 年 11 月半幅高速公路全线建成通车，1994 年12 月全幅竣工通车，为双向四车道，路基面宽度 27m。高速公路建成后实施了完善的养护工作。新元高速公路建成后至 2005 年进行了常规养护工作，针对病害路段开展了局部挖补为主的修补工作。2005 年 8 月，滹沱河大桥西半幅换装上部梁板。2006 年全线罩面并对小桥涵进行加固处理，同时对高速公路全段的中央分隔带护栏进行加高、加固处理，由原一般路段 4m 柱间距的钢板护栏调整为 2m 柱间距。新元高速公路既有线路通车后也陆续对存在单板受力的部分桥梁进行了加固改造，截至 2017 年，公路整体使用状况较好。

新元高速公路通车后对河北省乃至全国经济的发展起到了极大的拉动作用，自通车后交通量急剧增长。据统计资料预计，新元高速公路将达到六车道高速公路技术标准要求，而目前仅有四车道高速公路的通行能力，对其进行升级改造、提高建设标准是必要的。然而，既有线路存在的问题如下。

（1）既有路基断面宽度偏小，硬路肩偏窄，不能满足交通需求。

（2）机场互通及收费站规模不能满足目前使用要求，常有堵车现象发生。

（3）高速公路对沿线地方发展分割作用明显，横向通行走廊缺乏。

（4）沿线通道积水严重、净空不足，群众意见较大。

新元高速公路改扩建工程起自郭村枢纽互通，终点至拐角铺枢纽互通，双侧加宽，加宽后路基面宽度为 34.5m，全长 22.470km。

1.1.2　自然地理条件

1. 地形、地貌

路线所经地区属华北平原的西部边缘带，距太行山主峰 50～60km，属太行山山前冲积平原，局部路段地势略高。沿线地势自东北向西南逐步升高，但起伏极小，地面海拔 62.10～71.50m。沿线所经地区地形平坦，村镇密集。区域内地表种植物主要为小麦、玉米。

2. 气象、降水

该区域属暖湿温带大陆性季风气候，冬冷夏暖，四季分明。春季受大陆性气团影响，气温回升快，风速大，干燥多风，蒸发量大，降雨稀少；夏季由于太平洋副热带高压北移，炎热多雨，但因历年夏季太平洋副热带高压的进退时间、强度、影响范围很不一致，致使暴雨年际变化差异较大，往往形成灾害性天气；秋季晴朗气爽，降雨量较少；冬季受西伯利亚大陆气团控制，寒冷少雨雪。

该区域多年平均气温 12.1～13.0℃。多年平均月气温最高值 26.1～26.6℃，发生在 7 月；多年平均月气温最低值-4.5～2.7℃，发生在 1 月。冬季风向偏北，夏季风向偏南，春秋两季风向变化较大，多年平均风速 1.8～2.1m/s。多年平均蒸发量 1019～1117mm，多年平均日照时数 2519～2643h。区域多年平均降雨量为 528mm。场区最大冻土深度为 58cm。

3. 水文

路线经过区域跨越的河流主要是老磁河和木刀沟（磁河）。

（1）老磁河即磁河故道，1801 年的大洪水使磁河在新乐境内改道入木刀沟后，老磁河即成为平原排沥河道。老磁河在正定县北蒲城上方地势较为低洼，但没有明显沟形，自北蒲城村北开始有明显河槽，在南孟进入无极县境内，在西古罗村北与木刀沟汇合。

（2）木刀沟（磁河）流域中上游为深山区及浅山丘陵区，支流繁多，呈羽形分布，横山岭水库上游较大支流有李家沟、新开沟、庄窝沟、宅头南沟等，水库下游有柏岭沟、庙岭沟及燕川沟等较大支流汇入。磁河入流唐县后进入平原区，至工程位置以上，除京广铁路上游东阳镇附近有一条支流汇入外，再无支流汇入，流域呈狭长形。于线路 K240+700～K241+000 通过，基本呈干涸状态，对工程无影响。

1.1.3 工程地质条件

1. 地层岩性

该区地层拟建线路及其周边地表分布的地层主要为第四系及元古界地层,依据资料记载,其地层及岩性自上而下依次如下。

第四系(Q)由冲洪积、洪积成因的棕色、褐色黏土,粉质黏土、粉土和砂层组成。岩性具有自西北向东南由粗变细的规律,厚度为 510～525m。自上而下分为全新统、上更新统。

全新统(Q_4)主要由冲积成因的灰色、灰黄色粉土、粉质黏土及中粗砂层组成。土层结构松散、具水平层理,有较多的虫孔、根孔,具生物活动残痕。砂层多中粗砂及粉细砂。底板埋深 50～60m。

上更新统(Q_3)为冲洪积成因的粉土、粉质黏土、卵石及砂层。上部灰黄、黄棕色,下部棕黄色。砂层以中粗砂为主,夹粉细砂,下部砂层较上部粗。底板埋深 160m 左右。

地层分层见表 1-1。

表 1-1 地层分层

地层编号	时代成因	岩土名称	地层编号	时代成因	岩土名称	地层编号	时代成因	岩土名称
①	Q_4^{al+pl}	中砂	③₁	Q_4^{al+pl}	粉土	⑤₃	Q_4^{al+pl}	粉砂
①₁	Q_4^{al+pl}	粉土	③₂	Q_4^{al+pl}	粉质黏土	⑤₅	Q_4^{al+pl}	中砂
①₂	Q_4^{al+pl}	粉质黏土	③₃	Q_4^{al+pl}	粉砂	⑤₆	Q_4^{al+pl}	砾砂
①₃	Q_4^{al+pl}	粉砂	③₄	Q_4^{al+pl}	细砂	⑥	Q_4^{al+pl}	粗砂
①₄	Q_4^{al+pl}	细砂	③₅	Q_4^{al+pl}	中砂	⑥₁	Q_4^{al+pl}	粉土
①₅	Q_4^{al+pl}	粗砂	③₆	Q_4^{al+pl}	砾砂	⑥₂	Q_4^{al+pl}	粉质黏土
①₇	Q_4^{al+pl}	填筑土	④	Q_4^{al+pl}	中砂	⑥₃	Q_4^{al+pl}	粉砂
②	Q_4^{al+pl}	粉土	④₁	Q_4^{al+pl}	粉土	⑥₄	Q_4^{al+pl}	细砂
②₁	Q_4^{al+pl}	粉质黏土	④₂	Q_4^{al+pl}	粉质黏土	⑥₅	Q_4^{al+pl}	中砂
②₂	Q_4^{al+pl}	粉砂	④₃	Q_4^{al+pl}	粉砂	⑥₆	Q_4^{al+pl}	砾砂
②₃	Q_4^{al+pl}	细砂	④₄	Q_4^{al+pl}	细砂	⑦	Q_4^{al+pl}	中砂
②₄	Q_4^{al+pl}	中砂	④₅	Q_4^{al+pl}	粗砂	⑦₁	Q_4^{al+pl}	粉土
②₅	Q_4^{al+pl}	粗砂	④₇	Q_4^{al+pl}	黏土	⑦₂	Q_4^{al+pl}	粉质黏土
②₆	Q_4^{al+pl}	砾砂	⑤	Q_4^{al+pl}	粗砂	⑦₅	Q_4^{al+pl}	粗砂
②₇	Q_4^{al+pl}	软弱土	⑤₁	Q_4^{al+pl}	粉土			
③	Q_4^{al+pl}	粗砂	⑤₂	Q_4^{al+pl}	粉质黏土			

地层主要分层评价如下。

① 中砂：埋深 0~4m，呈灰黄色，稍密—中密，稍湿—潮湿，砂质不均，矿物成分为石英长石，其间分布有粉细砂、黏性土。局部表层为素填土。局部边沟内存在薄层软弱土。

② 粉土：埋深 3~9m，呈褐黄色，灰色，中密—密实，湿，土质不均，干强度及韧性低。其间分布有中砂、粉细砂、粉土、粉质黏土。

③ 粗砂：埋深 7~13m，呈灰黄色，中密—密实，砂质不均，矿物成分为石英长石，其间分布有中砂、粉细砂、黏性土。

④ 中砂：埋深 8~18m，呈灰黄色，密实，砂质较均匀，矿物成分为石英长石，其间分布有粗砂、粉细砂、黏性土。

⑤ 粗砂：埋深 15~25m，呈灰黄色，密实，砂质较均匀，矿物成分为石英长石，其间分布有粉土、粉质黏土、中砂、粉细砂。

⑥ 粗砂：埋深 24~35m，呈灰黄色，密实，砂质较均匀，矿物成分为石英长石，其间分布有粉土、粉质黏土、中砂、粉细砂、砾砂。

⑦ 中砂：埋深 35m 以下，呈灰黄色，密实，砂质较均匀，矿物成分为石英长石，其间分布有粉土、粉质黏土、粗砂。

2. 地质构造

1）近场区断裂带及其活动性

（1）保定—石家庄断裂带。该断裂带是太行山山前断裂带的一段，是控制太行山隆起与华北平原凹陷的边缘断裂带。它是一条向东南缓倾斜的正断层。

保定—石家庄断裂带控制石家庄凹陷的一段，总体走向北东，在石家庄附近转为近南北。断层西倾向东，倾角上缓下陡，上段 20°，下段 42°。

（2）滹沱河断裂带。该断裂带又称正定南断裂带，该断裂带走向北西，倾向东北，倾角上陡下缓，长约 311km，且对滹沱河流向有控制作用。

（3）古运粮河断裂带。该断裂带位于鹿泉市西北，走向北北西，倾向东北，正断层，断裂带约长 15km，断裂带中灰岩岩溶发育，在它的西南侧九里山山顶，有多层干溶洞，第四系在断裂带的西南盘厚度仅 10~20m，而在它的东北盘厚度大于 50~70m，表明该断裂带对两侧的第四系沉积有明显的控制作用。

（4）晋鹿断裂带。晋鹿断裂带北起河北省鹿泉市，向南经左权县、长治市至晋城市西南。总体走向北北东，与太行山走向近于平行，延伸长度 350km，宽 1~18km，构造形式及变形强度沿走向有明显差异，且有分段特征。

（5）北席断裂带。该断裂带走向北北东，总长约 30km，是石家庄凹陷处和无极县低凸处的边界断裂带。经人工地震勘探可以看出，该断裂带是一条西倾正断层，倾角 60°。断层上端埋深 600～700m，沿断裂带地震不活跃。

（6）栾城东断裂带。该断裂带是无极县低凸处与晋州市凹陷处的分界断裂带，呈北东 40° 展布，全长约 36km。该断裂带是一条倾向南东，倾角约 50° 的正断裂带，下端埋深 7000m，上端埋深 700m。

（7）无极—衡水断裂带。该断裂带西起曲阳县以西，向东南经无极县、衡水市，于德州市以南延入山东境内，全长约 200km，总体走向北西 50°。

2）近场区活动断裂带的综合评价

（1）晋鹿断裂带在中更新世有过明显活动。该断裂带在长治市以北为晚更新世活动断裂带。水准测量（1971～1991 年）表明上盘下降，速率约 0.2mm/年。沿此断裂带曾有中强地震及小震群发生，最大震级为 5.5 级，对工程建设没有影响。

（2）保定—石家庄断裂带、滹沱河断裂带、古运粮河断裂带、北席断裂带、栾城东断裂带、无极—衡水断裂带不具备区域发震构造标志，因此，它们都不是活动断裂带，也不是发震构造，对工程建设没有影响。

3）地震地质

该工程建设区位于华北断块区内部，大致位于鄂尔多斯地震构造区东部边缘和华北平原地震构造区中南部。华北断块区是我国的一个大地构造和地震活动单元，断块区内部结构和地震活动表现出明显的分区性，大致以太行山为界，西部地区为鄂尔多斯地震构造区；太行山以东地区为华北平原地震构造区。

4）地震活动环境综合评价

（1）该工程建设区位于华北断块的中部，新生代构造单元比较简单，自西而东展布着北东走向的太行山隆起和华北平原凹陷，两构造单元以太行山山前断裂带为界。

（2）与本区有关的地震构造带有山西地震构造带、华北平原地震构造带和张家口—蓬莱地震构造带。区域中的这三条地震构造带成为该工程场地地震危险性的主要因素。

（3）工程建设场址位于河北平原地震构造带附近。就目前掌握的资料来看，场址区附近的断裂带大部分埋藏较深，断裂带上断点都在数百米以上，推测这些断裂带是前第四纪断裂带或第四纪早期活动的断裂带。

5）地震动参数

依据《建筑抗震设计规范（2016 年版）》（GB 50011—2010）、《中国地震动参数区划图》（GB 18306—2015）及《公路工程抗震规范》（JTG B02—2013），该项目起点至 K236+900 区域抗震设防烈度为 6 度，设计基本地震动峰值加速度为 0.05g，设计加速度反应谱特征周期为 0.45s，K236+900 至终点区域抗震设防烈度为 7 度，设计基本地震动峰值加速度为 0.10g，设计加速度反应谱特征周期为 0.40~0.45s。

3. 水文地质

1）地下水赋存特征

该工程场区地貌单元为平原区，地下水主要赋存于第四系冲洪积形成的砂、砂卵砾石层中，从含水层平面和垂向分布来看，各含水层之间无稳定隔水层，水力联系密切，视为统一含水体。

2）地下水类型及补给、径流、排泄条件

（1）地下水的补给来源。大气降水入渗补给是该区地下水的主要补给形式之一，特别是滹沱河河道地带，包气带厚度小，表层无黏性土覆盖，地形坡度小，从而为降水入渗提供了良好的条件。

河渠渗漏补给：滹沱河在 1980 年以前为本区主要补给源之一，1980 年以后断流，仅在 1988 年、1996 年有短暂的水流。由于原东、西明渠及其大小支渠道均未加防渗设施，渠水可直接入渗补给地下水。现石津渠北段和东、西明渠已改为防渗民心河，渠水入渗量已很小。

农田灌溉水入渗补给：该区大部分农田都采用大水漫灌的灌溉方式，有利于地下水的回渗补给。

（2）地下水径流条件。场区地下水自西部、西北部向东及东南方向汇流。由于城市地下水的集中开采，在市区东南部吴家营—宋村一带形成地下水分水岭，出现了地下水的反向补给。

由于黄壁庄水库坝下至市区北部，为滹沱河冲洪积扇轴部，冲积物以砂、砂砾卵石为主，其厚度大，一般为 40~60m；现状含水层厚度 20~30m，其间无稳定的隔水层，透水性好，渗透系数一般大于 100m/d，从而形成一自地下水集中补给区至地下水集中排泄区的浅层孔隙地下水强径流区；区内地下水径流通畅，含水丰富，含水层调蓄能力强，水力坡度平缓。

（3）地下水的排泄形式。区内地下水位埋深较大，地下水蒸发量很少，由于漏斗区东部及东南部出现了反向补给，地下水向下游地区排泄量很少；区内地下水的排泄，主要是人工开采，包括城市集中开采和市区外围的农业开采。

综上所述，场区浅层地下水水位埋藏较深，在 19.7~39.0m，水质较好，在

Ⅱ类环境干湿交替状态下，其对混凝土结构具微腐蚀性，对混凝土结构中的钢筋具微—弱腐蚀性。

路线所经地区水腐蚀性评价如表 1-2 所示。

表 1-2 路线所经地区水腐蚀性评价

环境类型	构造物名称	取水位置	水化学类型	水中 Cl^{-1} 含量/（mg/L）	腐蚀性评价		代表段落
					对混凝土腐蚀性	对钢筋腐蚀性	
Ⅱ	木刀沟大桥	地下水	HCO_3-Ca	46.1	微	微	K240+000～K245+000
Ⅱ	新乐互通	地下水	HCO_3SO_4-Ca	174.2	微	弱	K230+900～K240+000
Ⅱ	正定高新区互通	地下水	HCO_3-Ca	28.4	微	微	K245+000～K253+135
Ⅱ	新乐互通	地下水	HCO_3-Ca	110.2	微	微	K238+000～K240+000

4. 特殊性岩土及不良地质

1）特殊性岩土

该工程区存在的特殊性岩土主要为软弱土。

路线范围内软弱土呈透镜体状零星分布，埋深较浅，主要分布于旧路两侧边沟。软土或软弱土的鉴别依据如表 1-3 所示。

表 1-3 软土或软弱土的鉴别依据

名称	天然含水量 w/%		液性系数 I_L	孔隙比 e	直剪内摩擦角/（°）	压缩系数 $a_{0.1～0.2}$/MPa^{-1}	标贯击数 N/击
软土	≥35	≥液限	≥1.00	≥1.0	<5	>0.5	<3
软弱土	≥30		≥0.75	≥0.9	<8	>0.3	<5

软土的工程性质主要特征是天然含水量高、孔隙比大、压缩性高、强度低、渗透系数小。软土具有的工程性质是触变性、流变性、高压缩性、低强度、低透水性、不均匀性等。

路线穿越区分布透镜体状的软弱土，总长 1.015km（表 1-4），厚度不等，多为 0.5～2.2m，埋深一般为 1.7～3.7m，天然含水量 w 为 30.0%～39.3%，孔隙比 e 为 0.972～1.117，液性系数 I_L 为 0.67～1.46，压缩系数 a_{1-2} 为 0.39～0.56MPa^{-1}，压缩模量 E_s 为 4.0～5.7MPa，标贯击数 N 为 3～5 击。

表 1-4 特殊性岩土地段表

起终桩号	长度/m	类型	顶面埋深/m	厚度/m	分布情况
K237+670~K237+800	130	软弱土	1.8	0.5~1.0	软弱土透镜体分布，埋深浅，厚度小，分布于边沟及附近
K239+900~K240+200	300	软弱土	0	2.2	软弱土透镜体分布，埋深浅，厚度小，分布于边沟及附近
K243+000~K243+150	150	软弱土	3.7	1.1	软弱土透镜体分布，埋深浅，厚度小，分布于边沟及附近
K252+700~K253+135	435	软弱土	1.7	2.0	软弱土透镜体分布，埋深浅，厚度小，分布于边沟及附近

2）不良地质

K231+445~K236+900 段场地抗震设防烈度为 6 度，不考虑地震液化问题；K236+900 至终点段场地抗震设防烈度为 7 度，经计算，场区 20.0m 深度范围内饱和砂土及粉土，仅木刀沟河流附近 K240+700~K241+100 存在轻微地震液化，其余地段均不液化。

1.1.4 工程地质评价

1. 工程地质分区及评价

经实地调查，线路经过的地貌形态主要为太行山山前冲洪积平原区，沿线地貌相对简单，根据地形地貌及地层岩性将路线分为如下一个地质区。

K231+412.249~K253+135（Ⅰ区）

该段线路附近地面高程为 66.93~72.1m，地势较平坦。路线以分离立交、通道、涵洞、路基形式跨越。该区地层主要为浅层的粉土、粉质黏土及下部的中砂、粗砂等，工程地质条件较好，局部存在软弱土透镜体，分布于旧路边沟两侧。该区域地下水埋深 22m 左右，对混凝土结构具微腐蚀性，对混凝土结构中的钢筋具微腐蚀性。

2. 路基工程地质特征与评价

路基勘察在地质调绘的基础上，与构造物的勘察融为一体，采用钻探、取样、原位测试、室内试验等综合手段，为施工图设计提供了必需的地质资料和设计参数。

按照地层岩性分布状况，将全线路基分为一般路基、特殊路基两种工程类型。

评价的原则主要是对影响路基稳定性的各种自然因素及施工带来的各种工程隐患进行揭露和分析,为设计单位提供基础资料。

1)一般路基

除特殊路基段外,其余为一般路基。地层以第四系的黏土、粉质黏土和粉土为主,承载力值略低,工程地质性能一般,路基通过时对上部土层应进行冲击碾压处理,满足强度要求后,可作为基础持力层。

2)特殊路基

沿线主要的特殊路基主要为软弱土路基。设计时应根据软弱土的厚度、埋深及物理力学性质的差别,结合工点类型采取不同的处理方法。在分布有软弱土的构造物桥头路基段及一般路基段,首先应进行变形验算,对沉降、稳定超限段应进行地基处理,以减少因地基沉降而产生的桥头跳车。

1.1.5 路基加宽设计简介

新元高速公路改扩建工程老桥桥涵设计荷载采用汽车-超20级,挂车-120荷载标准、新桥采用公路Ⅰ级标准。其他技术指标均按照《公路工程技术标准》(JTG B01—2014)执行,主要技术指标如表1-5所示。

表1-5 主要技术指标

内容		指标名称	指标内容(六车道/四车道)	备注
一、综合指标	1	建设里程/km	22.470	
	2	地形	平原微丘区	
	3	公路等级	六车道高速公路	
	4	设计速度/(km/h)	120	
二、路线指标	1	一般最小平曲线半径/m	1 000	
	2	最大纵坡/%	3	
	3	最小坡长/m	300	
	4	竖曲线一般最小半径/m	17 000/6 000	凸/凹
	5	竖曲线最小长度/m	200	
三、路基指标	1	路基宽度/m	34.5/27	
	2	行车道宽度/m	2×3×3.75	
	3	中央分隔带宽度/m	3.0	
	4	左侧路缘带宽度/m	2×0.75	
	5	硬路肩宽度/m	2×3.0	
	6	土路肩宽度/m	2×0.75	
	7	路基设计洪水频率	1/100	

续表

内容		指标名称	指标内容（六车道/四车道）	备注
四、路面指标	1	路面面层类型	沥青混凝土	
	2	路面横坡/%	2	
五、桥涵指标	1	桥面总宽/m	2×16.75/2×13.0	
	2	桥面净宽/m	2×15.75/2×12.0	
	3	桥涵设计车辆荷载	老桥：汽车-超 20 级，挂车-120	
	4	桥涵设计洪水频率	特大桥：1/300，中小桥：1/100	

1. 既有高速公路路基标准横断面与使用状况

既有高速公路路基面宽度为 27.0m，其中行车道宽 4×3.75m，中间带宽 3～4m（其中中央分隔带宽 1.5～2.5m 不等），硬路肩宽（2×3.25）～（2×3.75）m，土路肩宽 2×0.75m，双向四车道。全线路基填高较小，边坡坡率 1:1.5，既有路基横断面标准图如图 1-1 所示。

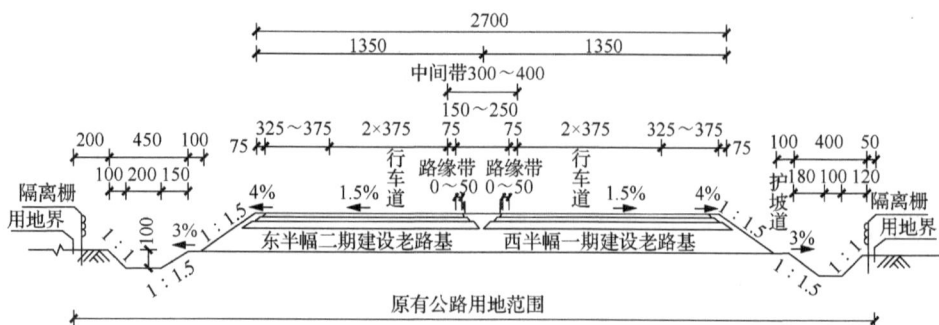

图 1-1　既有路基横断面标准图（单位：cm）

既有高速公路路基填料来自路线两侧就地挖取的黏土、粉质黏土，由于沿线砂土资源丰富，修筑了约 2.35km 的填砂路基，边坡采用 50cm 厚黏土封闭。目前路基使用状况良好，全线未发生过大沉降或变形等现象。

2. 路基加宽设计原则

（1）路基加宽须保证扩建实施期间不中断老路交通运营。

（2）采用应用成熟的新工艺、新材料、新技术，提高工程质量，合理降低工程投资。

（3）仔细研究既有路基填料特性及边坡开挖后的稳定性问题，在保障既有路基稳定的前提下进行新老路基拼接，保证拼接质量。

（4）结合项目沿线工程地质状况确定经济合理的地基处理措施，实现新老路基变形协调统一，减少新老路基差异沉降，保证新老路基拼接的完整性。

3. 加宽路基标准横断面及用地范围

本项目为双向四车道改扩建成双向六车道工程，改建后全幅路基面宽度34.5m，其中中间带宽4.5m（中央分隔带3.0m，左侧路缘带2×0.75m），行车道宽度2×4×3.75m，硬路肩宽（含右侧路缘带2×0.5m）2×3.0m，土路肩宽度2×0.75m，扩建后路基标准横断面标准图如图1-2所示。

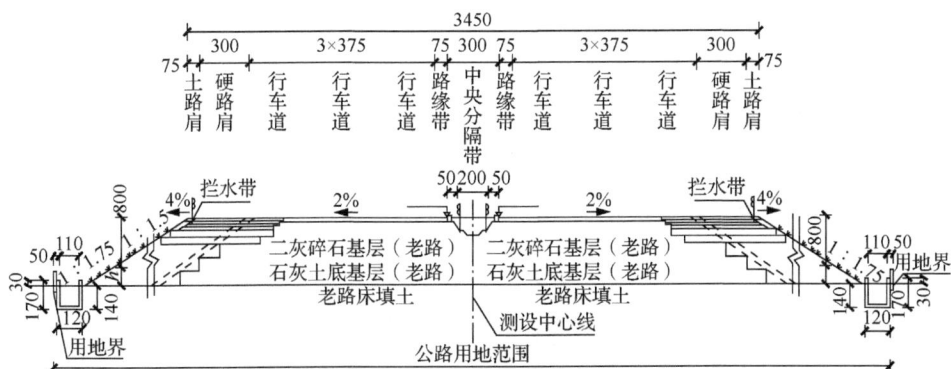

图1-2 扩建后路基标准横断面标准图（单位：cm）

公路用地范围：路堤坡脚排水沟（边沟）外缘1.0m（设矩形排水沟时，边沟外0.55m）、桥梁上部构造水平投影边缘以内的土地为公路用地范围。

4. 路基加宽占地分析

控制、延缓新老路基结合部位的开裂是保证拓宽改造公路质量的关键之一。国内外类似项目一般采用削坡和挖台阶的方式拼接。

既有路堤边坡削坡和台阶开挖的作用体现如下。

（1）清除老路边坡一定深度内的表层植被土和压实度不足的填土。

（2）增加新老路基结合部接触面积，增强结合部抗剪能力。

（3）在满足施工期间既有路基的稳定性基础上，横向台阶面为土工格栅的使用提供一个锚固长度。挖台阶的方式对既有路基扰动少，可充分利用既有路基，土方工程量小，考虑到自下而上挖台阶更能保证台阶处的压实度和新建路基压实度统一，并且为铺筑土工格栅提供宽度。根据保通期间减少对既有路基扰动的要求，参照我国成功经验，本项目采用自下而上挖台阶的方式。台阶尺寸根据原路基土质而变化，台阶底面向路中心横坡 3%，分层夯实，台阶挖至与原地面齐平，然后每层都严格控制厚度、压实度、拱度和平整度，并进行检测。

根据路基实测占地范围分五种情况进行用地分析，如下所述。

（1）占地宽度（m）>17.25+1.5（路基高度）+1.2+0.5，采用正常放坡的路基拼宽形式。

（2）占地宽度（m）<17.25+1.5（路基高度）+1.2+0.5，采用加筋土陡边坡的路基拼宽形式。

（3）占地宽度（m）<17.25+2.25+1.2+0.5，设置坡顶填土 1m 的路堤式挡土墙的路基拼宽形式。

（4）占地宽度（m）>17.25+2.25+1.2+0.5，路肩下填土 1.5m 处设置路堤式挡土墙的路基拼宽形式。

（5）占地宽度（m）>17.25+2.25+1.2+0.5，且路基填方较高的悬臂式路堤挡土墙难以布设的路段，采用泡沫轻质土路基的拼宽形式。

5. 路基加宽方案

结合用地分析，本项目路基加宽分别采用了以下方案。

（1）满足正常放坡条件时，采用正常放坡路基加宽方案（图1-3）。

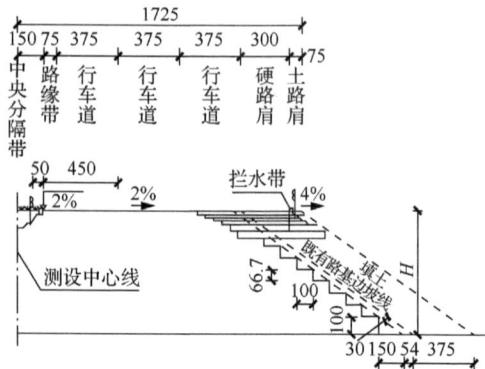

图 1-3　正常填土加宽路基方案（单位：cm）

（2）不满足正常放坡时，采用流态粉煤灰回填悬臂式路堤挡土墙方案（图1-4）。

（3）不满足正常放坡时，采用泡沫轻质土路基方案（图1-5和图1-6）。

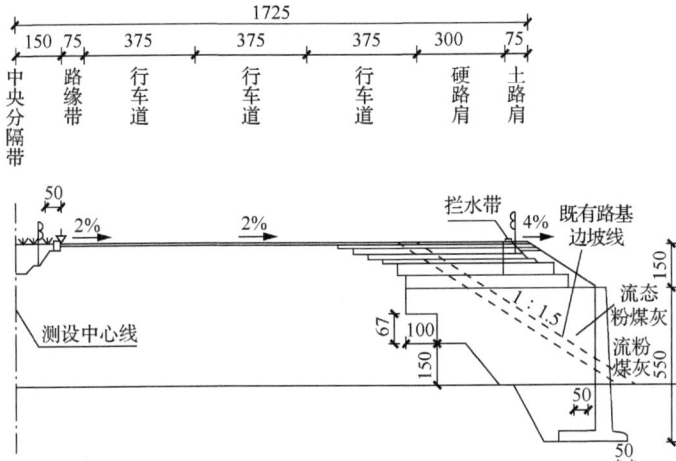

图 1-4 流态粉煤灰回填悬臂式路堤挡土墙（单位：cm）

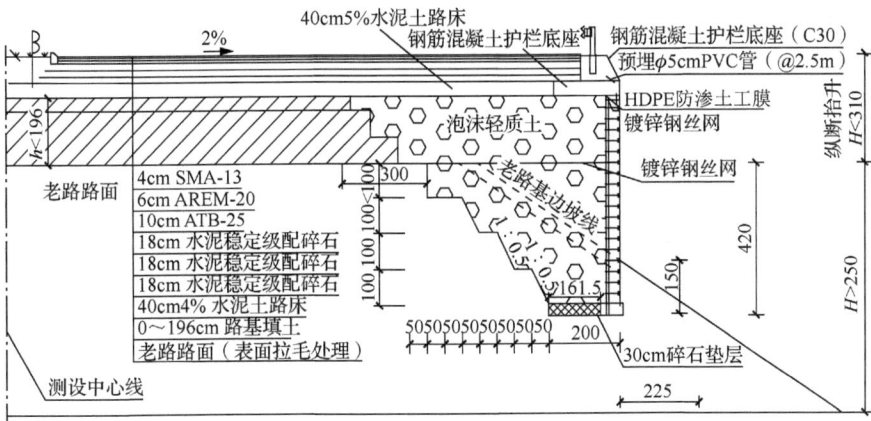

图 1-5 泡沫轻质土路基方案（一）（单位：cm）

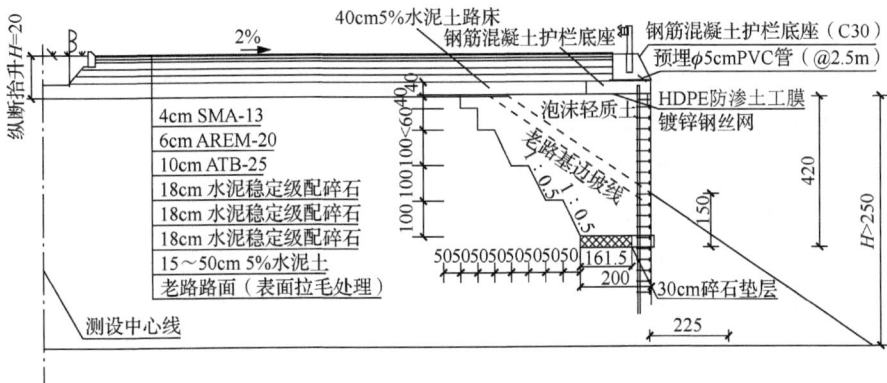

图 1-6 泡沫轻质土路基方案（二）（单位：cm）

（4）不满足正常放坡时，采用土工格栅加筋土陡边坡方案（图1-7和图1-8）。

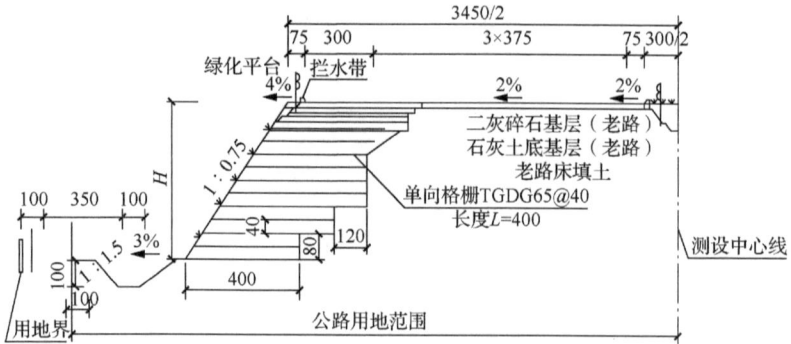

图1-7　土工格栅加筋土陡边坡方案（一）（单位：cm）

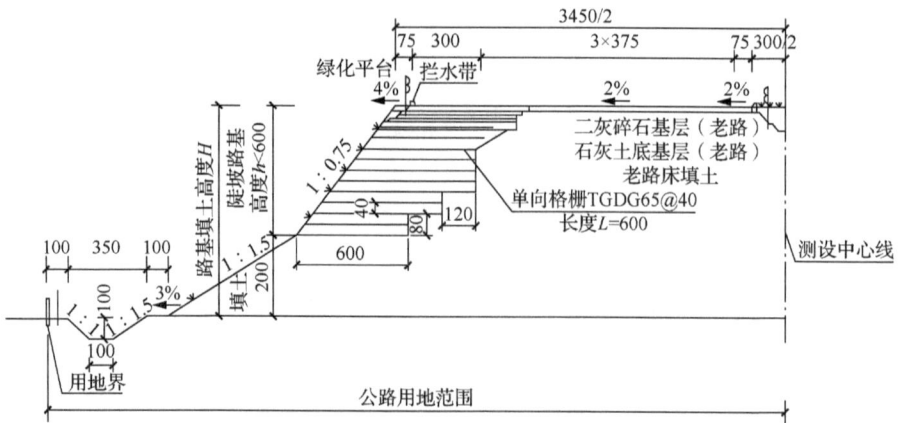

图1-8　土工格栅加筋土陡边坡方案（二）（单位：cm）

6. 加宽路基填土正常放坡要求

为增加新老路基的整体协调性，避免或减少横向错台和纵向裂缝的发生，在路基加宽填筑前，先对老路基边坡和加宽路基的基底进行30cm（垂直于坡面方向）的清坡处理，并对基底进行冲击碾压，冲压遍数为20遍，速度12～15km/h，按现行有关规范规定的压实度提高一个百分点进行验收。

考虑到路基填料中有粉质黏土和砂土，台阶高度不宜太大，设计中除坡脚处第一级台阶按宽1.5m、高1.0m开挖外，上部台阶高度调整为66.7cm，宽度为100cm，开挖后及时进行拼接填筑，自下而上开挖一级及时填筑一级。开挖拼接至路床底面的台阶时根据路基填高确定其台阶高度和宽度，台阶面距离路床底面小于70cm时应将其作为一个台阶开挖回填，距离路床底面大于70cm时应分成

40cm 和大于等于 30cm 两个台阶高度开挖回填；路床部位作为单独一个台阶开挖处理，其开挖位置为距离原路硬路肩内侧向外 30cm 处，台阶高度为 80cm。路基填筑过程中在基底铺设一层土工格室，上、下路床底各铺设一层焊接钢塑土工格栅。

1）低填路段（边坡高度不大于 0.8m+路面厚度）

开挖一级台阶，台阶宽 1.5m，高 0.8m+路面厚度。为减小新老路基不均匀沉降、提高新老路基衔接性，清表后若未达到路床底标高则继续挖至路床底，冲击碾压后开始填筑，并在上路床底铺设一层 6m 宽焊接钢塑土工格栅。

2）边坡高度大于 0.8m+路面厚度且小于 8m 的一般路段

既有路基边坡清坡 30～40cm，自下而上第一级台阶 1.5m（宽）×1.0m（高），第二级及以上台阶采用 0.6m（宽）×0.4m（高）。开挖一级填筑一级，填筑路基时在最下一级台阶铺设一层土工格室，下路床底部、上路床底部分别铺设一层 6m 宽焊接钢塑土工格栅。

1.2　国内外研究现状

1.2.1　高速公路主要的路基加宽形式

在我国早期修筑地高速公路中，受成本、路用性能等种种因素影响，较多为双向四车道道路，而双向六车道和八车道的高速路占比仅为 5%，这与国外双向四车道高速公路占总里程 5%左右形成了完全相反的对比[1]。

近几年，伴随着综合国力及交通量的不断增长，原有部分高速路已不再满足当前经济发展的交通通行条件，甚至部分限制和影响了当地的各项发展。为缓解通行压力，改扩建是当前最为高效且可行的办法，因投资、用地等限制性因素影响，国内常采用的既有路基加宽形式有单侧加宽、双侧加宽及中央分隔带预留加宽[2]。各种高速公路结构加宽形式如图 1-9～图 1-11 所示。

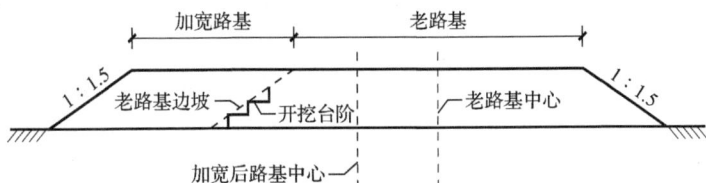

图 1-9　单侧加宽形式

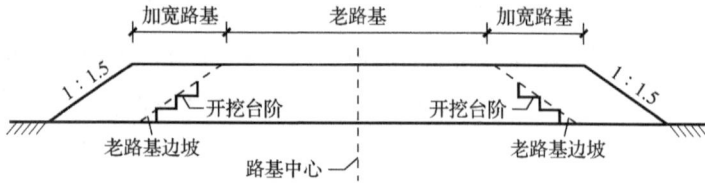

图 1-10 双侧加宽形式

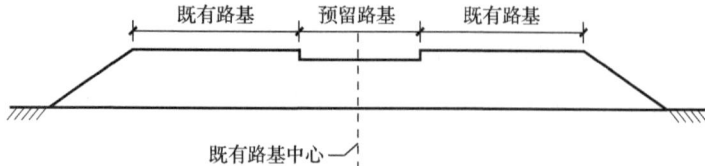

图 1-11 中央分隔带预留加宽形式

另外，在施工过程中采取一些措施增加加宽路堤的强度并减轻其自重。

1. 增强路堤强度的措施

在填筑路堤时，可以加大土工格栅用量，或者采用刚度较大的土工格室，以此来提高路堤自身强度，降低路堤自身的压缩变形。安置格栅时必须将格栅伸入老路堤中，保证新老路堤的整体性[3-4]。

2. 降低路堤重量的措施

路堤自重是影响路堤沉降的重要因素，所以控制路堤自重十分重要。目前，工程中对于降低路堤自重的方式主要有两种：①使用轻质填料进行路堤填筑，比如泡沫轻质土路堤墙、流态粉煤灰路堤墙等；②对路堤边坡进行收坡处理，减小路堤体积，比如加筋土陡边坡。

1.2.2 轻质材料的发展

1. 轻质材料的种类和特点

轻质材料是指比一般填土、砂石更轻量的材料，公路采用的轻质材料一般分为粉煤灰和泡沫轻质土等[5]。

（1）粉煤灰是一种灰质材料，是由未燃炭粒、结晶物、玻璃体组成的一个具有复杂结构的混合体，材料多取自电厂废料之中。粉煤灰与水泥熟料等产生水化反应会生成具有胶凝作用的火山灰物质，它具有强度大、自密性好、优良的温度稳定性和耐久性。但是由于现今环境保护的需要，火力发电逐渐被取代，导致粉煤灰产量减少，且出现了泡沫轻质土等具有相似作用的替代品，因此在道路工程中粉煤灰的使用量正逐年减少。

（2）泡沫轻质土是将水泥、水、发泡剂及其他外掺剂（如粉煤灰等）以一定比例混合生成的新型轻质流态建筑材料[6]。泡沫轻质土具有自重轻、自密实、性能稳定、对环境影响小等特点，且其强度、密度可以根据需要通过改变配合比来进行调节，因此它在高速公路改扩建、桥背回填等方面具有广泛的运用。

2. 粉煤灰应用研究现状

1914 年，美国率先开始用粉煤灰代替水泥修筑水库大坝工程。其后法国、德国等国家也对粉煤灰作为路堤填筑材料的可行性进行了研究，其中大部分研究集中在路堤填筑工程。

1953 年，英国开始试验粉煤灰在公路上的运用并建立了多条试验路段。试验结果表明，粉煤灰路堤综合性能优于传统填筑路堤。

1986 年，加拿大也对粉煤灰进行了诸多的研究，其研究结果表明，适当配比的粉煤灰可以用作路基填料。

在我国，关于粉煤灰在道路工程中的运用研究起步比较晚，而且粉煤灰用量也不高，其中多为流态粉煤灰。流态粉煤灰是粉煤灰的一种液态混合物，主要成分是粉煤灰、水、水泥、外掺剂。

在理论研究方面，我国有关学者于 1985 年分析了粉煤灰在路基加固中的应用；2009 年将流态粉煤灰用于台背回填，深入探讨了粉煤灰的物理力学特性及强度形成机理，确定了其最佳流值；2012 年进行了脱硫粉煤灰处理不良路基的试验研究并将其运用于公路拓宽工程中；2015 年在唐津高速公路改扩建工程中用粉煤灰作为路基填料，为粉煤灰具有解决新旧路堤不均匀沉降的功能提供了理论与实践依据。

综上所述，国内外都对粉煤灰用于路基填筑进行了研究和应用，随着对粉煤灰的研究逐渐深入，粉煤灰的优势逐步显现，但也存在目前难以解决的困难。粉煤灰的强度和稳定性容易受到水侵蚀的影响，因此在软土地基采用粉煤灰填料必须慎重，一定要根据现场情况调整粉煤灰和其他掺和料的配合比。

3. 泡沫轻质土应用研究现状

泡沫轻质土最早出现在北欧。1920 年，北欧的学者发现在水泥浆体中加入一定量气泡，硬化后形成的轻质多孔混凝土材料具有一定的保温隔热效果，之后该材料在北欧被广泛运用在房屋隔热工程中[7]。

1950 年，泡沫轻质土技术开始走向世界。在其传播的过程中，由于泡沫轻质土质量小的特点，它逐步从保温隔热领域向多领域发展，路基加宽便是其中之一。

1982 年，日本开始尝试在回填工程中用泡沫轻质土代替回填土，这种工法被称为 FCB 工法。同时也是日本第一个在道路工程中采用泡沫轻质土，其中 1986 年日本东北公路八户线一户区、东名高速公路和京叶高速公路的拓宽工程便是十分成功的案列。

1988 年，英国伦敦在修建新高速公路时，将泡沫轻质土作为路基填料，这一举措极大地降低了地基的上部荷载，对于降低地基沉降以及节约工程造价有巨大的优越性。

我国关于泡沫轻质土的研究主要得益于苏联的援助。1950 年泡沫轻质土技术从苏联传至国内，也是从这个时期起，国内开始了泡沫轻质土相关技术的研究。

1980 年，随着改革开放，沿海地区在与欧洲有关企业的接触和合作中学会了泡沫轻质土现浇技术，促进泡沫轻质土技术发展，可运用的领域也越加广泛。

1990 年开始，国内诸多重大工程开始引入泡沫轻质土，依靠其轻质、稳定等特性，解决各类工程问题，如 2002 年万家寨引黄工程中的洞穿管回填、2005 年中江高速公路路基回填、2008 年北京奥运体育中心地下通道建设等工程都是泡沫轻质土成功运用的案例。

综上所述，泡沫轻质土作为一种新型、轻质、耐热、隔热的材料正在越来越广泛地被应用于各类工程项目中。但是泡沫轻质土也存在缺点，即其强度不高的特性已成为它迈向更广阔领域的障碍。为此，通过调整泡沫轻质混凝土的配合比、掺和料和发泡剂的种类来加强泡沫轻质土的各项特性，正在成为研究的重点。

1.2.3　加筋土结构研究现状

近年来，国内外学者对加筋土结构的研究做了大量工作，主要通过室内试验、现场试验、理论分析、数值模拟等进行研究分析，并用分析试验数据和数值模拟结果得出筋土作用机理及加筋土结构位移-应力变化规律，促进了其在工程中的应用发展，但加筋土的结构机理及设计等方面还需进一步完善。

国外学者通过室内试验发现土工合成材料摩擦角小于土体摩擦角，并首次对采用金属加筋的砂土进行了三轴剪切试验；Sawicki 等[8]建立了一种适用于加筋土结构的流变模型，由于该模型方程比较复杂，因此应用不多。介玉新等[9]在"等效周围压力"概念的基础上进行分析，提出筋材等效为附加应力的计算方法。杨广庆[10]在 FHWA 的基础上，通过理论和试验分析，对台阶式加筋土挡墙土压力的计算进行了方法改进。张孟喜、孙钧[11]对加筋土挡墙进行了应变软化特性试验，通过试验得出一种三段式弹塑性计算模型，该模型适合加筋砂黏土的变化特性，并对该模型进行了有限元分析，与试验得出结果高度一致。杨广庆等[12]、王贺等[13]对 31m 高的多级台阶式高路堤加筋土挡墙的受力和变形进行了测试分析，发现挡墙基底应力实测值小于理论值，挡墙水平向位移量较小，同时对土压力的变化规律进行深入分析，多级台阶式高路堤加筋土挡墙第一次在我国应用于铁路正线上，该结果为以后铁路加筋土结构状态分析提供了有价值的参考。高江平等[14]通过试验发现，当加筋土体有上覆荷载作用时，具有两组折线复合式的潜在破裂面。刘华北等[15]通过弹塑性有限元法对加筋土挡墙的各项设计参数进行了研究。通过土体的性质、筋材的间距、长度等对日本 PWRI 原型试验进行了更深入分析，发现墙面板的侧向位移与筋材内力随筋材层间距的变小而减小；面板的侧向位移随筋材长度增加而减小。杨广庆等[16]对反包式加筋土高挡墙的土压力和格栅变形等进行了详细的分析研究，得出诸多有益结论。吕鹏等[17]通过有限元软件模拟分析得出土工格栅可明显增强公路拓宽改建工程中加宽路堤的稳定性。刘明志等[18]对路堤填土高度和拉筋间距方面进行数值模拟分析，得出其对路堤式加筋土挡墙的变形影响。

近年来，随着现代化技术的不断推进，对加筋土结构的力学性能和变形行为的研究不断深入。

1.3 主要研究内容

由于线路地理位置的特殊性及其改扩建对周边环境因素的影响，新元高速公路在改扩建工程中需要实现占地受限条件的路基加宽，这对岩土工程的相关技术提出了重大挑战。工程实施中存在的主要技术难题体现在如何在有限的施工空间条件下选择技术可行、经济合理、措施有效的加宽路基结构形式，实现新老路基的有效衔接和不均匀沉降的有效控制。

结合新元高速公路路基加宽工程实际，采用理论分析、数值模拟及现场试验相结合的研究方法，进行占地受限地段条件下加筋土陡边坡加宽路基结构、悬臂式路堤挡土墙加宽路基结构，以及轻质泡沫土加宽路基结构的受力行为及其对不均匀沉降控制效果进行系统研究，提出各加宽路基结构的施工及质量控制技术，该成果将为今后高速公路路基加宽改造的施工提供有效的技术支撑和参考。

本书具体研究内容如下。

（1）基于不均匀沉降控制的占地受限条件下，公路扩建加筋土陡坡路基、悬臂式路堤墙和泡沫轻质土路基设计与结构优化研究。

（2）考虑地基沉降和行车荷载影响的公路扩建加筋土陡坡路基、悬臂式路堤墙和泡沫轻质土路基结构行为研究。

（3）公路扩建加筋土陡坡路基、悬臂式路堤墙、泡沫轻质土路基及正常填土放坡段路基结构行为现场试验研究。

（4）占地受限条件下公路扩建加筋土陡坡路基、悬臂式路堤墙和泡沫轻质土路基施工及质量控制技术研究。

第二章 高速公路改扩建路基加宽需要解决的问题及技术对策

从国内外学者对路基加宽工程病害的成因机理研究来看，大量事实表明，新老路基的不协调变形、不良结合、路面抗变形能力差、路基整体稳定性差以及地质、水文条件等因素是构成病害的主要原因。

2.1 新老路基不均匀沉降问题

横向裂缝和纵向裂缝是其中两种主要常见的病害情况，而在平原地区的路面病害中，主要以纵向裂缝为主，位置大部分出现在新老路基的结合处且靠近老路部分。本章主要讨论横向不均匀沉降问题[19]。

2.1.1 不均匀沉降的组成

新老路基不均匀沉降主要有三部分组成，即新老路基的地基固结差异变形、新路基的压缩变形和新老路基结合部强度不足[20]。

1. 新老路基的地基固结差异变形

新路地基土体固结时间长、压缩性大，并且施工结束后沉降量还较大，然而老路基下的地基土却由于受到长期的自重荷载和反复车辆活载的作用，其固结变形已基本完成，因此新老路基不同的固结变化就会使地表发生不均匀变形。如果地基为软土地基，那么这一部分变形则更明显（图2-1）。

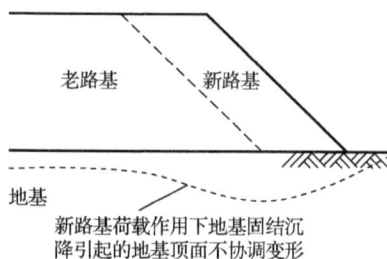

图 2-1 地基固结变形引起的不均匀沉降

2. 新路基的压缩变形

当加宽路基填方比较高、填土路基压实度不足时，老路基在自重作用下，压缩变形已基本完成；但是新路基在加宽结束后仍有比较大的压缩变形。因此，在工程地质条件良好的情况下，新路基的压缩变形是占主导地位的。而处于软土地基时，则由新路基压缩变形和地基压缩叠加构成了主要变形（图2-2）。

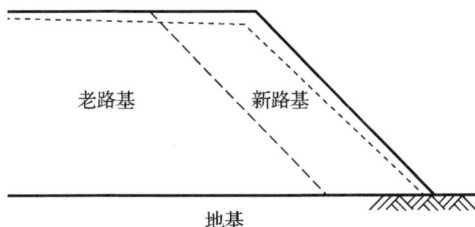

图 2-2　新老路基自身压缩和固结引起的不协调变形

3. 新老路基结合部强度不足

图 2-3 为结合部滑移引起的不均匀沉降，从图中可以看出，新老路基结合部强度不足的情况会使新路基沿结合面发生一定错动滑移。在产生不均匀变形的同时也很有可能导致结合部错台而整体失稳，由此就会使新老路基结合部的路面发生开裂、损坏。

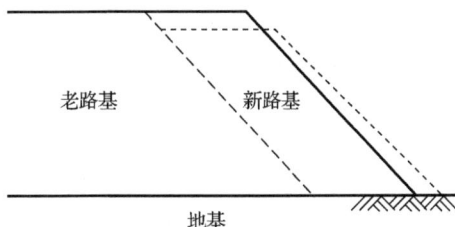

图 2-3　结合部滑移引起的不均匀沉降

2.1.2　不均匀沉降的原因

高速公路加宽工程中产生不均匀沉降的原因，大致分为设计、施工、工程地质三个方面[21-22]。

1. 设计方面

由于高速公路加宽工程实践活动多于理论研究，在这方面的设计没有很多可以遵循的国内相关规范，导致在设计方面会产生一定技术性不足，主要有：老路台阶开挖的大小和老路边坡削坡多少，基本上都是靠以往工程经验确定，这样会导致在别的工程中不适用；土工合成材料的应用也常常是根据经验判断，对于铺设长度、宽度的优化设计有时并不是很清楚；排水系统设置不合理，这样在雨水浸入的情况下，尤其是一旦路面裂缝开展，则会使土体的抗剪强度大幅下降，导致不均匀沉降的继续发生。

2. 施工方面

在施工过程中，人为因素显得很重要，特别是在新老路基结合处的施工更是很复杂，如果过程控制不予以严格要求，则会导致达不到设计要求。其会产生的问题主要有：新路基下面的地基处理不合格，会造成新路基填筑时产生的不均匀沉降加大；路基填筑后碾压工艺不当，从而导致压实度不足。

3. 工程地质方面

如果地质勘查不够仔细或者由于技术受限的原因，会导致软土地基处置先天不足，这样会使软土地基工后产生比理论计算值要大的沉降，从而造成不均匀沉降的增大，严重时会导致新路基失稳。

2.1.3　不均匀沉降计算研究

高速公路改扩建工程中，老路基固结已基本完成，而新路基的填筑会导致老路基产生新的附加沉降，加宽工程中老路基的附加沉降与新路基和新地基总沉降的差值就是横向不均匀沉降[23]。为了便于对比区别，老路基的沉降曲线与新路基填筑造成的附加沉降曲线如图 2-4 所示。

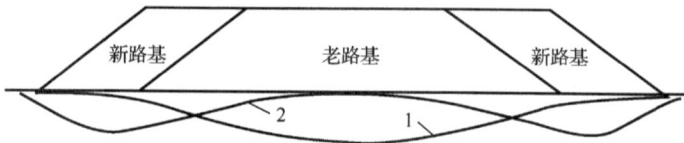

1. 老路基沉降曲线；2. 新路基附加沉降曲线。

图 2-4　路基加宽前后沉降曲线

从前面的不均匀沉降组成可以看出，其主要由新老路基的固结不均匀变形和新路基的压缩变形两大部分构成。

1. 新路地基沉降计算

假设老路基下的地基在自重荷载和通车荷载的长期作用下，已经完全固结，因此新路地基的沉降计算可采用分层总和法。

1) 合理选取计算点

在计算新路基地基的沉降时，沉降计算点选择最大沉降处，即选取在加宽路基形心位置附近。

2）计算附加应力

填筑的新路基即附加新增荷载，荷载形状呈平行四边形分布，而在进行附加应力计算时可以将平行四边形荷载等效为梯形分布荷载，如图 2-5 所示。

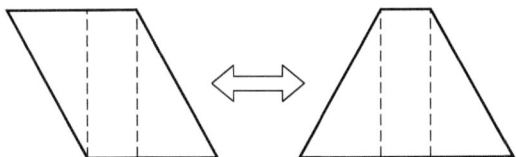

图 2-5　加宽路基荷载作用效果等效

本节将计算统一到坐标系中，原点设在矩形荷载底边中点，得到新路地基中任意一点附加应力，按式（2-1）计算：

$$
\begin{aligned}
\sigma_{z1} = &\left\{ \left[\arctan\frac{B-2x}{2z} + \arctan\frac{B+2x}{2z} - \frac{4Bz(4x^2-4z^2-B^2)}{(4x^2+4z^2-B^2)+16B^2z^2} \right] \right. \\
&+ \left[\left(\frac{B-2x}{2Hn}+1 \right)\left(\arctan\frac{B-2x+2Hn}{2z} - \arctan\frac{B-2x}{2z} \right) - \frac{2z(B-2x)}{(B-2x)^2+4z^2} \right] \\
&+ \left. \left[\left(\frac{B+2x}{2Hm}+1 \right)\left(\arctan\frac{B+2x+2Hn}{2z} - \arctan\frac{B+2x}{2z} \right) - \frac{2z(B+2x)}{(B+2x)^2+4z^2} \right] \right\}
\end{aligned}
\tag{2-1}
$$

式中：H 为路基高度；B 为加宽路基顶面宽度；m 和 n 分别为老路基和新路基的边坡坡度。

3）沉降计算

采用附加应力面积法进行地基的沉降计算，其计算如式（2-2）、式（2-3）所示。

$$
S_{总} = \int_0^h \frac{1}{E}\sigma_z(z)\mathrm{d}h = \sum_{i=1}^n \frac{\overline{\sigma}_{zi}}{E_{si}}\Delta h_i
\tag{2-2}
$$

$$
S_{最终} = \varphi S_{总}
\tag{2-3}
$$

式中：$\overline{\sigma}_{zi}$ 为土层的平均附加应力；E_{si} 为土层平均变形模量；Δh_i 为土层厚度；φ 为沉降系数。

经过理论计算，可知新老路地基的附加沉降曲线呈勺形，且最大附加沉降发生在新路路基形心下方的新地基处，其沉降计算示意图如图 2-6 所示。

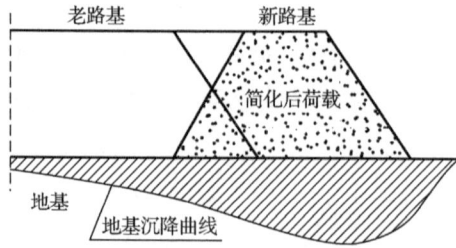

图 2-6　新路地基沉降计算示意图

2. 老路地基附加沉降计算

加宽后老路地基会产生附加沉降，其计算如式（2-4）所示。

$$S_o' = S - U_o S_o \tag{2-4}$$

式中：S 为加宽后由分层总和法计算得到的新老地表总沉降；S_o 为老路地表总沉降；U_o 为加宽前的老路地基平均固结度。

固结度按式（2-5）计算：

$$U_t = \frac{2\alpha U_o + (1-\alpha)U_1}{1+\alpha} \tag{2-5}$$

式中：α 为排水面处附加应力和非排水面处应力之比（双面排水时 $\alpha=1$）；U_o 为当孔隙水压力分布图为矩形，$\alpha=1$ 时固结度；U_1 为当孔隙水压力分布图为三角形，$\alpha=0$ 时固结度。

U_o 和 U_1 计算表达式按式（2-6）和式（2-7）计算：

$$U_o = 1 - \frac{8}{\pi^2}e^{-\frac{\pi^2}{4}T_V} \tag{2-6}$$

$$U_1 = 1 - \frac{32}{\pi^2}e^{-\frac{\pi^2}{4}T_V} \tag{2-7}$$

其中

$$T_V = \frac{C_V}{H^2}$$

式中：T_V 为时间因数；C_V 为固结系数（m^2/s）；H 为土层厚度（m）；e 取 2.7182。

3. 工后沉降计算

工后沉降可按式（2-8）计算：

$$S_{1-T} = S' \times (1 - U_T) \tag{2-8}$$

式中：S' 为路基加宽后的总附加沉降；U_T 为新路基填筑完工时新地表的固结度。

4. 沉降计算方法的缺陷

综上所述，无论是新路地基的沉降还是老路地基的附加沉降计算均采用了分层总和法，该方法只能计算地基土各层的沉降变形量，而没能考虑路基本身的固结变形。但是运用数值模拟计算时就考虑到了路基本身的变形，因此，二者之间的计算值有较大的出入，一般使用有限元进行沉降计算，同时通过现场实测进行系数的反馈，使数值模拟时的参数更加准确。

2.2　基于加筋技术的新老路基有效衔接问题

加筋材料可以改善土体的力学性能：当筋材平行于土体内部主应变的方向布置时，可以弥补填土抗拉能力的不足。其抗拉性能的改善是筋材与填土相互作用的结果。土工合成材料与填料之间具有较强的摩擦性、嵌固性和一体性，是其应用于路基加宽工程的基本机理[24-26]。

2.2.1　土体加筋作用机理

1. 力的传递机制

加筋土结构的稳定性取决于填料和筋材之间力的传递过程[27-28]。当荷载作用在加筋土结构上时，筋材和填料均会产生纵向拉抻应变。二者拉伸刚度的不同（通常筋材大于填料），导致拉伸应变不同，也就会产生相对位移，这样沿筋材和填料的接触面上便会产生剪切应力，即摩阻力（图 2-7）。一方面，剪切应力限制土颗粒的侧向运动，就相当于给土体施加上一个侧向约束，进而提高了土体的抗剪强度；另一方面，土工格栅材料的横向筋材也对土颗粒的运动产生了约束作用（图 2-8）。

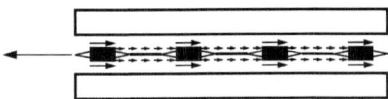

图 2-7　沿着纵向筋材表面的摩阻力图　　　　　图 2-8　横向筋材的约束作用图

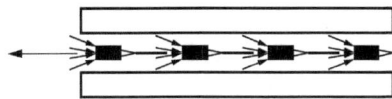

2. 剪切机制

如图 2-9 所示，当加筋土体受到荷载时，土体剪切变形使得筋材中产生拉应力 P_r：其切应力分量（$P_r \sin\theta$）可抵抗土体向下的剪切力；而正应力分量（$P_r \cos\theta$）

增加了土体的摩擦剪切抵抗力（$P_r\cos\theta\tan\varphi'$）。所以，筋材一方面减少了土体的剪切力，另一方面又增加了土体的抗剪力。

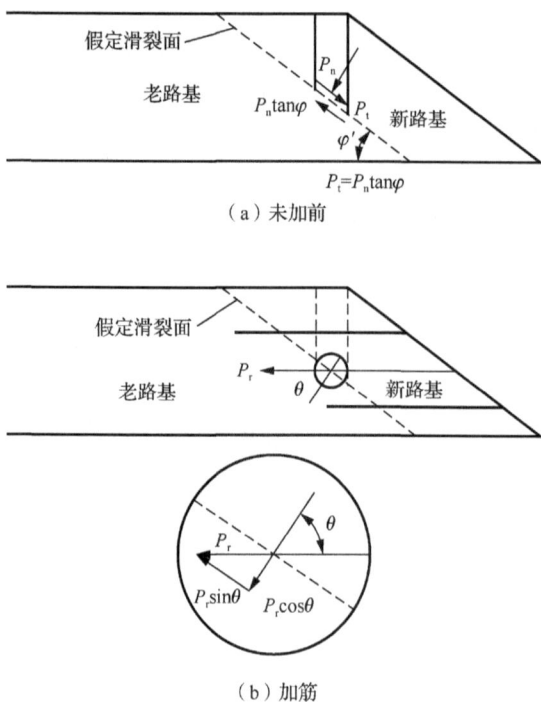

（a）未加前

（b）加筋

图 2-9　筋材受力示意图

3. 土与筋材的相互作用机理

加筋土结构中力的平衡依靠土与筋材之间的相互作用实现。其拉拔与直接滑移的试验如图 2-10 和图 2-11 所示。

（1）拉拔：滑移体依靠其后筋材的拉拔力保持平衡。

（2）直接滑移：土体沿着筋材表面滑移产生的摩阻力，约束了土体的运动。

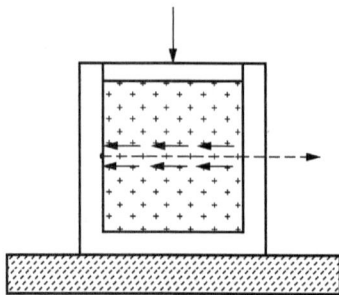

图 2-10　拉拔试验

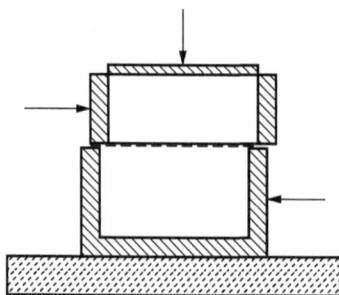

图 2-11　直接滑移试验

筋材的抗拔力 P_{up} 计算如下：

$$P_{up} = 2\mu_p \sigma_n' L_e b \qquad (2\text{-}9)$$

$$\mu_p = \alpha_p \tan \varphi' \qquad (2\text{-}10)$$

式中：μ_p 为抵抗拉拔的摩擦系数；α_p 为拉拔系数（$\alpha_p \leqslant 1$）；φ' 为土的有效内摩擦角（°）；σ_n' 为筋土接触面上的有效正应力（kPa）；L_e 为加筋土滑移面后的锚固长度（m）；b 为筋材宽度（m）。

式（2-10）中的 α_p 可通过拉拔试验来确定，对于土工格栅，没有专门试验数据时，$\alpha_p \approx \alpha_{ds}$。

直接滑移抗力 P_{uds} 计算见式（2-11）和式（2-12）。

$$P_{uds} = 2\mu_{ds} \sigma_n' L_i b \qquad (2\text{-}11)$$

$$\mu_{ds} = \alpha_{ds} \tan \varphi' \qquad (2\text{-}12)$$

式中：μ_{ds} 为抵抗滑移摩擦系数；α_{ds} 为直接滑移系数；L_i 为筋材长度。

同理，式（2-12）中的 α_{ds} 需要通过直接滑移试验来确定。

2.2.2　土工合成材料在新老路基结合部拼接中的作用

如图 2-12 所示，土工合成材料在新老路基结合部的作用主要是提高拼接路基的整体性，改善结合部应力特性，减小新老路基的差异沉降[29]，主要体现在如下几个方面。

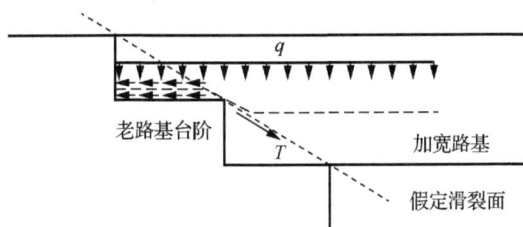

图 2-12　加筋材料应用新老路基结合部作用机理示意图

（1）通过减小路基结合部水平应力，可充分发挥土体的抗剪强度，增强新老路基间相互约束，提高加宽路基的整体稳定性。土工合成材料可以承受结合部土体的水平应力，改善结合部的应力分布状态，增加结合部土体的抗剪强度，避免或延缓路基的裂缝和滑动破坏的产生。

（2）均化新老路基及结合部的差异沉降。土工合成材料加筋作用可提高新老路基整体性，使更多范围土体参与抵抗变形和承受荷载，进而减小了新老路基顶面横向的差异沉降；另外，路基底部垫层桩承式加筋路堤，通过土拱效应及张拉膜的作用。如图 2-13 所示，在荷载 P_1 的用下，工格栅产生了拉力 T，向上的应力

分量为 $T\cos\beta$，此分量承担了部分荷载，其余将递给格栅下面的软基，进而可以减小路基沉降，均匀基底应力，减小其不均匀变形。

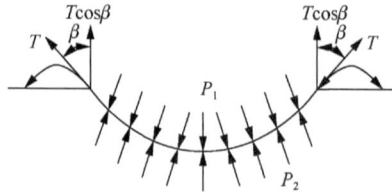

图 2-13　土工格栅在局部荷载作用下的受力变形

（3）土工格栅与新路基填料之间相互作用，约束了新路基的侧向变形，可减小新填路基沿基底滑动破坏的可能，进而提高了加宽路基的稳定性。

影响加筋作用于新老路基结合部作用效果的因素主要有加筋材料的锚固长度（即台阶宽度）、加筋的层数（即加筋间距）、筋土的界面摩擦特性（筋土材料特性）及筋材的铺设范围（局部铺设或全幅铺设）等。

2.2.3　路基加宽中加筋效果的评价

基于土工合成材料和土体的相互作用中所发挥的抗拉性能够改善新老路基的不协调变形，格栅受拉后可以减轻路基上部土层的拉应变，防止路面裂缝的产生[30-31]。然而，在实际应用中格栅的抗拉性能的发挥往往受到限制，如下所述。

（1）沪宁高速公路加宽工程中，对通车后的先导试验段进行测试。结果表明，实测各层土工格栅应力均较小，远小于土工格栅设计抗拉强度 80kN/m 所对应的峰值应变（约 8%），土工格栅均尚未发挥作用。

（2）在土工格栅正常发挥作用时，理想状态是从中部受力最大到其两端锚固端逐渐降低。从实际的测试结果来看，有些土工格栅的内侧拼接段测点应力大于或接近中部的测点应力，表明土工格栅拼接段的锚固长度不足，致使土工格栅和路基土体发生了一些整体位移，进而削减了土工格栅的抗拉性能的发挥。

为了使格栅提供足够的抗拔力，土工格栅的锚固长度需满足计算[32-33]：

$$L_m = \frac{TF_m}{2\sigma_0 f_{GS}} \tag{2-13}$$

式中：L_m 为最小锚固长度（m）；T 为土工合成材料的抗拉强度（kN/m）；F_m 为锚固安全系数，对黏性土取 2.0；σ_0 为作用在某层筋材的上覆压力（kPa），按自重应力计算；f_{GS} 为筋材与周围土的摩擦系数。

经计算在一般条件下当筋材的有效埋入长度 $L_m \geqslant 1.2m$ 即可满足要求。且规范规定：最小锚固长度小于 2.0m 时，应取为 2.0m，即台阶开挖的宽度取值。

然而，为了减少工程投资，应尽可能少开挖老路基，以此来提高老路基的使用率。这样，在实际工程中台阶的开挖尺寸往往达不到土工格栅的锚固长度的要求，导致了格栅的抗拔力得不到很好的发挥，加筋效果不明显。

综上所述可以得出结论：为了使用土工合成材料真正改善新老路基的不协调变形，需要为其提供一个有效的锚固力，充分发挥它的抗拉性能。

为此，针对高填方路基加宽，在台阶开挖尺寸不能满足格栅锚固长度的情况下，提出了应用锚固加筋组合结构，来改善加筋效果，减小新老路基差异沉降，控制其不协调变形，提高加宽路基的整体稳定性[34]。

2.2.4　锚固加筋组合结构机理分析

由于每一层筋材对抵抗新路基变形的贡献不同，以第 i 层筋材为例，其对新路基提供的拉力为 T_i，$T_i=\min\{T_{\text{ltds}}, P_{\text{up}i}\}$，其中 T_{ltds} 为筋材的长期设计强度，$P_{\text{up}i}$ 为第 i 层筋材锚固在台阶上的抗拔力。当台阶的尺寸较小，筋材有效埋入长度有限时，其抗拔力较小，因而新老路基的不协调变形得不到很好的控制。

如图 2-14 所示，当筋材与老路基边坡的锚杆相连接后，T_i 可提高至 T_{ltds}，因而可以充分发挥筋材控制高填方路基不协调变形的作用。

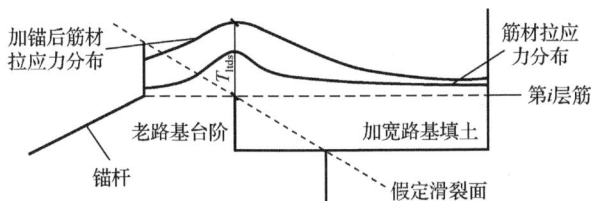

图 2-14　锚固加筋组合结构筋材拉应力分布曲线示意图

2.2.5　锚固加筋组合结构设计方法

对于高填方路基加宽锚固加筋组合结构的设计，最重要的就是确定锚杆拉力设计值[35]。

如图 2-15 所示，第 i 层筋材对新路基提拱的最大拉力 $T_{\max i}$，一部分由台阶处的抗拔力 $P_{\text{up}i}$ 承担，一部分由锚杆拉力 $T_{\text{rear}i}$ 承担。

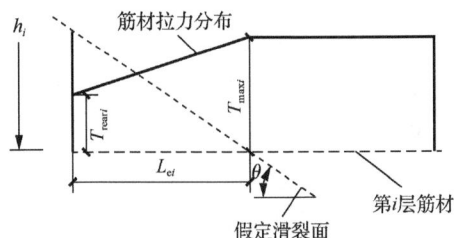

图 2-15　路基加宽中沿筋材长度方向拉力分布示意图

$$T_{reari} = T_{\max i} - P_{upi} = T_{\max i} - 2\alpha_p \tan\varphi' \sigma'_{ni} L_{ei} b \qquad (2\text{-}14)$$

其中

$$\sigma'_{ni} = \gamma h_i + w_s$$

式中：$T_{\max i}$ 为筋材中拉力的最大值（kN/m），在极限平衡状态下其值等于 T_{ltds}；P_{upi} 为第 i 层筋材的抗拔力（kN/m）；σ'_{ni} 为作用在第 i 层筋材上的竖向压应力（kPa）；w_s 为路面和车辆的附加荷载（kPa）；L_{ei} 为第 i 层土筋材的锚固长度（m），取台阶宽度；b 为筋材的宽度（m），对于土工格栅加筋土结构 $b=1$m；γ 为路基土密度。

如图 2-16 所示，作用在锚杆的拉力可由式（2-15）计算：

$$P_{ani} = T_{reari} S_{hi} \sec\omega \qquad (2\text{-}15)$$

式中：P_{ani} 为作用在第 i 层锚杆中的拉力（kN）；S_{hi} 水平方向相邻锚杆的间距（m）；ω 为锚杆与水平方向的夹角（°）。

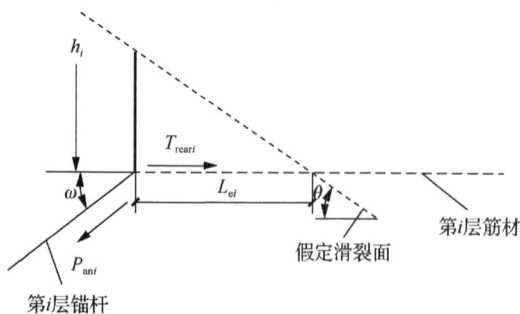

图 2-16　筋材与锚杆联合示意图

计算出锚杆中的拉力设计值后，既可根据老路基土体的物理力学性质来设计其长度、锚孔直径并选用合适的锚杆材料等。

2.3　路基加宽处置对策分析

2.3.1　台阶开挖

台阶开挖的作用体现在：①增加新老路基结合部接触面积，增强结合部摩阻力和抗剪能力，保证新老路基之间的有效结合和整体性；②清除老路路堤边坡内一定深度内压实度不足的填土；③方便加宽部分路堤下的地基处理；④横向台阶面为土工格栅的铺设提供了一个锚固长度。

从台阶尺度角度来看，一方面台阶越大，新老路堤结合部接触面积越大，同时在很大程度上清除了老路边坡压实度不足土体，从而有利于控制新老路基结合部的差异沉降；另一方面，大台阶不仅影响老路边坡的稳定性，而且增加了土方量，使得工程造价提高。因此，台阶尺寸应结合路堤的土质条件因地制宜地进行设计。我国几条高速公路改扩建工程台阶开挖方式见表 2-1。

表 2-1　我国高速公路改扩建工程台阶开挖方式

工程项目	台阶开挖方式
广佛高速公路	挖成台阶状，台阶高度控制在 80cm 左右，宽度为 100～200cm
沪杭甬高速公路	挖成台阶状，台阶高度控制在 80cm 左右，宽度为 100～200cm
沈大高速公路	从土路肩向下挖成 1：0.5 坡度，并挖成高度不大于 80cm 的台阶，台阶底面向路中心横坡 3%，台阶挖至与原地面平齐
海南环岛东线高速公路	从坡脚向上挖成宽 100～150cm，内倾 2%～4%的反向台阶
沪宁高速路	清除表层浮尘，挖成台阶状，台阶高度控为 50～60cm，宽度为 90～100cm
南京绕城公路	从上向下挖成台阶状，台阶高度控制在 80cm 左右，宽度为 100～200cm
沪宁-锡澄高速公路直接拼接段	挖成台阶状，每个台阶高度 80cm，底宽 120cm，台阶底面向路中心横坡呈 2%，台阶挖至与原地面齐平
深圳水管高速公路扩建工程	从坡顶向下挖成台阶状，台阶高度控制在 100cm 左右，宽度为 150cm

从已有工程来看，台阶宽度一般为 90～200cm，台阶高度一般为 60～100cm，通常不超过 150cm。总结这些已有工程，主要结论如下。

（1）台阶不宜过小，若台阶过小，一方面将减少新老路基的接触面，影响结合部的稳定，易于发生应变局部化现象；另一方面，若老路边坡挖除少，老路边坡压实度不满足要求，会导致过大的差异沉降量。

（2）台阶也不宜过大。若台阶高度过大，在台阶开挖施工中可能影响老路堤的稳定性，并使开挖方量过大。

综合已有研究，台阶宽度宜控制在 90～150cm，高度宜控制在 60～100cm。

2.3.2　新老路基搭接部位补强追密技术

从老路堤边坡状态调查结果来看，大部分老路堤边坡土体的压实度达不到设计要求，若不进行处理直接拼接，路基边坡土体在拓宽路基及车辆荷载的作用下，将发生较大压缩，在拓宽路基横断面产生较大差异沉降，影响拓宽公路的工程质量。下面介绍的强力夯实机补强追密新老路基搭接部位成为一种有效的技术方法[36]。

强力夯实机（图 2-17）以固有的特定频率，使作用点的土体形成共振，瞬间再对土体施加高达 1.4～1.5MPa 的强大压力，并连续击压 80 次以上。通过反复击压，破坏了新老路基土体的原有结构，使土颗粒之间发生错动、滑移，并趋于紧密。一方面使得土体极尽可能压实，压实度显著提高，回弹模量、强度显著增强；另一方面，原薄弱结合部新老路基土体形成新的结构，新老路基土体的整体性增强，有利于形成新的板体构造。当地基发生不均匀沉降或路基发生不均匀压缩时，新老路基的良好结合、较高的强度和模量有利于路基内附加应力的调整、均化，从而降低路面纵向破裂的风险。结合部强夯重塑和重碾补强可以提高拼接路基的整体性，改善路基的整体性主要体现如下。

图 2-17 强力夯实机

（1）提高路基的强度和整体性，压实度的提高能相应提高路基强度，以及路基的整体性，增强其抵抗变形的能力，减少由地基传递到路基顶部的差异沉降，降低了结合部路面开裂的可能性。

（2）减少了路基本身的工后压缩变形，压实度越大，路基本身的工后压缩变形越小，同时减少了行车荷载作用下对路面结构层产生的瞬时变形和形变累计，增强了路面的使用性能和使用寿命。

2.4 本 章 小 结

从不均匀沉降的组成、不均匀沉降的原因、不均匀沉降计算方法研究探讨了新老路基不均匀沉降问题。从土体加筋作用机理、土工合成材料在新老路基结合部拼接中的作用、路基加宽中加筋效果的评价，以及锚固加筋组合结构机理分析几方面研究了基于加筋技术的新老路基有效衔接问题。从合理的台阶开挖及新老路基搭接部位补强追密技术两方面探讨了路基加宽的处置对策。

第三章　流态粉煤灰回填悬臂式路堤挡土墙加宽路基应用技术

3.1　流态粉煤灰工程特性试验研究

3.1.1　流态粉煤灰工程特性试验方案

悬臂式路堤挡土墙回填用流态粉煤灰设计技术指标如表 3-1 所示。

表 3-1　流态粉煤灰的技术指标

比表面积/（m²/kg）	抗压强度/MPa		稠度/cm
	7d	28d	
>300	>0.4	>0.6	10～22

1. 原材料

流态粉煤灰主要由粉煤灰、水泥、外加剂和水组成，各组成成分的含量和品质直接关系流态粉煤灰的性能[37]。

1）粉煤灰

粉煤灰是煤粉高温煅烧后的一种产物，具有类似火山灰的性质。目前，粉煤灰主要来源于发电厂，是燃煤发电厂的主要排放物之一，其化学成分主要有 SiO_2、Al_2O_3、CaO、Fe_2O_3 和 C 等。

粉煤灰一般为颗粒状，可细分为珠状颗粒和渣状颗粒两类，一般根据颗粒选型的优劣来划分粉煤灰的质量。一方面，粉煤灰的细度越小，细料越多，与水泥接触面越大，可以使反应更加迅速和完全；另一方面，粉煤灰的烧失量对粉煤灰性质也会产生影响，烧失量主要衡量粉煤灰中碳的含量，碳的含量越高，粉煤灰中的有效活性物质越少，需水量就越大，粉煤灰的品质越差。

工程用粉煤灰为Ⅲ级粉煤灰，其细度为 0.045μm，筛余量 30.6%，烧失量为 3.19%。满足《用于水泥和混凝土中的粉煤灰》（GB/T 1596—2017）的标准。

2）水泥

水泥具有提高流态粉煤灰强度和促进凝固的功效,其含量将影响产物的强度、收缩性和弹性模量。

工程用水泥为普通硅酸盐水泥 P·O42.5,该水泥的一般性能指标如表 3-2 所示。

表 3-2 普通硅酸盐水泥 P·O42.5 的性能指标

品种	安定性	凝结时间/min		抗压强度/MPa	
		初凝时间	终凝时间	3d	28d
P·O42.5	合格	168	217	35.7	63.2

3）外加剂

外加剂是指在保证浆体质量的前提下,减少粉煤灰用量并提高流态粉煤灰性能的材料。外加剂含量一般不高于水泥质量的 5%。优异的外加剂可以增加流态粉煤灰的早期强度和缩短凝结时间。

工程用外加剂为流态粉煤灰专用外加剂,为一般减水剂,其性能为击发粉煤灰的早期活性,并具有早强、增稠和减水的作用。

4）水

流态粉煤灰用水一般使用地表水、地下水、饮用水及经处理后的工业用水。

工程用水为当地自来水。

2. 流态粉煤灰制作工艺

1）流态粉煤灰拌和工艺

（1）混合料组成控制。按每次拌和量精确算出各种材料的用量,并控制各配料数量允许偏差。水泥用量允许偏差为±1%,粉煤灰用量允许偏差为±3%,水用量允许偏差为±2%,外加剂用量允许偏差为±1%。

（2）粉煤灰的碾磨。若粉煤灰质量不佳,存在结块,在使用前必须将结块粉煤灰粉碎、过筛,保证水与粉煤灰充分接触。

（3）拌和。每次拌和所用时间不小于120s,搅拌完后进行稠度测量,若不达标则加料继续搅拌,直到达到合格标准。

2）流态粉煤灰试样制作

流态粉煤灰标准试件制作如图 3-1 和图 3-2 所示。

图 3-1　流态粉煤灰注模

图 3-2　流态粉煤灰试件最终成型

3. 流态粉煤灰配合比方案

采取三水平三因素正交试验表进行试验，各因素水平分别为水泥粉煤灰比例（水泥∶粉煤灰）：3∶97，5∶95，7∶93；水灰比：0.4、0.45、0.5；外加剂比例（与水泥质量的比值）：0.5%、1.0%、1.5%。本次正交试验配合比如表 3-3 所示。

表 3-3　流态粉煤灰正交试验配合比

组号	水泥粉煤灰比例	水灰比	外加剂比例/%
1	3∶97	0.4	0.5
2	3∶97	0.45	1.0
3	3∶97	0.5	1.5
4	5∶95	0.45	0.5
5	5∶95	0.5	1.0
6	5∶95	0.4	1.5
7	7∶93	0.45	1.5
8	7∶93	0.4	1.0
9	7∶93	0.5	0.5

评判流态粉煤灰质量是否满足工程设计需要，主要是通过其稠度和无侧限抗压强度来确定，试验结果如表 3-4 所示。

表 3-4　流态粉煤灰稠度和无侧限抗压强度试验结果

组号	稠度/cm	7d 抗压强度/MPa	28d 抗压强度/MPa
1	16.8	1.498	1.815
2	18.4	1.415	1.794

组号	稠度/cm	7d 抗压强度/MPa	28d 抗压强度/MPa
3	20.6	1.324	1.623
4	16.9	1.476	1.812
5	19.2	1.407	1.691
6	16.1	1.528	1.843
7	16.2	1.533	1.808
8	15.7	1.579	1.866
9	18.8	1.463	1.732

4. 流态粉煤灰的正交试验结果分析

正交试验的结果通过极差计算来分析,极差计算结果如表 3-5 和表 3-6 所示。

表 3-5 流态粉煤灰稠度极差计算结果

水平数	水泥粉煤灰比例/%	水灰比	外加剂比例/%
1	18.6	16.2	17.5
2	17.1	17.2	17.8
3	16.9	19.5	17.6
极差	1.7	3.3	0.3

表 3-6 流态粉煤灰抗压强度极差计算结果

水平数	水泥粉煤灰比例/%		水灰比		外加剂比例/%	
	7d	28d	7d	28d	7d	28d
1	1.412	1.744	1.535	1.841	1.479	1.786
2	1.470	1.782	1.475	1.805	1.467	1.784
3	1.525	1.802	1.398	1.682	1.462	1.758
极差	0.113	0.058	0.137	0.159	0.017	0.028

通过极差公式可知,极差越大,说明该因素对目标的影响越大。各因素影响力大小依次为水灰比>水泥粉煤灰比例>外加剂比例。

由表 3-6 可知,在其他条件相同的情况下,浆体含水量越大,流态粉煤灰的稠度越低,且抗压强度也随之降低。同时,在水泥粉煤灰混合物中,水泥所占比重越大,流态粉煤灰的强度越高,且其稠度也越大。由于粉煤灰的配合比试验结果均能满足工程需要,本次根据工程需求、造价和环境污染方面考虑,选取组号 9 作为流态粉煤灰悬臂式挡墙的墙背填料,其最终配合比如表 3-7 所示。

表 3-7　流态粉煤灰配合比

水灰比	水泥	粉煤灰	外加剂
0.5	7%	93%	0.5%

3.1.2　流态粉煤灰物理特性试验研究

流态粉煤灰与常规混凝土在物理力学性质方面有一定差异，本研究将对流态粉煤灰的干密度、干缩性、直立性等性质进行研究分析[38]。

1. 干密度

试样在电热鼓风干燥箱中以 105℃风干至恒量后，进行流态粉煤灰的干密度测试。

$$\rho = \frac{m_s}{v} \tag{3-1}$$

体积 v 为 100mm×100mm×100mm、质量为 m_s 的试件，经测量得 6 组试件的平均干密度为 1.189g/cm³。

2. 干缩性

流态粉煤灰具有干缩性，且其干燥收缩往往会使浇筑面产生裂纹。浇筑中须先填充裂纹，防止其进一步扩大。工程中若产生了平行于道路的大裂纹（图 3-3），则说明浇筑失败，必须挖除重新浇筑。

图 3-3　流态粉煤灰干缩裂纹

3. 直立性

流态粉煤灰具有优异自立性和自密实性，能自密实和保持直立，如图 3-4 所示。

图 3-4　流态粉煤灰的直立性

3.1.3　流态粉煤灰无侧限抗压强度试验研究

流态粉煤灰的力学性能取决于材料的品种和生产工艺，本研究对施工用流态粉煤灰力学性能进行试验。试验内容包括不同龄期的流态粉煤灰无侧限抗压强度研究，分析材料的抗压强度及其变化规律[39-40]。

1. 配合比确定

本次试验选用的流态粉煤灰最终配合比如表 3-7 所示。

2. 试验过程和数据记录

根据《流态粉煤灰水泥混合料施工技术指南》（DB 13/T 1510—2012）进行抗压强度试验。试验压力机使用 LQ-15A 型路面材料强度试验仪，最大压力为 15kN。

通过所得应力环读数，计算得到压力值。仪器的应力环读数与压力成线性关系，如式（3-2）所示。

$$Y=0.0642X+0.0115 \tag{3-2}$$

式中：X 为应力环读数（0.01mm）；Y 为仪器施加的压力（kN）。

根据线性关系得到压力值后，将其除以试件受压面的面积，即为试件的抗压强度（σ）；用应力环读数除以试件的高度，即为试件的应变（ε）。

3. 试验结果分析

路基受到的荷载主要由自身重力作用及车辆荷载两部分组成。流态粉煤灰作为路堤填料必须能承受上述荷载，因此其自身需要足够的强度。

流态粉煤灰养护龄期与抗压强度关系如图 3-5 所示。

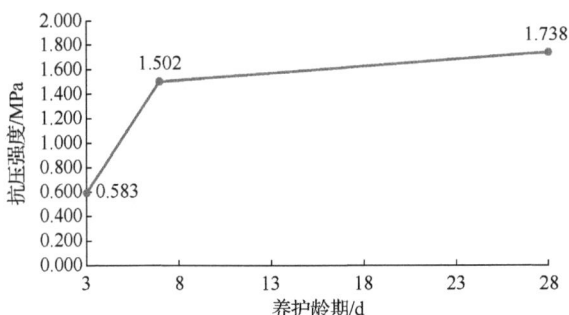

图 3-5　流态粉煤灰养护龄期与抗压强度关系

由图 3-5 可知，流态粉煤灰的抗压强度在前 7d 强度提升较快，之后强度的增加幅度开始降低。究其原因，在前 7d，流态粉煤灰中的水泥、粉煤灰、水等发生水化反应，强度提升较快，之后由于反应逐渐减弱，强度增长也逐步趋于平缓。这说明，流态粉煤灰具有优良的早强性。

流态粉煤灰的设计强度为 0.4MPa（7d）和 0.6MPa（28d），根据试验结果，该配比流态粉煤灰满足需要。

3.1.4　流态粉煤灰耐久性试验研究

材料的耐久性直接决定着工程的最终质量，优异的耐久性可以大大减少公路后期出现的病害以及降低后期维护的费用，提高公路的收益。因此，流态粉煤灰作为路堤填料也必须考虑其耐久性。

本研究着重分析干湿循环和冻融循环对流态粉煤灰强度的影响，为流态粉煤灰在工程实际中的运用打下理论基础，进一步推动流态粉煤灰在高速公路改扩建路基加宽中的应用。

1. 干湿循环试验

1）试件制备、试验流程及数据记录

本试验方法依照《蒸压加气混凝土性能试验方法》（GB/T 11969—2008），试件标准养护 28d 后，选取制作合格的试样用于试验。首先将试样放入电热鼓风干燥箱，在（60±5）℃下烘至恒量。取出试样待其冷却至室温后，放入恒温水浴箱中，温度定为（20±5）℃，试样必须完全浸没于水中，试样顶部距水面 30mm 以

上，浸泡 5min，取出晾干 30min 后，放入电热鼓风干燥箱，继续在（60±5）℃下烘 7h，烘干后就完成了 1 次干湿循环，本试验需要 15 次干湿循环，试样的浸泡与干燥如图 3-6 所示。

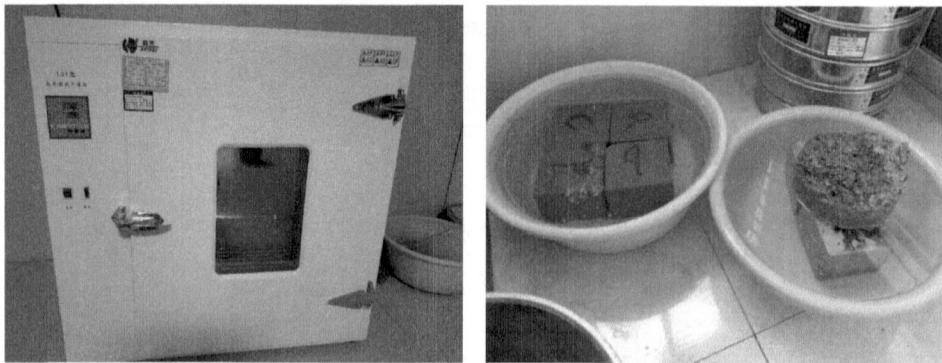

图 3-6　试样的浸泡与干燥

2）数据分析

流态粉煤灰在经历 15 次干湿循环后,其抗压强度的变化规律如表 3-8 和图 3-7 所示。

表 3-8　流态粉煤灰干湿循环后强度的损失

编号	干湿循环前的抗压强度/MPa	干湿循环后的抗压强度/MPa	抗压强度的损失率/%	干湿循环前的干重/g	干湿循环后的干重/g	质量的损失率/%
1	1.732	1.394	19.5	1204.89	1099.54	8.7
2	1.698	1.297	23.6	1194.63	1084.23	9.2
3	1.784	1.320	26.0	1198.56	1100.52	8.2
平均	1.738	1.337	23.1	1199.36	1094.76	8.7

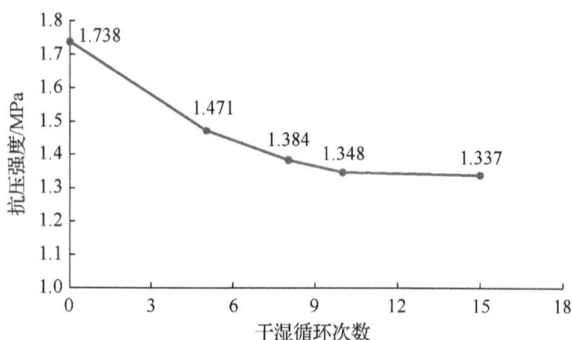

图 3-7　流态粉煤灰干湿循环次数与抗压强度关系

由表 3-8 和图 3-7 可知，流态粉煤灰无侧限抗压强度随着干湿循环次数的增加而减小，干湿循环对流态粉煤灰的影响主要集中在前 10 次，之后流态粉煤灰的强度便会趋于稳定。可见，加宽路基采用流态粉煤灰可减少高速公路后期养护维修难度和费用。流态粉煤灰在干湿循环中会损失一部分强度和质量，但其强度满足大于 0.6MPa 的要求。这说明本工程所用材料在耐久性及强度方面是完全符合设计要求的。

2. 冻融循环试验

1）试件制备、试验流程及数据记录

试验方法依照《蒸压加气混凝土性能试验方法》（GB/T 11969—2008）。试件标准养护 28d 后，选取制作合格的试件用于试验。试验流程如下。

（1）将试件放入电热鼓风干燥箱，在（60±5）℃下保温 22h，然后在（80±5）℃下保温 22h，再在（105±5）℃下烘至恒量。

（2）待试件冷却至室温后，称取其质量，精确至 1g，然后浸入水温为（20±5）℃恒温水槽中，水面应高出试件 30mm 以上，浸泡 28h。

（3）取出试件，拭去试件表面的水，放进-15℃以下的低温箱中，试件之间间隔 20mm，当温度降至-18℃时开始计时。在（-20±2）℃下冻 6h，之后取出试件，放入温度为（20±5）℃的恒温水槽中，使其自然融化 5h 作为一次完整的冻融循环。本试验总计需要执行 15 次这样的冻融循环。

（4）循环 5 次后检查试件并记录破坏情况。

（5）冻融过程中，发现试件呈明显的破坏，应取出试件，停止冻融试验，并记录冻融次数。

（6）将经 15 次冻融后的试件放入电热鼓风干燥箱内，按规定烘至恒量。

项目研究冻融循环试验所用高低温交变试验箱如图 3-8 所示。

2）数据分析

15 次冻融循环结束后，试件均出现明显的剥落破损，部分试件出现严重破坏。对冻融循环后的试件进行抗压强度等测试，试验结果如表 3-9 所示。

图 3-8　高低温交变试验箱

表 3-9　流态粉煤灰冻融循坏试验结果

编号	冻融前的抗压强度/MPa	冻融后的抗压强度/MPa	抗压强度损失率/%	冻融前的质量/g	冻融后的质量/g	质量损失率/%
1	1.732	1.211	30.1	1204.89	1089.34	9.59
2	1.698	1.099	35.3	1194.63	1066.43	10.73
3	1.784	1.121	37.2	1198.56	1033.43	13.74
平均值	1.738	1.144	34.2	1199.36	1063.21	11.35

由表 3-9 可知，流态粉煤灰试件经过 15 次冻融循环后，其抗压强度损失率平均值为 34.2%，质量损失率平均值为 11.35%，说明流态粉煤灰的抗冻性能一般。但是其冻融循环后的剩余强度依旧可以满足设计要求（>0.6MPa）。

对流态粉煤灰冻融循环试验结果进行进一步的分析，研究其抗压强度与冻融循环次数之间的关系，得到如图 3-9 所示结果。

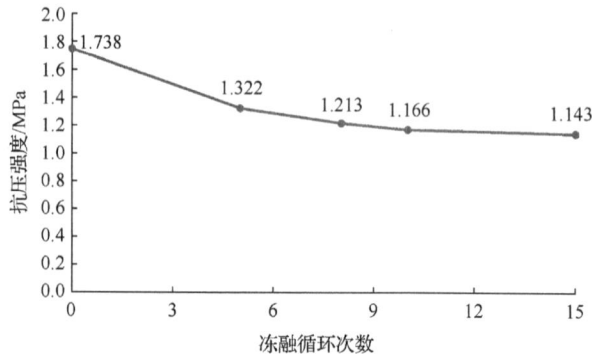

图 3-9　流态粉煤灰抗压强度与冻融循环次数的关系

由图 3-9 可知，流态粉煤灰在冻融循环时，其强度的损失主要集中在前 10 次的冻融循环中，之后的冻融对其强度影响很小。这说明，在前几次的冻融循环中流态粉煤灰受到的影响最大，流态粉煤灰内部脆弱部分的结构因冻融出现损伤，但是其主体结构并未发生重大变化，所以导致其强度损失虽然较大，但其剩余强度能够满足设计要求，可以作为路基填料。

3.2　流态粉煤灰回填悬臂式路堤挡土墙加宽路基设计简介

为节约占地，不满足正常放坡的路段，采用了流态粉煤灰回填悬臂式路堤挡土墙方案，全线约 36% 的路基段落采用此路基拼宽方案，如图 1-9 所示。

悬臂式挡土墙设计应分别进行地基承载力验算、外部稳定验算及地基整体深层滑动稳定性验算，确定前趾板、后踵板宽度；根据构件正截面抗弯承载力计算、构件变形及裂缝宽度验算，确定立壁、底板的截面几何尺寸及配置钢筋[41-43]。

挡土墙受力状态验算按照承载能力极限状态设计，土压力计算方法为库仑土压力理论，计算荷载包括永久荷载和基本可变荷载。永久荷载为挡土墙结构重力、填土重力、填土侧压力，基本可变荷载为车辆荷载引起的土侧压力。墙体采用 C30 钢筋混凝土现浇，容重 25kN/m³，地基土容重 18kN/m³，地基土内摩擦角 30°，墙后填土内摩擦角按 35° 计，车辆荷载采用公路-I 级。

以 4m 悬臂式挡土墙为例，经结构验算，其各部分构造尺寸及配筋布置图如图 3-10 所示。

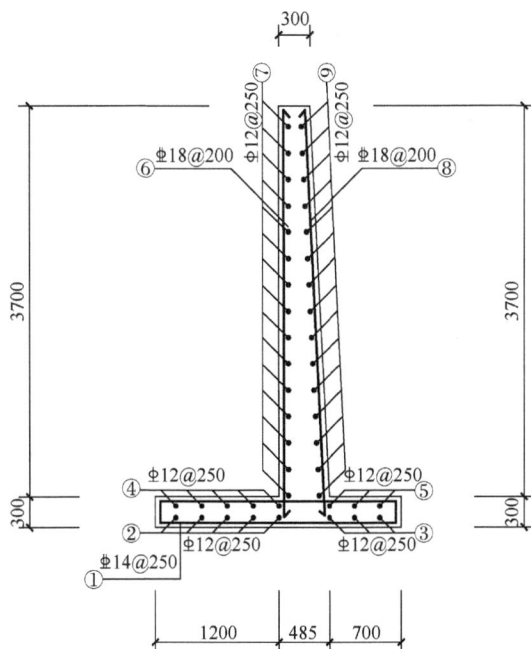

图 3-10　悬臂式挡土墙配筋布置图（单位：cm）

悬臂式挡土墙各设计高程施工前先按路面横坡和桥梁结构对挡墙标高进行复算。经验算并确定各层面标高后方可施工。施工时应先施工高程较低的部分，以防相邻挡墙高差较大地段墙趾底部产生坍塌。

悬臂式挡土墙基础施工时，根据挡墙种类采用分段跳槽开挖，按设计要求开挖至基底标高，在地基上铺筑垫层，夯实至设计基底标高，基底要求保持原状土为佳。

悬臂式挡土墙分两次浇筑完成：第一次浇筑挡墙基础墙趾板、墙踵板；当混凝土强度达到 2.5MPa 以上进行第二次浇筑，即浇筑立壁部分。待墙身混凝土强度达到设计强度的 90%时进行基坑回填。

　　挡墙每 15m 设置沉降缝一道，不同墙型交界处应设置沉降缝一道，缝宽 2cm，缝内用沥青麻絮填塞，沿墙顶、内、外填塞，填塞深度不小于 15cm。凡地基土质发生变化的，基础埋置深度不一，以及基础填挖交界处，均应设置沉降缝。挡墙浇筑时每 150cm 预埋一排 PVC 泄水孔，间距 200cm，首排泄水孔较边沟壁高 30cm，较原地面高 60cm，泄水孔外倾 5%，直径 50mm，PVC 泄水孔内侧设置 15cm×15cm 透水土工布，用热沥青贴至挡墙内壁。

　　为增加新老路基的整体协调性，避免或减少横向错台和纵向裂缝的发生，在加宽填筑路基前，先对老路基边坡和加宽路基的基底进行 30cm（垂直于坡面方向）的清坡处理，然后开挖挡墙基坑，挡墙完成后墙后浇筑流态粉煤灰，流态粉煤灰采用分层浇筑，单层厚度 40~60cm，浇筑时间间隔不小于 7d，流态粉煤灰浇筑完成并达到设计强度后开挖上层路基拼宽台阶，填土加宽路基。

3.3　流态粉煤灰回填悬臂式路堤挡土墙加宽路基不均匀沉降影响因素分析

3.3.1　ABAQUS 有限元分析软件简介

　　该研究采用数值模拟的方法，利用 ABAQUS 软件对流态粉煤灰悬臂式挡土墙加宽路基不均匀沉降影响因素进行分析[44]。

　　ABAQUS 可以解决的问题范围非常广泛，包括复杂结构（应力/位移）问题，以及热传导、质量扩散、声学分析、岩土力学分析（流体渗透、应力耦合分析）等。

　　ABAQUS 在计算过程中，只需要输入结构模型参数、材料特性、边界条件和外加荷载等数据，便可以开始模拟计算。通过定义参数来控制数值计算的结果，可以大幅减少使用者的操作量，方便初学者使用。

　　ABAQUS 还自带岩土材料的本构模型，包括线弹性模型、摩尔-库仑（Mohr-Coulomb）模型、扩展的德鲁克-普拉格（Druker-Prager）模型等，甚至为了方便用户使用，用户可以自行定义本构模型。这种特性使其在岩土工程相关问题计算中展现出非同一般的优越性。

　　ABAQUS/CAE 拥有简单易懂的用户界面，强大的计算处理功能。用户利用它可以快速地建立几何模型、设定材料参数、赋予结构特性、设定边界条件、施加荷载、设置接触、网格划分等。参数导入完成后，通过 Job 模块提交作业，完成计算。

　　ABAQUS/CAE 模块的主要优势有以下几点。

　　（1）界面简单，功能详尽。

（2）资料文件可以被其他系统直接使用。

（3）在模拟计算的过程中，可以直接选取计算模型，无须自定义，可以为用户节约大量时间。

（4）几何模型数据与 CAD 软件可以互通。

（5）模型网格可以自动划分，也可以自由调整网格密度和形态。

（6）模拟计算结束后，可直接输出相应的应力-应变、位移、能量变化等图表数据。

3.3.2　有限元计算模型基本设定

（1）由于路堤较长，选取某一断面按平面应变问题进行处理。

（2）计算对象为路基加宽部分的路堤墙，因此选取整体路堤的一半来进行计算（以老路基的中轴线为中线划分）。

（3）老路堤土体采用摩尔-库仑弹塑性本构模型，流态粉煤灰采用弹性模型，且都设为均质各向同性体。

（4）由于老路基成型超过 10 年，判定老路基已完成固结变形。

3.3.3　地基土模量对加宽路基不均匀沉降的影响

该研究采用数值模拟的方法，利用 ABAQUS 软件对流态粉煤灰悬臂式挡土墙加宽路基不均匀沉降影响因素进行分析，选取新元高速公路改扩建工程典型断面流态粉煤灰回填悬臂式路堤挡土墙加宽路基作为模型原型，根据现场施工设计图的要求来构建几何模型尺寸。其具体模型尺寸示意图如图 3-11 所示。

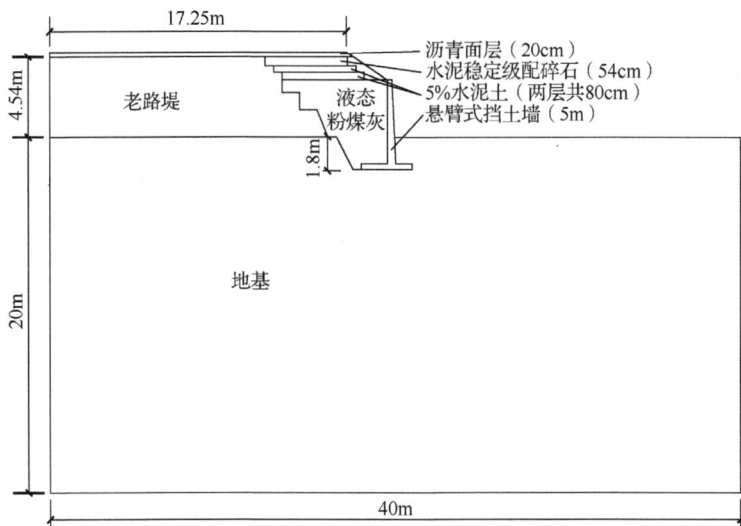

图 3-11　流态粉煤灰悬臂式挡土墙模型尺寸示意图

模型中各部分材料的物理力学参数主要来自新元高速公路地质勘查报告、室内试验以及现场试验。

流态粉煤灰悬臂式挡土墙各个部分的材料物理力学参数如表 3-10 所示。

表 3-10　流态粉煤灰悬臂式挡土墙各部分材料物理力学参数

材料类型	密度 ρ /（kg/m³）	弹性模量 E /MPa	泊松比 ν	内摩擦角/（°）	黏聚力 c /kPa
老路堤土	2000	40	0.3	20	15
地基土	1900	37.5	0.3	25	15
流态粉煤灰	1495	64.79	0.28	—	—
悬臂式挡土墙	2500	4.5×10^4	0.23	—	—
水泥稳定级配碎石	2300	3×10^4	0.2	—	—
5%水泥土	1900	285.7	0.24	30	28
沥青路面结构层	2300	2.8×10^4	0.25	—	—

1）装配部件及定义分析步

在装配模块中创建地基土、老路堤、流态粉煤灰、水泥稳定级配碎石面层、5%水泥土、悬臂式挡土墙六个部件的实体，并且按照设计图的结构将其进行组装，构成一个完整的泡沫轻质土路堤墙结构。

为了网格划分，在装配的选项中选择创建非独立（网格在部件上）部件，然后进行组装，装配示意图如图 3-12 所示。

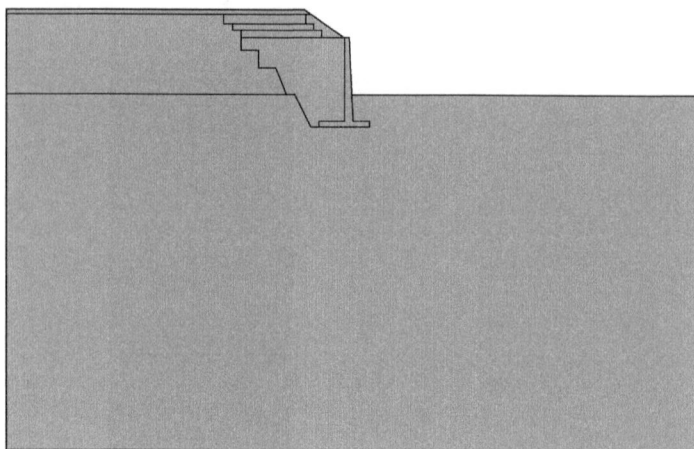

图 3-12　流态粉煤灰悬臂式挡土墙装配示意图

在装配完成后，定义分析步，包含初始分析步的自重分析和加载分析。

分析步选择静力/通用类型，几何非线性设为开，增量选项中初始增量设为

0.01，最小增量步设为 10^{-9}，最大增量步设为 0.1，最大增量步数设为 200，设置求解方式为非对称矩阵存储。

2）定义接触

流态粉煤灰悬臂式挡土墙模型中对于沥青层与水泥稳定级配碎石层、水泥稳定级配碎石层与 5%水泥土层、5%水泥土层与流态粉煤灰层设为绑定接触，不产生相互位移。对于流态粉煤灰层与老路堤的接触面，由于老路堤为砂性土，故对于接触面的摩擦系数选为 0.4。流态粉煤灰层与悬臂式挡土墙的接触面摩擦系数为 0.3。悬臂式挡土墙基础与老地基的接触面的摩擦系数为 0.5[45-46]。

3）荷载与边界条件

对流态粉煤灰挡土墙模型的土体边界进行约束，约束条件如下。

（1）地基土左右两侧设置水平约束（$U_1=0$）。

（2）地基土底部设置水平和垂直向约束（$U_1=U_2=0$）。

当约束完成后，对模型添加荷载，荷载分为两个部分，一是重力，二是高速公路车道荷载。在自重分析步中创建荷载，荷载类型为重力，设置分量 2 的数值为-9.8，并添加到整个模型。

车道荷载分为两个部分，一是 10.5kN/m 的均布压强，二是 180kN 的集中力。在加载分析步中，新建一个荷载，荷载类型为压强，选择路基上表面三个车道和一个应急车道，添加压强，输入 10 500kN/m。再新建一个荷载，在静力/通用方式下选择荷载类型为集中力，选择每个车道的中间点作为集中力位置，将 CF1 设为 0，CF2 设为-180 000。施加荷载与边界条件模型如图 3-13 所示。

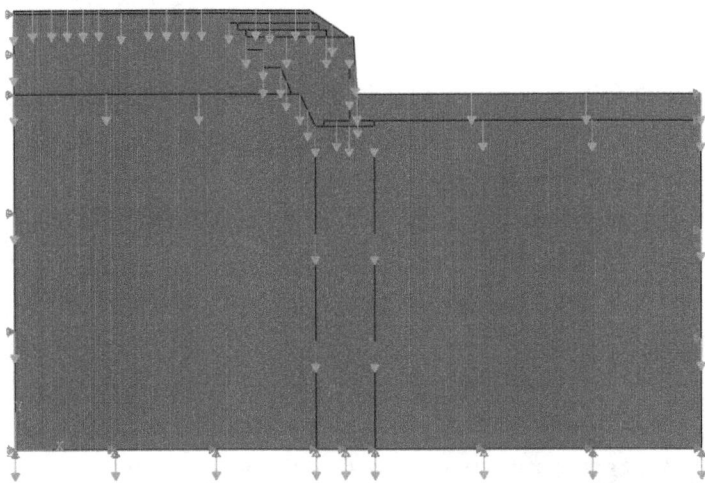

图 3-13　流态粉煤灰悬臂式挡土墙荷载与边界条件模型

4）划分网格及选择单元

由于模型较为复杂，在划分网格时，在规整的部位划分大网格，在小的细节处（比如新老路堤接触位置的台阶、悬臂式挡土墙自身）划分小网格，保证模型应力-应变关系清晰明了的前提下简化计算。

ABAQUS数值模拟中，流态粉煤灰悬臂式挡土墙采用四边形单元形状，网格形式为自由，算法为中性轴算法（选择最小化网格过渡）。单元类型为CPE4R，即四节点双线性平面应变四边形单元。

最后选择为部件实例进行网格划分，其示意图如图3-14所示。

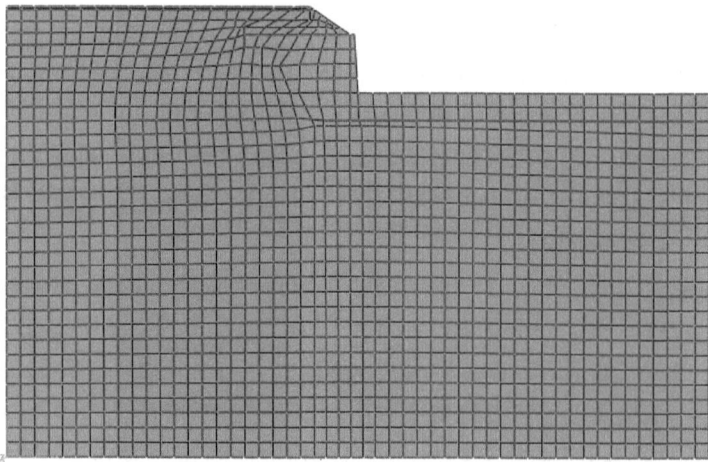

图3-14 流态粉煤灰悬臂式挡土墙模型网格划分示意图

5）提交作业与可视化

当以上步骤全部完成后，可以在作业模块中创建一个JOP（joint operating procedures），然后提交作业，当软件运算完成后，便可以选中结果，切换到"可视化"模块，可直观看到模型应力-应变云图。

通过改变地基土的弹性模量数值，探究其对工程沉降的影响。路基沉降云图如图3-15～图3-17所示。

为了方便分析数据，将云图数据转化为折线图，所示路堤顶面沉降量对比如图3-18所示。

由图3-18可知，随着地基土弹性模量的提升，路堤的沉降量最大值由16cm降为14cm，再降为13cm，且通过对比折线的走势，可知不均匀沉降不断缩小，说明路基的弹性模量对于路堤的沉降具有一定的影响。因此在工程中，要缓解路堤因不均匀沉降带来的病害，提高地基土弹性模量将是一个行之有效的方案；但地基土弹性模量增加到一定程度时，其降低路堤沉降的功能逐步减小。

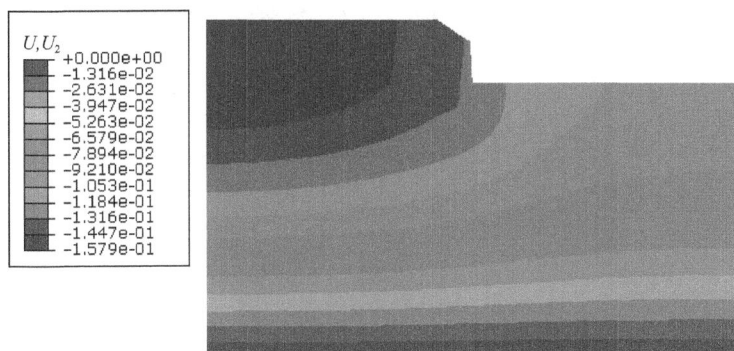

图 3-15　地基弹性模量设为 30MPa 时的路基沉降云图

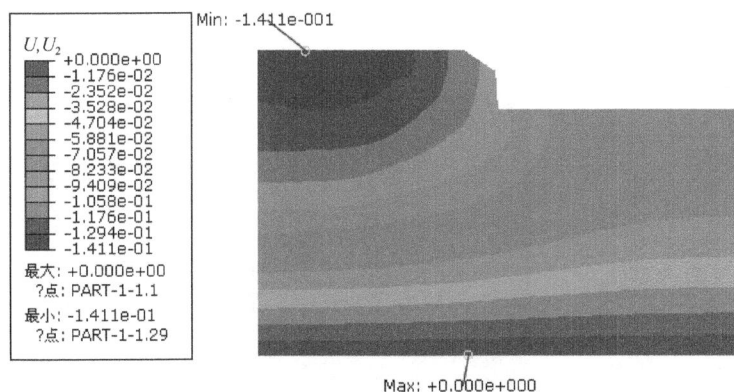

图 3-16　地基弹性模量设为 37.5MPa 时的路基沉降云图

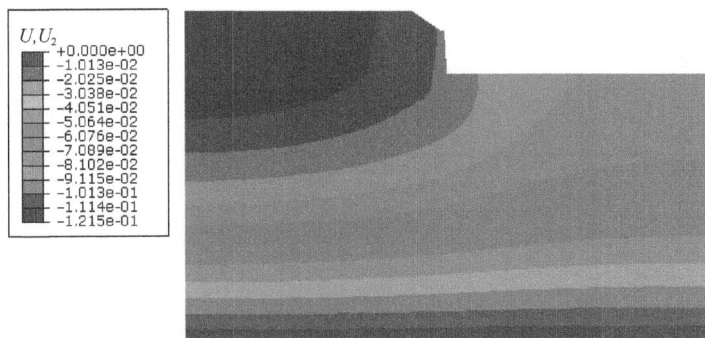

图 3-17　地基弹性模量设为 45MPa 时的路基沉降云图

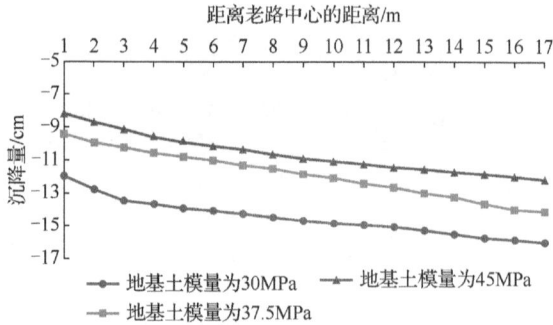

图 3-18 不同地基土弹性模量下流态粉煤灰路堤顶面沉降量对比

3.3.4 流态粉煤灰弹性模量对加宽路基不均匀沉降的影响

通过改变流态粉煤灰的弹性模量数值，探究其对路基沉降的影响。路基沉降云图如图 3-19～图 3-21 所示。

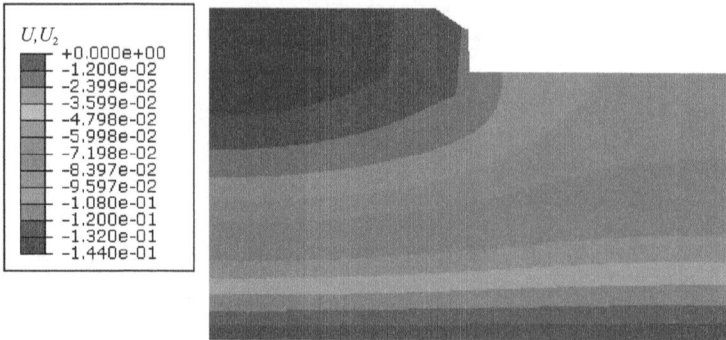

图 3-19 流态粉煤灰弹性模量设为 50MPa 时的路基沉降云图

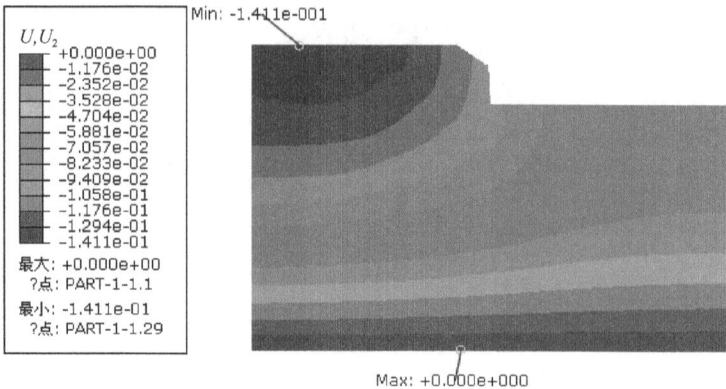

图 3-20 流态粉煤灰弹性模量设为 64.79MPa 时的路基沉降云图

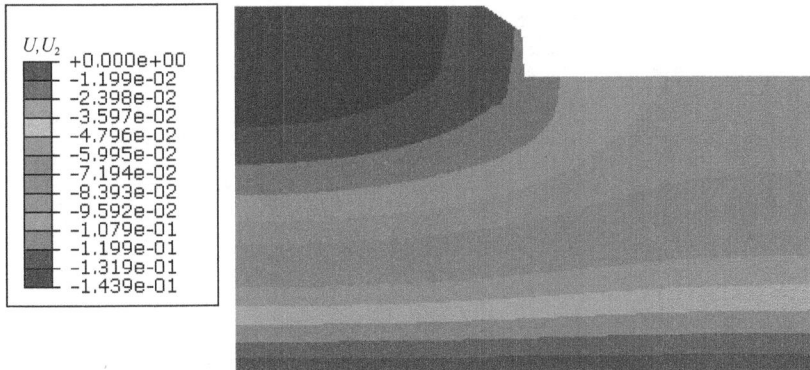

图 3-21　流态粉煤灰弹性模量设为 80MPa 时的路基沉降云图

由以上云图可知，随着流态粉煤灰弹性模量的提升，路堤的沉降值无明显变化，其只对流态粉煤灰填筑物自身有微小影响，这说明流态粉煤灰的弹性模量大小对于路堤的沉降影响可以忽略。

3.3.5　墙顶填土高度对加宽路基不均匀沉降的影响

先设定挡墙高度不变，然后在墙顶填土，高度分别为 0m、0.8m、1.5m、2.5m，建立模型进行数值模拟，比较其路基顶面沉降沿路基横断面分布和水平位移沿墙高的分布。

（1）路基沉降云图如图 3-22～图 3-25 所示。

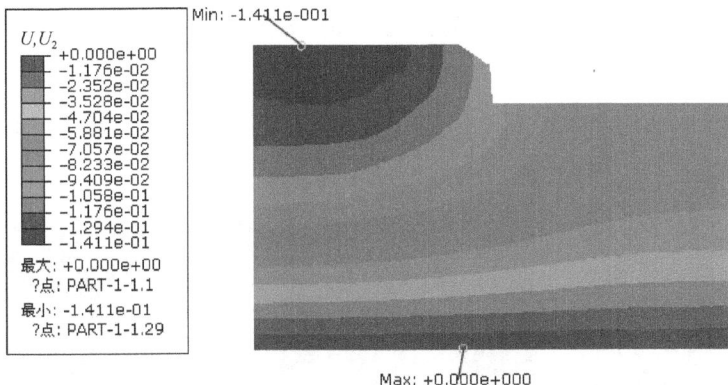

图 3-22　墙顶填土为 0m 时的路基沉降云图

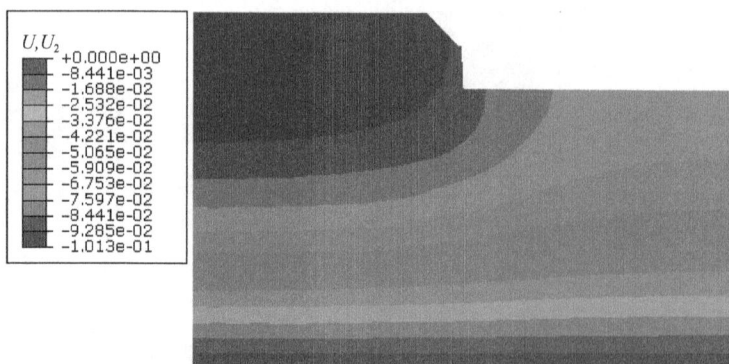

图 3-23　墙顶填土为 0.8m 时的路基沉降云图

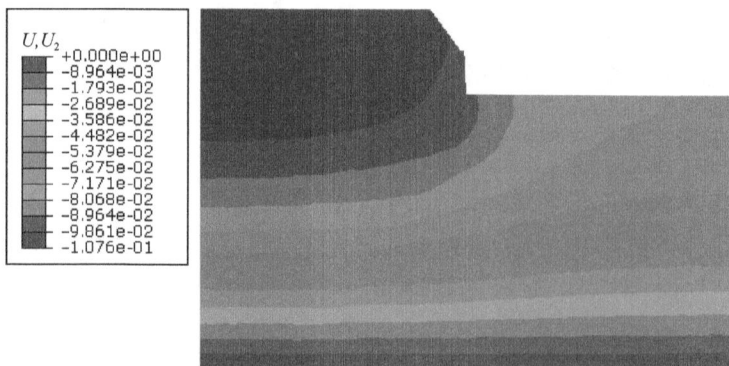

图 3-24　墙顶填土为 1.5m 时的路基沉降云图

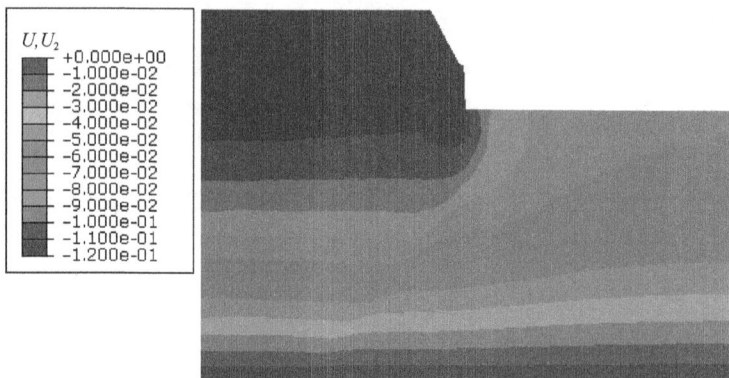

图 3-25　墙顶填土为 2.5m 时的路基沉降云图

为了方便分析数据，将云图数据转化为折线图，所示不同墙顶填土高度对应的路基沉降量对比如图 3-26 所示。

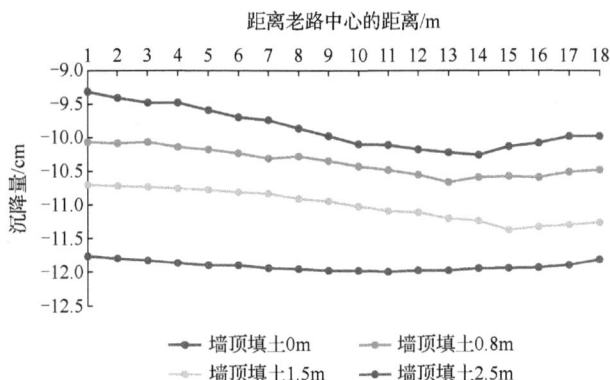

图 3-26　不同墙顶填土高度对应的路基沉降量对比

由图 3-26 可知，随着路堤墙墙顶填土的增加，路堤的沉降量不断增加，其最大值由 10.2cm 增加到 12cm。对于同一曲线，路堤顶面的沉降存在先增加后减少的现象，其不均匀沉降差值最大为 1cm，说明墙体顶面填土的增加会导致路堤沉降增加，但是对于路堤横向不均匀沉降影响较小。

（2）路堤墙面水平位移云图如图 3-27～图 3-30 所示。

为了方便分析数据，将云图数据转化为折线图，所示不同墙顶填土高度对应的路基水平位移值对比如图 3-31 所示。

由图 3-31 可知，随着路堤顶部填土的增加，路堤的最大水平位移由 2.7mm 移至 6.5mm，单一曲线可看出墙体位移从下往上逐渐增加，说明路堤顶部填土对墙面水平位移会产生影响。

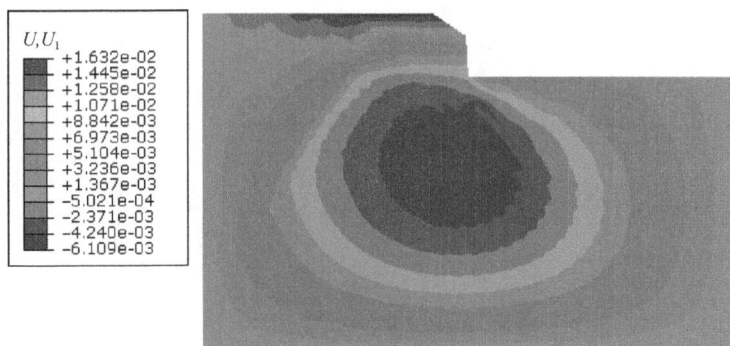

图 3-27　墙顶填土为 0m 时的路基水平位移云图

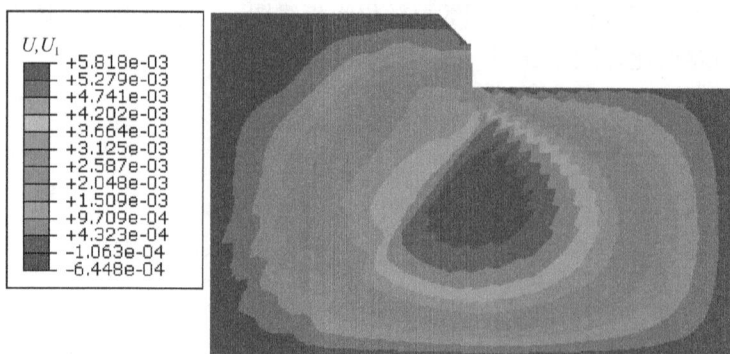

图 3-28   墙顶填土为 0.8m 时的路基水平位移云图

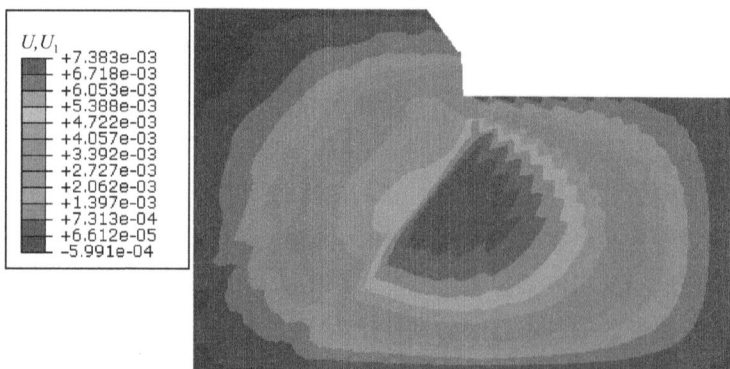

图 3-29   墙顶填土为 1.5m 时的路基水平位移云图

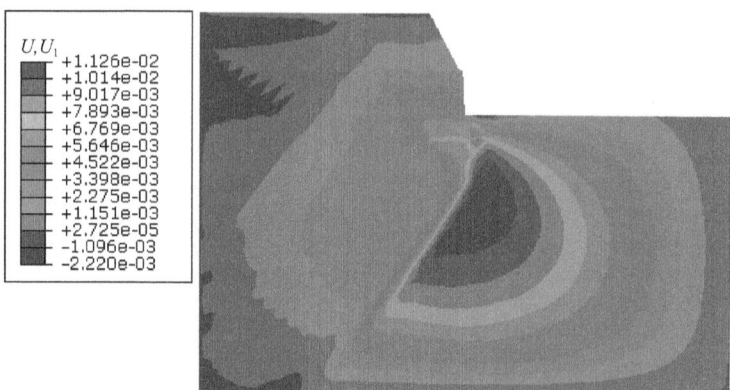

图 3-30   墙顶填土为 2.5m 时的路基水平位移云图

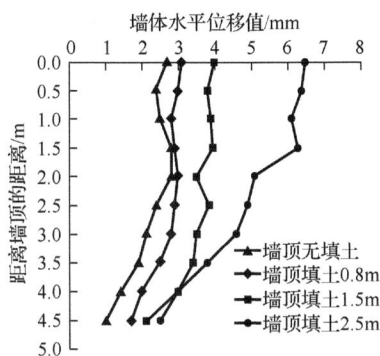

图 3-31 不同墙顶填土高度对应的路基水平位移值对比

3.3.6 老路堤台阶宽度对加宽路基不均匀沉降的影响

先将老路基的边坡坡率修为 1∶1，然后其台阶宽度分别设为 0.5m、1.0m，再进行数值模拟，最后比较模型在不同台阶宽度下的路基顶面沉降沿路基横断面分布。

路堤顶面沉降云图如图 3-32 和图 3-33 所示。

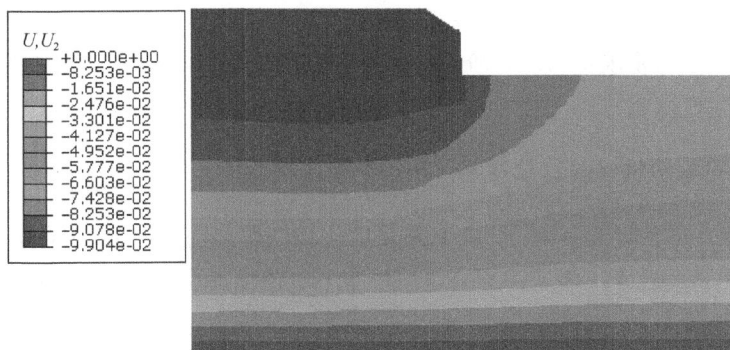

图 3-32 老路提台阶宽度为 0.5m 时的路基沉降云图

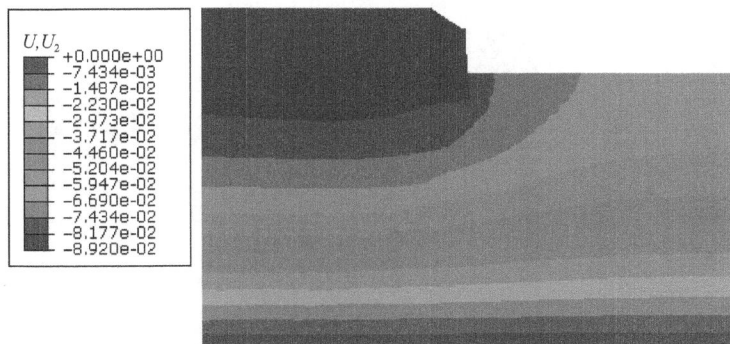

图 3-33 老路提台阶宽度为 1m 时的路基沉降云图

为了方便分析数据，将云图数据转化为折线图，所示不同台阶宽度对应的路堤顶面沉降量对比如图 3-34 所示。

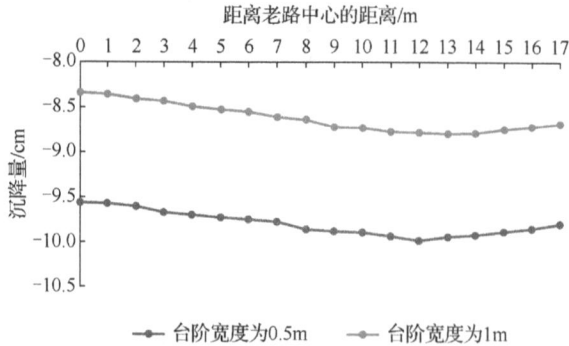

图 3-34 不同台阶宽度对应的路堤顶面沉降量对比

由图 3-34 可知，随着台阶宽度的增加，路堤的最大沉降量由 9.98cm 降为 8.8cm，沉降量减小，而且两种沉降曲线的变化十分相似，说明台阶的宽度会对路堤的沉降产生影响，但不是决定性的影响。

可见，流态粉煤灰路堤台阶宽度对于路堤的沉降影响较小，故对台阶的选择主要从施工便捷和节约造价方面考虑，0.5m 的台阶宽度更为合适。

3.3.7 老路堤边坡坡率对加宽路基不均匀沉降的影响

在 0.5m 宽台阶的基础上，将老路堤的边坡坡率分别设为 1∶0.5、1∶1，再进行数值模拟，最后比较模型在不同边坡坡率下的路堤顶面沉降沿路基横断面分布。路堤顶面沉降变形云图如图 3-35 和图 3-36 所示。

为了方便分析数据，将云图数据转化为折线图，所示不同边坡坡率对应的路堤沉降量对比如图 3-37 所示。

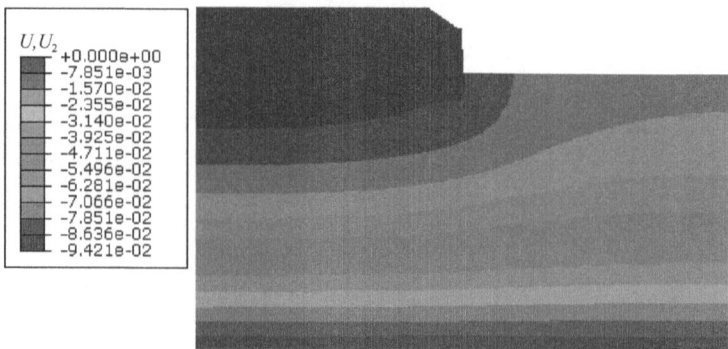

图 3-35 老路堤边坡坡率为 1∶0.5 时的路堤沉降变形云图

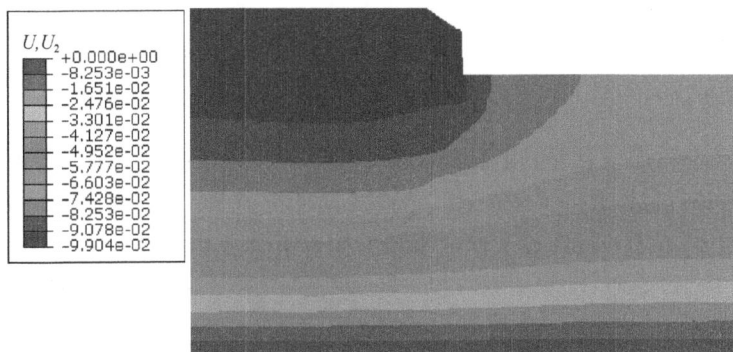

图 3-36 老路堤边坡坡率为 1∶1 时的路堤沉降变形云图

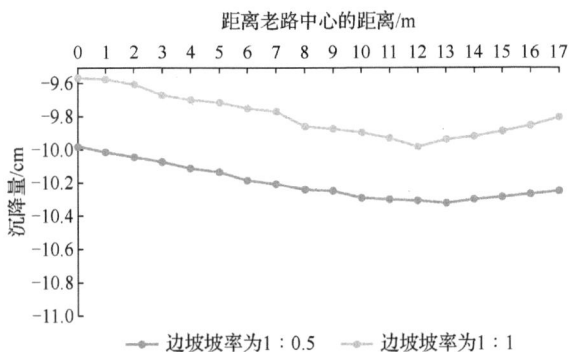

图 3-37 不同边坡坡率对应的路堤沉降量对比

由图 3-37 可知,随着边坡坡率变缓,路堤的最大沉降量由 10.3cm 降为 9.9cm,沉降量略微减小,且由曲线形态可知,坡率越大,沉降曲线越是平缓,说明新老路堤结合愈加紧密。总体而言,老路堤边坡坡率会对加宽后的路堤沉降产生影响,但其影响十分有限,甚至可以忽略。

可见,老路堤边坡坡率的变化对路堤的沉降的影响较为细微,故对边坡坡率的选择主要从施工便捷和节约造价方面考虑,最终对于流态粉煤灰路堤加宽工程而言,1∶0.5 的边坡坡率较为合适,它可以更好地保证老路堤的完整性。

3.4 流态粉煤灰悬臂式路堤挡土墙加宽路基现场试验研究

3.4.1 现场试验目的

为了监测流态粉煤灰悬臂式路堤挡土墙在施工阶段和工后的稳定性情况,本研究对挡土墙墙背土压力进行了监测[47-48]。

3.4.2　现场试验监测方案

1. 断面选择

选取流态粉煤灰悬臂式路堤挡土墙中墙体最高段，并在相邻位置再选取一段作对照，在该段选取两个观测断面。本次试验选取 K238+55、K238+140 两个断面，悬臂式挡土墙监测元件埋设示意图如图 3-38 所示。

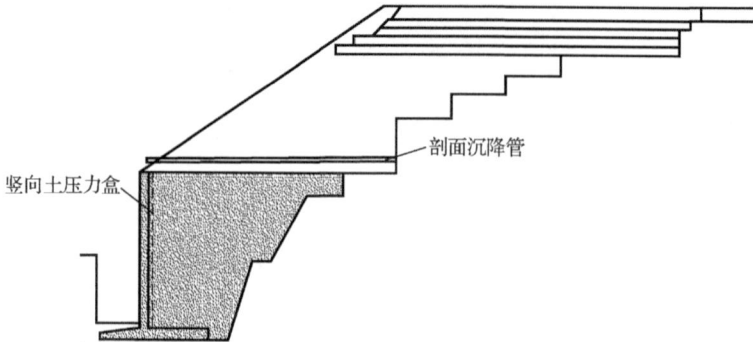

剖面沉降管

竖向土压力盒

图 3-38　悬臂式挡土墙监测元件埋设示意图（竖向土压力盒间距为 1.0m）

2. 土压力盒安装

土压力盒安装顺序为：首先清理墙背面的黏着物，确保墙背面整洁；然后在离基础面 20cm 处开始，每隔 1m 选取一个位置，用油性笔画出准备安置钢弦式土压力盒的位置；再在预定位置涂上强力胶，将土压力盒背面朝墙粘紧；最后将压力盒的缆线用钢丝软管保护，并将线翻过墙面。随着流态粉煤灰浇筑，逐层安置土压力盒，直到墙顶为止（图 3-39）。

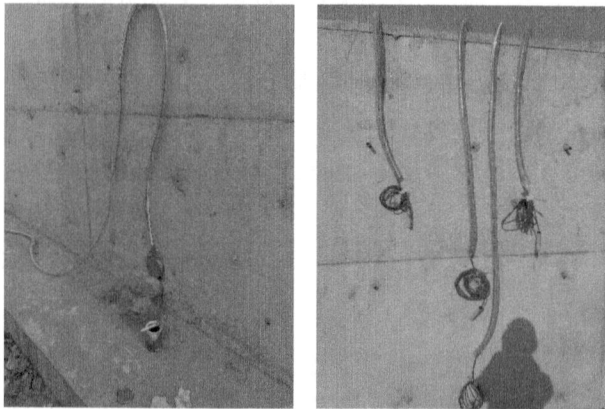

图 3-39　悬臂式路堤墙土压力盒安装示意图

3. 土压力测量

使用 JMZX-7000 综合测试仪，直接连接土压力盒电线，仪器自动读数，将数据保存在仪器中，之后导入到计算机中，并对数据进行分析（图3-40）。

图 3-40 悬臂式路堤墙土压力盒测量示意图

3.4.3 现场试验监测结果分析

流态粉煤灰悬臂式挡土墙墙背土压力值不同时期对比如图 3-41 和图 3-42 所示，从图中可得出如下结论。

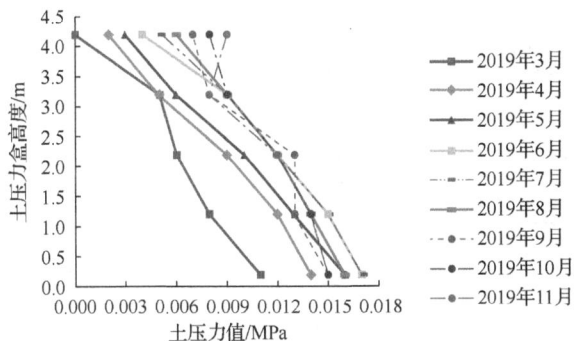

图 3-41 悬臂式路堤墙 K238+55 段土压力值不同时期对比

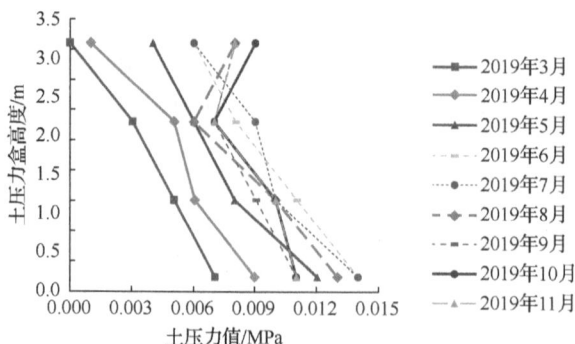

图 3-42　悬臂式路堤墙 K238+140 段土压力值不同时期对比

（1）挡土墙墙背土压力随着填土高度的增加而逐渐增大。

（2）挡土墙墙背土压力最大值在 K238+55 段距墙底 0.2m 处，其最大值为 17kPa。

（3）随着流态粉煤灰逐层填筑，每层厚度不同，墙背土压力增加幅度不同。

（4）由于填筑水泥土、水泥稳定级配碎石层以及路面沥青面层时工程车辆来往频繁，土压力值有所变动，但墙底土压力盒所示数值相对稳定。

由以上分析可知，流态粉煤灰悬臂式路堤挡土墙墙背土压力的增长符合经典土压力理论，并由测量结果可知其值远小于一般填土的土压力值，突出了轻质土的优势。

3.5　流态粉煤灰悬臂式路堤挡土墙加宽路基结构行为数值模拟

3.5.1　计算模型建立

选取新元高速公路 K238+030～K238+250 段中 K238+055 断面流态粉煤灰悬臂式路堤挡土墙作为模型原型，根据现场施工设计图的要求来构建几何模型尺寸，具体模型尺寸与分析方法同 3.3.1 节。

3.5.2　数值模拟结果分析

1. 流态粉煤灰挡墙水平应力分析

流态粉煤灰悬臂式挡土墙模型水平应力云图，如图 3-43 所示。

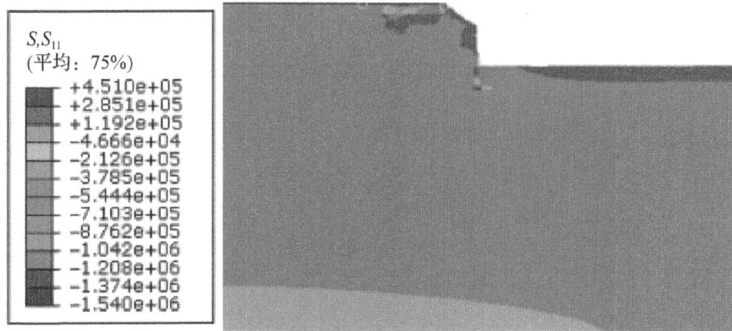

图 3-43　流态粉煤灰悬臂式挡土墙模型水平应力云图

由图 3-43 可知，在墙背流态粉煤灰自重和上部荷载共同作用下，墙体最大土压力为 20kPa，位于墙体最底部，其土压力从上往下出现由大变小再变大的现象，而之所以出现此现象是因为顶部离路面较近，受到车辆荷载的影响更大，故出现墙体土压力上大下小的现象。墙体处于稳定状态，流态粉煤灰产生的墙背土压力远小于一般填土的土压力，说明流态粉煤灰具有极佳的直立性，对墙体影响较小。

2. 流态粉煤灰挡土墙水平位移分析

流态粉煤灰悬臂式挡土墙模型水平位移云图，如图 3-44 所示。

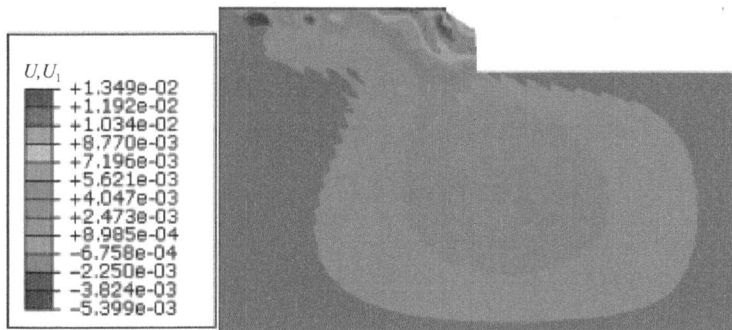

图 3-44　流态粉煤灰悬臂式挡土墙模型水平位移云图

由图 3-44 可知，在自身重力以及车道荷载的共同作用下，墙体出现了微小的水平位移，其水平位移在 1～7mm，该位移量对墙体的稳定性影响十分微小；且可以明显看出，墙体位移呈现上小下大的趋势，墙体底部的位移相对较大，这符合土力学的理论。由色彩的连续性也能看出，新老路基结合较为紧密，流态粉煤灰能与老路基协同变形。总体而言，该墙体的水平位移很小。

3. 流态粉煤灰挡土墙沉降分析

流态粉煤灰悬臂式挡土墙模型沉降云图,如图 3-45 所示。

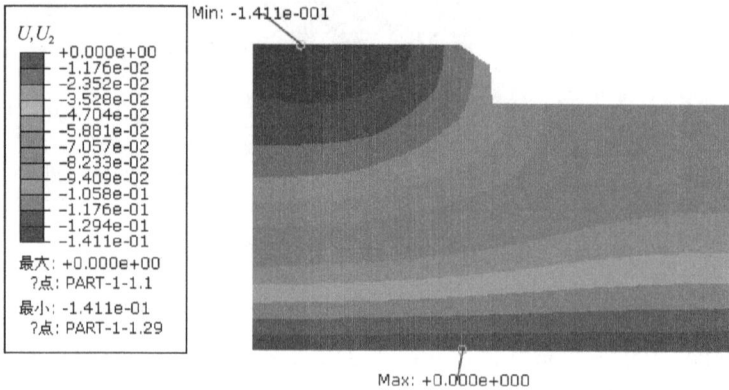

图 3-45　流态粉煤灰悬臂式挡土墙模型沉降云图

由图 3-45 可知,在流态粉煤灰重力以及上部荷载的共同作用下,墙体发生沉降,其沉降最多 14cm。老路基沉降量与新路基沉降量显示的颜色是连续的,新老路基的工后沉降量差值不足 1cm,其值相当微小,且可以看出流态粉煤灰的沉降量要略小于老路堤。由云图深浅色连续性可知,流态粉煤灰可以与老路基协同沉降,其沉降差较小,说明流态粉煤灰可以较好地缓解新老路基不均匀沉降的问题。

3.5.3　墙背实测土压力与数值模拟对比分析

将现场监测的悬臂式挡土墙墙背土压力数据与 ABAQUS 模型模拟得到的水平应力数据结合,得到数据对比折线图,如图 3-46 所示。

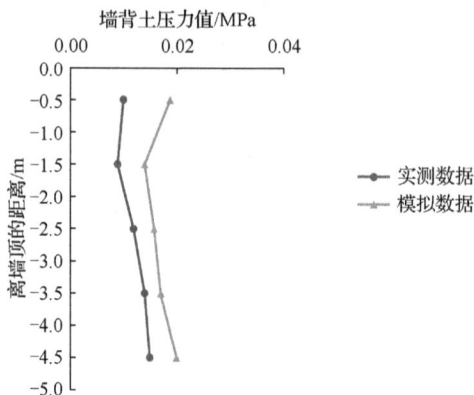

图 3-46　现场墙背土压力监测数据与有限元模拟数据对比折线图

由图 3-46 可知，实测数据与模拟数据的土压力变化趋势相同，从上往下土压力由大变小再变大。但是模拟数据的值略大于实测数据，分析原因，在于实际监测时，土压力盒是以面的形式存在于墙体填料之间，而在模拟时，所设模型为二维模型，土压力值为点的形式存在，导致模拟的值大于实际测量值。

3.6　流态粉煤灰悬臂式挡土墙加宽路基施工及控制技术研究

3.6.1　总体技术要求

为增加新老路基的整体协调性，避免或减少横向错台和纵向裂缝的发生，在加宽路基填筑前，先对老路基边坡和加宽路基的基底进行 30cm（垂直于坡面方向）的清表处理，然后开挖挡墙基坑，挡墙施工完成后浇筑墙后流态粉煤灰，流态粉煤灰应分层浇筑，单层厚度 40～60cm，浇筑时间间隔不小于 7d，流态粉煤灰浇筑完成并达到设计强度后在老路基边坡上开挖台阶，进行加宽路基施工。

1. 流态粉煤灰技术要求

1）材料要求

（1）粉煤灰。

① 粉煤灰中 SiO_2、Al_2O_3 和 Fe_2O_3 的总含量不小于 70%。

② 烧失量不应超过 20%。

③ 粉煤灰的比表面积宜大于 $2500cm^2/g$。

④ 干粉煤灰和湿粉煤灰都可以用。干粉煤灰若堆放于空地上，应防止飞扬造成污染，湿粉煤灰含水量不宜超过 35%。

⑤ 应将凝固的粉煤灰块打碎或过筛，同时清除有害杂质。

（2）水泥宜采用普通硅酸盐水泥，其技术指标应满足相关规定，水泥堆放应注意防潮。

（3）水。凡人或牲畜的饮用水均可用于施工。

（4）外加剂。自配，其性能应能激发粉煤灰早期活性，并具有早强、增稠和减水的作用。

① 细度。比表面积不得小于 $300m^2/kg$，筛余量（0.08mm）均不得超过 8%，减水率不小于 10%。

② 抗压强度标准，如表 3-11 所示。

表 3-11　外加剂抗压强度标准

时间/d	强度/MPa
7	0.4
28	0.6

③ 混合料稠度范围为 100～220mm。

2）施工注意事项

（1）混合料配比。拌制混合料时，各材料建议的配合比如表 3-12 所示。拌制的混合料强度指标应满足表 3-13 的要求。

表 3-12　建议配合比

项次	材料	配比/%
1	水泥	7
2	粉煤灰	93
3	水灰比	0.5

表 3-13　混合料强度指标要求

项次	材料	参数
1	7d 抗压强度/MPa	0.4
2	内摩擦角/（°）	49.69
3	黏聚力/kPa	129.63

（2）混合料的搅拌。

① 拌制混合料时，各种衡器应保持准确；对材料（粉煤灰）的含水量，应经常性地进行检测并适时调整水泥和水的用量，混合料配料数量允许偏差如表 3-14 所示。

② 混合料应使用机械搅拌，搅拌时间应不小于 50s。

③ 外加剂应先调成适当浓度的溶液再掺入拌和。

④ 混合料中水泥粉煤灰配比应由试验确定，水泥含量建议适配范围 4%～10%，外加剂用量为水泥用量的 1%左右。

⑤ 混合料含水量应控制在 50%～60%，强度满足 7d 达到 0.4MPa，28d 达到 0.6MPa。

表 3-14　混合料配料数量允许偏差（质量计）

项次	材料	允许偏差/%
1	水泥	±1
2	粉煤灰	±3
3	水	±2
4	外加剂	±1

（3）混合料运输。混合料的运输能力应适应混合料浇筑速度的需要，使浇筑工作不间断。

（4）混合料的浇筑。

① 浇筑混合料前，应对支架、模板进行检查，模板内的杂物积水应清理干净，模板如有缝隙，应填塞严密，模板内面应涂刷脱模剂。

② 从高处向模板内倾卸混合料时，自由倾落高度一般不宜超过 2m，否则应使用导流槽或串筒导入混合料，浇筑过程不宜间断，同一层混合料应在初凝时间内浇筑完成。

③ 混合料应按一定厚度（40~60cm）、顺序和方向分层浇筑，两层混合料浇筑时间间隔不小于 7d（或以下层混合料强度达到设计值进行控制）。

④ 浇筑过程中应人工辅助找平，保证每层浇筑层基本水平。

⑤ 当气温低于 5℃时，应停止浇筑。

（5）养护。混合料浇筑完成后，应加盖草毡养护不少于 7d，并保证混合料强度增长至设计强度，混合料养护期间应严禁车辆、行人通过。

混合料养生期间，由于混合料的收缩作用，会产生表面裂缝，应及时用混合料对裂缝进行处理。

2. 悬臂式路堤墙施工技术要求

悬臂式路堤墙采用 C30 钢筋混凝土浇筑，相关施工技术要求如下。

（1）挡墙基底为水平，应切实按照设计要求施工，不得任意调整基底纵横向坡率。

（2）挡墙基坑开挖的位置、深度应符合设计的要求，基坑开挖至设计标高后应首先测定基底的地基承载力，若地基承载力不满足设计要求时，应及时与设计单位联系，根据开挖后实际的地质、水文情况，采取加深基础埋置身度、换填砂砾垫层等加固措施。

（3）施工时，挡墙基础埋置深度和墙趾外襟边宽度必须满足设计要求的最小尺寸，即基础埋置深度大于等于 1.5m，墙趾外襟边宽度大于等于 2.5m。

（4）挡土墙一般应安排在旱季施工，施工时应严格按照图纸及相关施工技术规范进行放样，确保施工断面符合设计要求。

（5）挡墙基础开挖应采取开槽的方式施工，不得将墙趾外地面挖成平台，以保证基础嵌入原状地层，开挖接近基底设计标高时应保留 10～20cm 原状土，在基础施工前突击开挖，并修凿平整，经监理工程师验基后立即浇筑基础。

（6）挡土墙及基础施工完毕后应及时将基坑回填夯实，挡墙外侧应设置 4% 的外倾横坡，避免积水下渗软化墙基。

（7）混凝土的配合比应根据选用的相关材料通过试验确定，施工时严格按照确定的配合比厂拌混凝土，禁止现场拌和，挡墙浇筑严格按照相关施工技术规范执行，加强养生，确保工程质量。

（8）沉降缝位置可根据地形地质变化适当调整，一般 10～15m 设置 2cm 宽一道，沿内、顶、外三边填塞沥青麻絮，深度不小于 15cm。

（9）挡土墙墙体强度达到设计强度 75% 以上时，方可进行墙后填料施工，墙后填料采用流态粉煤灰填筑，填料的技术指标应满足设计要求。

（10）墙身距离地面 30cm 处向上每 2m 设置 ϕ10cm 泄水孔一排，间距 2～3m，墙后设置碎石反滤层。

（11）挡土墙两端通过锥坡与路基连接，挡墙深入锥坡 1m，锥坡采用 M10 浆砌片石砌筑。

3.6.2　施工工艺流程

新元高速公路改扩建路基加宽采用流态粉煤灰回填悬臂式挡土墙时，其施工工艺流程如图 3-47 和图 3-48 所示。

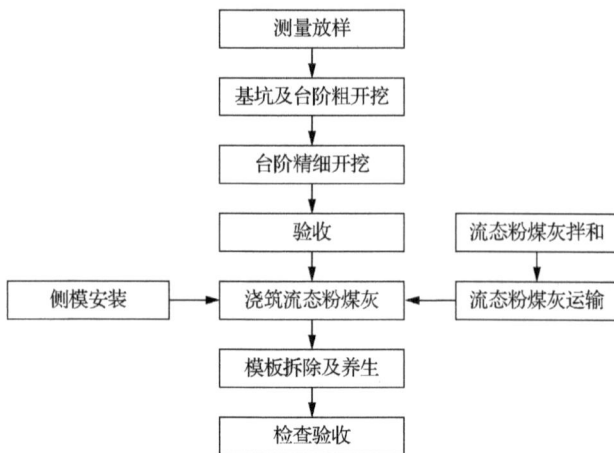

图 3-47　流态粉煤灰施工工艺流程

```
┌──────────────┐
│   测量放样    │
└──────┬───────┘
       │
┌──────▼───────┐
│   基坑开挖    │
└──────┬───────┘
       │
┌──────▼───────┐
│  碎石垫层施工  │
└──────┬───────┘
       │
┌──────▼───────┐
│   钢筋安装    │
└──────┬───────┘
       │
┌──────▼───────┐
│   模板安装    │
└──────┬───────┘
       │
┌──────▼───────┐          ┌──────────────┐
│   混凝土浇筑   │◄─────────│   混凝土拌和   │
└──────┬───────┘          └──────────────┘
       │
┌──────▼───────┐
│   模板拆除    │
└──────┬───────┘
       │
┌──────▼───────┐
│   混凝土养护   │
└──────┬───────┘
       │
┌──────▼───────┐
│     回填      │
└──────────────┘
```

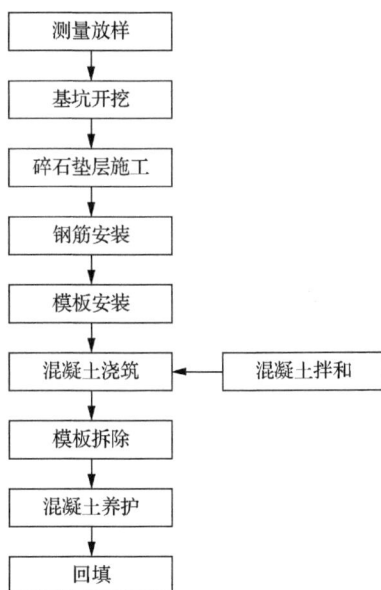

图 3-48　悬臂式挡土墙施工流程

3.6.3　悬臂式挡土墙施工技术

1. 施工测量

按图纸设计的平面位置、标高及几何尺寸进行施工放样。为了进一步精确观测，设两个控制分点在挡墙便于观测处进行控制。基槽开挖前放线，基槽开挖后对基槽进行清挖宽度测量放样，基础施工前进行基础几何尺寸测量定位放样。墙身施工前应对墙身几何尺寸进行测量定位放样[49-50]。

2. 基坑开挖

基坑采用 1.0m³ 液压挖掘机配合人工开挖，20t 自卸车运输至指定弃渣场。开挖至基坑底标高高出 20cm 后进行人工开挖，基坑开挖后检验基底承载力，如果低于 110kPa 时，利用砂砾石换填方式处理，经监理工程师验收合格后方可进行下一道工序施工。

3. 挡墙碎石垫层施工

开挖至挡墙底部设计标高后，经检测合格后，填筑 0.3m 碎石垫层。1.0m³ 挖掘机装车，20t 自卸汽车运输，3m³ 装载机铺筑、平整，人工配合平整，22t 压路机压实。基坑开挖后应及时施工，避免扰动土体，并应避免地表水、地下水浸泡挡墙基坑，软化，保证地基承载力不小于设计值。

4. 钢筋工程

钢筋在钢筋加工厂内进行集中加工，利用 8t 运输车拉运至现场进行钢筋安装。筋骨架组装采用焊接、绑扎相结合的方法，钢筋焊接采用单面搭接焊或双面搭接焊。

先安装凸榫、底板钢筋，最后安装立壁钢筋，立壁钢筋安装时注意根据设计图在立壁顶部预埋防撞护栏钢筋。预埋钢筋为 $\phi16@200$，伸入立壁 0.5m，外露 0.5m。

钢筋保护层厚度为 4cm。钢筋绑扎完成后在底部及侧面设置混凝土保护层垫块，垫块强度不低于实体混凝土强度，数量每平方米不少于 4 个。

绑扎钢筋前，先将挡墙墙趾板、凸榫、墙踵板底部轮廓线用墨线弹出。在轮廓线内放出主筋位置，按图纸所示位置准确绑扎钢筋，如图 3-49 所示。具体操作如下所述。

（1）先绑扎凸榫、墙趾板、墙踵板钢筋及立壁板预留的钢筋。

（2）绑扎边墙立壁板钢筋，钢筋绑扎后采取适当加固措施，以确保钢筋骨架的稳定、安全，间距在允许误差范围之内。

图 3-49　悬臂式挡土墙绑扎钢筋

5. 脚手架搭设

2m 以上挡土墙施工时需搭建脚手架作为施工平台，施工脚手架采用扣件式钢管双排外脚手架搭设，脚手架立杆间排距 1.2m，小横杆间距 1.2m。顶部工作小横杆间距不大于 0.75m。3.0m 和 4.5m 型挡土墙大横杆步距为 1.5m，其余墙型大横杆步距为 1.2m。

在脚手架顶部工作小横杆上满铺厚度不小于 50mm 木板作为工作平台，并要求两端设置直径不小于 4mm 的镀锌钢丝箍两道，用于连接木板。在墙踵板一侧设置一字斜坡楼梯连接工作平台，楼梯宽 1.2m。工作平台周边设高 1.2m 钢管围栏，其立杆间距 1.5m，外排脚手架及楼梯要挂置密目安全网。

搭设在底板上的脚手架需等到底板混凝土强度达到 2.5MPa 以上时，方可搭设，搭设时要铺衬一层 5cm 厚的垫木。

6. 模板安装

模板采用木模板，使用前进行裁剪，拼装，涂刷脱模剂。模板间隙用密封条封闭。模板间的拉杆按照梅花铺设，卡扣安装要保证模板在混凝土侧压下不变形，以保证模板稳固性。模板要安设牢固，且上部模板安装时，要用滑轮提升。墙体模在一定位置预留洞口，混凝土浇筑后，要及时封口。支模过程中，如需中途停止，应将支撑、搭头、柱头板等钉牢。

1）基础模板安装

根据测量放样定出的挡土墙趾板和墙踵板的细部尺寸，安装模板。模板安装前，将模板与混凝土的接触面打磨、清理干净并涂刷水溶性脱模剂。采用钢管和 5cm×10cm 的木块加固，木块间距 1.5m。模板底部固定在垫层上后在其周围打设，间距 1.5m 的钢筋棒，其距离模板外侧 3～5cm，中间采用木楔塞紧。模板竖肋后设置方木或钢管斜撑。模板必须稳固牢靠，接缝严密，不得漏浆。

2）立壁模板安装

钢筋安装绑扎完毕、经监理检查合格后，可开始安装立壁板的模板。模板缝用密封条密封，模板采用 10cm×10cm 木方做竖肋，间距为 0.6m；采用 $\phi48×3.5mm$ 双拼钢管做背肋，间距为 80cm；背肋双拼钢管之间采用燕尾卡限位，背肋设在竖肋外侧，竖肋和横肋间用拉杆连接，横向间距为 70cm，纵向间距为 80cm，M22 圆钢做拉杆对拉，以保证模板的稳定性（图 3-50）。施工中需特别注意模板的垂直度、平整度和错台控制。模板的垂直度采用铅垂线测量，模板的垂直度、平整度和节段间错台满足要求后浇筑混凝土。

7. 混凝土工程

悬臂式挡土墙 C30 混凝土在拌和站统一拌制，并用 12m³ 混凝土罐车运输至施工现场。混凝土浇筑采用分段浇筑，浇筑长度按挡土墙分段长度分为一节段，墙身面板应严格分层，每层 40cm，从一端向另一端浇筑，混凝土浇筑工作宜连续进行，一次浇完，不得间断，并应在前层所浇筑的混凝土尚未初凝以前，将此层混凝土浇筑捣实完毕。

图 3-50　立壁模板安装

　　挡墙采用混凝土泵入模的方法分两次浇筑：第一次浇筑挡墙基础墙趾板、墙踵板及立壁板，并在底板宽度方向向上一次浇筑完成。混凝土浇筑前，先检查钢筋种类、数量及保护层情况，模板位置偏差、断面尺寸、表面平整度、标高及支护情况等，自检合格后向监理工程师报检，验收合格后方可浇筑混凝土；并用插入式振捣棒振捣密实。浇筑应分层浇筑，浇筑完一层后再浇筑第二层，每层厚度不宜大于 40cm（图 3-51）。

图 3-51　混凝土浇筑

混凝土浇筑入模时下料要均匀,注意与振捣相配合,混凝土的振捣与下料交错进行。插入振动棒时宜快插慢拔,垂直点振,不得平拖,不得用振捣棒驱赶混凝土。每一振点的振捣延续时间以混凝土不再沉落、表面呈现浮浆为度,避免重复振捣,防止过振、漏振。插入式振动棒移动距离不宜大于振动棒作用半径的1.5倍(约40cm),且插入下层混凝土内的深度宜为50~100mm,与侧模应保持50~100mm的距离。浇筑过程中应避免碰撞模板、钢筋及其他预埋部件。

第二次浇筑立壁部分,浇筑时注意给超高路段横向排水管预留出口。当脚趾板混凝土强度达到2.5MPa以上,即可进行墙身立壁板施工,施工时先凿除墙趾板、墙踵板与墙身立壁板接茬处混凝土表面的水泥砂浆及松弱层,凿毛后露出的新鲜混凝土面积不低于总面积的75%。凿毛时,混凝土应达到下列强度:用人工凿毛时,强度不低于2.5MPa;用机械凿毛时,强度不低于10MPa。凿毛后用水冲洗干净,充分湿润但不得有积水,此时方可浇筑混凝土,立壁板应一次性浇筑完成。

混凝土浇筑过程中应避免碰撞模板、钢筋及其他预埋部件。浇筑混凝土期间,设专人检查支架、模板、钢筋和预埋件等的稳固情况,当发现有松动、变形、移位时,应及时处理。

混凝土浇筑完毕后,应及时修整、抹平混凝土裸露面,采取二次压光工艺,即用木抹子压实抹平,待定浆后再用铁抹子抹第二遍并压光。抹面时严禁洒水,并防止过度操作影响表层混凝土的质量。待混凝土顶面接近初凝后采用土工布覆盖,并进行洒水养护,养护期间始终保持混凝土面湿润。

8. 拆模养护(图3-52)

混凝土浇筑完成6h后即可进行洒水养护,养护时间不少于7d。

图3-52 拆模养护

当混凝土强度达到 2.5MPa 以上，且其表面及棱角不因拆除而受损；混凝土温度已处于降温期，且构件芯部混凝土与表面混凝土、表面混凝土与环境之间的温度差均不大于 20℃时，即可拆除模板。

9. 沉降缝施工

悬臂式挡土墙沉降缝要与防撞护栏沉降缝相对应，基础施工时，按不同墙型分段设置一道 2cm 宽沉降缝，沉降缝位置填充 2cm 厚泡沫板，等基础混凝土浇筑完成后，先将缝内泡沫板清除干净，然后全断面填充沥青麻絮。填塞时要做到接缝平直、缝宽均匀及缝身竖直，环向贯通，填塞密实、无空洞，外表光洁。填缝完成后，将沉降缝用两层油毛毡三层热沥青胶合，胶合宽度为 25cm。

10. 泄水孔施工

挡土墙墙身设置泄水孔，孔眼尺寸为 ϕ10cm，采用硬质空心管，孔眼应高出墙腋顶边线或地面线 0.3m 以上，布置时沿墙顶走向首尾拉线，孔间距 2m。挡土墙泄水孔管伸入墙背 10cm，泄水管内管口端部 20cm 处采用两层土工布包裹。泄水孔墙背入口处附近以具有反滤作用的粗颗粒材料覆盖，以免淤塞。

11. 反滤层及台背填筑施工

最底端一排泄水孔下部及墙顶以下 0.5m 高的范围内设夯填黏土防渗层。墙后设置反滤层，反滤层为 0.5m 厚砂砾石，并采用黏土封层。

墙后填筑应在墙身混凝土强度达到设计强度的 75%时进行，墙前、墙后填土应同时进行，墙前填土至原地面标高（或设计地坪标高）后，再继续墙后填土至设计标高，覆土时要分层回填夯实，分层压实厚度不超过 30cm，并使填料的摩擦角符合设计要求。

挡墙后宜填筑砂类土、碎石类土等复合土，其综合内摩擦角或内摩擦角应大于 35°，并控制其最佳含水量以便压实。卸料时，运输机具和碾压机具应离墙面 1.5m，且宜采用小型光轮压路机按分层松铺厚度小于 20cm 进行碾压。1.5m 内宜采用人工摊铺，配以小型压实机具，松铺厚度不宜大于 15cm，且不允许采用大型机械振动压实。

3.6.4 流态粉煤灰施工技术

1. 施工准备

根据设计图纸核对浇筑段悬臂式挡土墙平面尺寸、高程；根据回填范围清理和准备施工现场；根据基底高程、边坡坡率测放出回填的施工范围，并予以明显的标识；基坑顶部按照台阶的宽度及高度测量挂线。

2．台阶开挖

按照图纸要求流态粉煤灰施工前须分级开挖台阶，台阶开挖前利用全站仪放出开挖边线撒白灰标识范围，采用人工配合 0.6m³ 液压反铲挖掘机开挖台阶，开挖形成的台阶表面必须平整，质地要坚实，无松散，且棱角分明。老路基边坡开挖如图 3-53 所示。

图 3-53　老路基边坡开挖

流态粉煤灰浇筑时挡墙基坑/台阶开挖高度均低于挡墙顶 4.0cm，下面以 2.5m、3.0m、3.5m、4.0m 高挡墙为例进行详细说明。

（1）填高 2.5m 流态粉煤灰挡墙基坑/台阶开挖分两次进行：第一次回填范围高 1.8m，坡脚为悬臂式挡土墙踵板边缘 50cm 处，坡度 1：0.5；第二次回填范围以第一次完成后外坡顶点为基准点，向外 2.02m 位置处在清表完成后的坡面上垂直开挖台阶，台阶高 0.66m。

（2）填高 3.0m 流态粉煤灰挡墙基坑/台阶开挖分三次进行：第一次回填范围高 1.8m，坡脚为悬臂式挡土墙踵板边缘 50cm 处，坡度 1：0.5；第二次回填范围以第一次完成后外坡顶点为基准点，向外 1.02m 位置处在清表完成后的坡面上垂直开挖台阶，台阶高 0.58m；第三次回填范围以第二次完成后外坡顶点为基准点，向外 0.89m 位置处在清表完成后的坡面上垂直开挖台阶，台阶高 0.58m。

（3）填高 3.5m 流态粉煤灰挡墙基坑/台阶开挖分三次进行：第一次回填范围高 1.8m，坡脚为悬臂式挡土墙踵板边缘 50cm 处，坡度 1：0.5；第二次回填范围以第一次完成后外坡顶点为基准点，向外 1.0m 位置处在清表完成后的坡面上垂直开挖台阶，台阶高 1.0m；第三次回填范围以第二次完成后外坡顶点为基准点，向外 1.0m 位置处在清表完成后的坡面上垂直开挖台阶，台阶高 0.66m。

（4）填高 4.0m 流态粉煤灰挡墙基坑/台阶开挖分四次进行：第一次回填范围高 1.8m，坡脚为悬臂式挡土墙踵板边缘 50cm 处，坡度 1∶0.5；第二次回填范围以第一次完成后外坡顶点为基准点，向外 1.0m 位置处在清表完成后的坡面上垂直开挖台阶，台阶高 1.0m；第三次回填范围以第二次完成后外坡顶点为基准点，向外 1.0m 位置处在清表完成后的坡面上垂直开挖台阶，台阶高 0.58m；第四次回填范围以第三次完成后外坡顶点为基准点，向外 0.58m 位置处在清表完成后的坡面上垂直开挖台阶，台阶高 0.58m。

3. 模板安装

台阶开挖完成后安装模板，模板选用木模板，试验段两端进行封堵，模板高度要高出浇筑面不少于 30cm，安装完成的模板表面应平整、无漏浆和错台，模板内壁应涂刷脱模剂，加固采用钢筋内拉或者木方外撑的方式保证模板在浇筑期间不变形和跑模。

4. 流态粉煤灰拌和

为保证流态粉煤灰的拌和质量，采用专用拌和机拌制或采用商品粉煤灰，拌制前对拌和系统进行校验，保证原材料称量准确。每次流态粉煤灰的拌和时间不少于 50s，拌和完成运输到现场量测稠度，其流动性应满足施工要求。

（1）流态粉煤灰配合比。配合比采用监理工程师批复的流态粉煤灰配合比，如表 3-15 所示。

表 3-15 流态粉煤灰配合比

水胶比	材料用量/（kg/m³）				稠度/mm	抗压强度/MPa	
	水泥	粉煤灰	水	减水剂		7d	28d
0.5	69	927	498	0.69	109	0.51	0.76

（2）配合比试验应在原材料检验合格的基础上进行，并严格执行。

（3）流态粉煤灰从现场取样（图 3-54）后按要求制作 70.7mm×70.7mm×70.7mm 的立方体试件（图 3-55），检测标准养生 7d 和 28d 龄期强度。每 50m³ 流态粉煤灰制作一组试件，一组为三个试件。

5. 流态粉煤灰浇筑

试验段流态粉煤灰浇筑长度 20m，分层浇筑厚度 60cm。拌和好的流态粉煤灰采用 12m³ 混凝土罐车运输，吊车配合吊斗或泵车入仓。流态粉煤灰拌和运输能力应保证现场浇筑过程连续（图 3-56）。流态粉煤灰自由倾落高度不宜大于 2m，浇筑过程不宜间断，同一层应在初凝时间内浇筑完成。

图 3-54　现场取样

图 3-55　试件

图 3-56　流态粉煤灰浇筑

整个浇筑过程不需要进行振捣,利用流态粉煤灰的自身流动性充满浇筑面,一旦发现流动不畅应采用人工进行导流或分段下料的方式进行浇筑。

浇筑之前,需对模板四周进行检查,确保无缝隙或敞口现象,避免出现渗流,且模板内的杂物积水应清理干净。

浇筑过程中要有专人巡查,发现模板渗漏要及时封堵,浇筑面不平整时要人工辅助找平,保证每层浇筑层基本水平。

6. 裂缝处理

流态粉煤灰浇筑完成后且浇筑上一层之前,随着强度增长会出现表面开裂现象,产生裂缝(图 3-57),裂缝应采用流态粉煤灰或水泥浆进行灌缝处理。

图 3-57　流态粉煤灰浇筑后表面裂缝

7. 养生

灌注完成,待初凝后,用土工布进行覆盖养生,养生期 7d。期间需要一直保持表面湿润(图 3-58)。

8. 质量检测

待养生到一定时间,现场取样进行不同龄期的抗压强度试验(图 3-59)。按照设计要求,7d 龄期抗压强度大于等于 0.4MPa,28d 龄期抗压强度大于等于 0.6MPa。

图 3-58　流态粉煤灰养生

图 3-59　取样试验

3.6.5　流态粉煤灰回填悬臂式挡土墙加宽路基施工质量控制

1. 质量验收标准

（1）悬臂式挡土墙各部质量验收标准，以及尺寸允许偏差、检验数量及检验方法如表 3-16 和表 3-17 所示。

表3-16　悬臂式挡土墙质量验收标准

序号	项目	允许偏差/mm	施工单位检验数量	检验方法
1	距线路线距离	0～+20	3处	测量仪器测量、尺量
2	墙身厚度（前缘至后缘）	0～+20	3处	尺量
3	顶面高程	±20	3点	测量仪器测量
4	泄水孔间距	±20	抽样检验10%	尺量
5	起讫里程	±100	全部检查	测量仪器测量、尺量
6	沉降缝（伸缩缝）位置	±50	每道缝	尺量
7	沉降缝（伸缩缝）宽度	±4	6处	尺量

表3-17　悬臂挡墙墙面尺寸允许偏差、检验数量及检验方法

序号	项目	允许偏差	施工单位检验数量	检验方法
1	垂直度	15mm	3处	吊线尺量
2	斜度	±3%设计斜度	3处	坡度尺或吊线尺量
3	平整度	20mm	3处	3.0m直尺，尺量

（2）流态粉煤灰质量验收标准如表3-18所示。

表3-18　流态粉煤灰质量验收标准

序号	检测项目	参数
1	7d抗压强度/MPa	≥0.4
2	28d抗压强度/MPa	≥0.6
3	内摩擦角/（°）	49.69
4	黏聚力/kPa	129.63

2. 常见质量问题及预防措施

（1）流态粉煤灰的保水能力较差，比较容易泌水。为获得较高的强度，必须及时将积水清除，并进行2～3d的晾晒，使水分尽量蒸发。

（2）流态粉煤灰裂缝处治。流态粉煤灰浇筑完成后，在浇筑上一层之前，随着强度的增长会出现表面开裂现象，产生裂缝，裂缝用流态粉煤灰或水泥浆进行灌缝处理。

3.7　本 章 小 结

由于新元高速公路改扩建工程路基加宽部分地段占地受限，在 K239+992～K240+515 右侧、K242+404～K247+659 右侧、K248+652～K249+430 右侧等路段采用了流态粉煤灰回填悬臂式路堤挡土墙加宽路基结构。为了解新型加宽路基结构的稳定性及沉降变形行为，进行了流态粉煤灰的物理、力学及耐久性特性试验，流态粉煤灰回填悬臂式路堤挡土墙加宽路基设计与不均匀沉降影响因素分析，以及流态粉煤灰悬臂式路堤挡土墙加宽路基结构行为、现场试验、施工及控制技术等研究。

第四章　现浇泡沫轻质土加宽路基
应用技术研究

4.1　泡沫轻质土工程特性试验研究

根据泡沫轻质土中各参量的不同配合比，其物理力学性质也将发生变化。为了保证工程质量以及施工的可行性，泡沫轻质土应满足表 4-1 的要求。

表 4-1　泡沫轻质土路基施工技术指标要求

离路面结构层底部距离/m	施工湿密度（表观密度）R_{fw}/（kg/m³）	7d 抗压强度设计值/MPa	28d 抗压强度设计值/MPa	流值/cm
0～0.8	600≥R_{fw}>550	≥0.7	≥1.0	17～20
>0.8	550≥R_{fw}>500	≥0.5	≥0.8	

4.1.1　泡沫轻质土工程特性试验方案

1. **正交试验设计**

正交试验是通过控制和改变不同变量因素得到具体的试验方案设计，然后从所有试验中选取一些比较具有特色的点进行试验，并得到详细的试验数据，进而推出最优或较优方案[51-52]。

1) 试验原材料

泡沫轻质土是指将水泥、水、掺和料（如粉煤灰、矿渣等）、外加剂等按比例混合后，向水泥浆体中打入由发泡剂水溶液通过物理或化学发泡制备成的泡沫，将二者充分混合后形成的一种新型轻质土材料。

（1）水泥材料。水泥作为固化剂，在泡沫轻质土中起着胶结的作用，即可使各种原料能够凝结形成一个整体。水泥一般选用硅酸盐水泥，该水泥必须满足《通用硅酸盐水泥》（GB 175—2007）的规定。若选用快硬硫铝酸盐水泥、快硬铁铝酸盐水泥，则应该满足《快硬硫铝酸盐水泥、快硬铁铝酸盐水泥》（JC 933—2003）的规定。

目前，可以用来制备泡沫轻质土的水泥类型较多，其中使用最广泛的是普通硅酸盐水泥，而早强型水泥、硫铝酸盐型水泥只会使用在比较特别的工程中。当工程的需求不同时，对水泥也会产生不同的要求，一般会按照凝结速率、耐久性、稳定性、经济性等方面来考量。本次工程综合各方面因素，最终选用了鼎鑫 P·O42.5水泥。水泥物理性能如表 4-2 所示。

表 4-2　河北金隅鼎鑫 P·O 42.5 水泥物理性能

品种	安定性	凝结时间/min		抗压强度/MPa	
		初凝时间	终凝时间	3d	28d
P·O42.5	合格	168	217	35.7	63.2

（2）发泡剂。发泡剂大致可以分为化学发泡剂和物理发泡剂两大类。化学发泡剂主要依靠化学反应产生泡沫，其中化学发泡剂根据材料又可划分为有机发泡剂和无机发泡剂，有机发泡剂包含亚硝基化合物、磺酰肼类化合物、偶氮化合物这几类，无机发泡剂包含碳酸盐、水玻璃、碳化硅等。物理发泡剂主要是利用表面活性物质与水混合后经机械搅拌产生泡沫。

本工程对发泡剂的质量要求严格：①发泡剂不会对环境产生负面影响（宜选用界面活性类发泡剂）；②在 0℃以上的环境中，发泡剂不允许出现离析现象；③标准泡沫密度应为 $40\sim60kg/m^3$；④发泡剂产生的泡沫湿密度增加率不得超过10%。

工程用发泡剂为 TK-M 复合型发泡剂，其无色、无气味、清澈透明，发泡倍数高，1kg 发泡剂能产生 $1.6\sim2.0m^3$ 泡沫。泡沫细密且大小均匀，孔径在 $0.1\sim0.6mm$，稳定性相当高，在水泥浆中不消泡、不塌模、不下陷、不离析、不发裂。

（3）掺和料。泡沫轻质土掺和料，可以改善泡沫轻质土性能，节约原材料，调节混凝土强度等级，在水泥浆搅拌时掺入天然的或人工的粉状矿物质。

掺和料大致可分为活性掺和料和非活性掺和料。活性掺和料本身不会硬化，但它能与水泥浆料发生化学反应，生成具有胶凝能力的物质，其中最具代表性的掺和料就是粉煤灰、矿渣粉、沸石粉和硅灰。非活性物掺和料本身性质非常稳定，基本不会与水泥浆体产生反应，其添加往往只起降低原料使用量、降低成本的作用，如石灰石、磨细石英砂等均为非活性掺和料。

工程中选用了粉煤灰作为掺和料，其自身可与水泥反应，但却不会与泡沫产生反应，不会对泡沫的性质产生影响。

（4）水。从工程现场条件、工程造价等方面综合考虑，使用当地自来水，能满足规范要求。

2）泡沫轻质土试件制作方法

图 4-1 为泡沫轻质土浆料的制作流程。

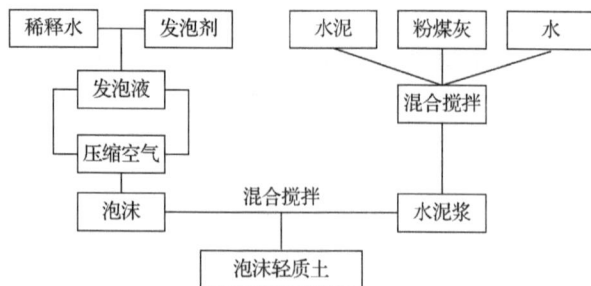

图 4-1　泡沫轻质土浆料的制作流程

试验准备 100mm×100mm×100mm 的模具，将其清理干净，然后在内侧涂上脱模润滑油，再将泡沫轻质土浆液缓缓倒入，使浆体略微超过模具口，并不断振捣，保证浆体均匀分布，不发生离析现象，最后将模具表面用保鲜膜覆盖，放入常温养护室养护。养护 24h 后，小心地将试块脱模，用保鲜袋密封后，放入标准养护室养护。试件制作过程如图 4-2 所示。

图 4-2　泡沫轻质土试件制作过程

3）泡沫轻质土配合比方案选择

试验采取三水平三要素正交试验，各要素水平分别为：水灰比 0.4、0.5、0.6；发泡剂溶液浓度 0.5%、0.6%、0.7%；粉煤灰质量占比 20%、25%、30%。正交配合比如表 4-3 所示。

表4-3　正交配合比

试验组号	水灰比	发泡剂溶液浓度/%	粉煤灰质量占比/%	水泥质量占比/%
1	0.4	0.5	25	75
2	0.4	0.6	30	70
3	0.4	0.7	20	80
4	0.5	0.5	30	70
5	0.5	0.6	20	80
6	0.5	0.7	25	75
7	0.6	0.5	20	80
8	0.6	0.6	25	75
9	0.6	0.7	30	70

　　轻质材料最突出的性能是轻质、高强，因此该试验主要研究干密度和无侧限抗压强度。正交试验结果如表4-4所示。

表4-4　正交试验结果

试验组号	干密度/（kg/m³）	28d 无侧限抗压强度/MPa
1	472	0.883
2	453	0.814
3	481	0.955
4	488	1.003
5	511	1.214
6	496	1.101
7	493	1.021
8	484	0.983
9	476	0.924

2. 正交试验结果分析

1）极差分析法

　　各因素的极差 R 可由式（4-1）计算得到

$$R=\max\{K_{ij}\} - \min\{K_{ij}\} \tag{4-1}$$

式中：i 为正交试验水平数；j 为正交试验因素数；K_{ij} 为在 i 水平下的 j 因素试验结果之和。

　　对试验结果进行极差分析后，得出各因素对于泡沫轻质土的干密度和抗压强度的影响力大小，并给它们按影响大小排序，也可借此控制各类影响因素的比列，达到目标配合比。

2）极差分析结果

通过表 4-5 示出的泡沫轻质土各因素下的干密度平均值和表 4-6 示出的无侧限抗压强度平均值，可得出极差计算结果。

表 4-5　泡沫轻质土各因素下的干密度平均值

水平数	干密度平均值		
1	水灰比 0.4 468.7kg/m³	发泡剂溶液浓度 0.5% 484.3kg/m³	粉煤灰质量占比 20% 495.0kg/m³
2	水灰比 0.5 498.3kg/m³	发泡剂溶液浓度 0.6% 482.7kg/m³	粉煤灰质量占比 25% 484.0kg/m³
3	水灰比 0.6 484.3kg/m³	发泡剂溶液浓度 0.7% 484.3kg/m³	粉煤灰质量占比 30% 472.3kg/m³
极差	29.6kg/m³	1.6kg/m³	22.7kg/m³

表 4-6　泡沫轻质土各因素下的无侧限抗压强度平均值

水平数	抗压强度平均值		
1	水灰比 0.4 0.884MPa	发泡剂溶液浓度 0.5% 0.969MPa	粉煤灰质量占比 20% 1.063MPa
2	水灰比 0.5 1.106MPa	发泡剂溶液浓度 0.6% 1.004MPa	粉煤灰质量占比 25% 0.989MPa
3	水灰比 0.6 0.976MPa	发泡剂溶液浓度 0.7% 0.993MPa	粉煤灰质量占比 30% 0.914MPa
极差	0.222MPa	0.035MPa	0.149MPa

通过极差公式可知，极差越大，说明该因素对目标的影响越大。由此可知，各因素影响力：水灰比>粉煤灰含量>发泡剂浓度。

由上述表可知，水灰比越大，其他条件相同的情况下，泡沫轻质土的干密度越小，越轻质。同时，根据表 4-1 的要求可知，水灰比为 0.6 时，其强度可以满足要求。粉煤灰含量对泡沫轻质土干密度和强度有影响，但是影响不大，故对粉煤灰的含量可以根据工程费用来考虑。而发泡剂对于泡沫轻质土干密度和强度的影响几乎可以忽略，故根据工程需求和经费等各方面考虑，选取组号 8 作为填充离路面结构层大于 0.8m 处的填料。对于离路面结构层小于 0.8m 的位置，其填料强度和干密度稍大于离路面结构层大于 0.8m 处的填料，故在水灰比和粉煤灰含量不变的情况下，将发泡剂浓度降低为 0.5%。最终得到的两组料的配合比如表 4-7 和表 4-8 所示。

表 4-7 离路面结构底层距离大于 0.8m 的泡沫轻质土配合比

原材料	鼎鑫 P·O42.5 水泥	粉煤灰	自来水	TK-M 复合型发泡剂
配合比	75%	25%	0.6（水胶比）	60（稀释倍率）
含量	236kg/m³	80kg/m³	189kg/m³	33kg/m³（稀释后）
设计湿密度值	538kg/m³			

表 4-8 离路面结构底层距离 0~0.8m 的泡沫轻质土配合比

原材料 内容	鼎鑫 P·O42.5 水泥	粉煤灰	水 自来水	发泡剂 TK-M 复合型发泡剂
配合比	75%	25%	0.6（水胶比）	60（稀释倍率）
含量	259kg/m³	86kg/m³	210kg/m³	30kg/m³（稀释后）
设计湿密度值	585kg/m³			

注：若无明确指出，则所用泡沫轻质混凝土均为以上两种配合比。

4.1.2 泡沫轻质土物理特性试验研究

泡沫轻质土作为一种轻质材料，其物理特性与普通混凝土区别较大，本试验主要研究泡沫轻质土的容重、流动性、干缩性、保温隔热性等。

1. 容重

泡沫轻质土属于轻质材料，其容重远小于常规混凝土，常用的容重范围为 5~15kN/m³，仅为常规混凝土的 1/5~3/5。

泡沫轻质土容重包含干密度和湿密度两个方面。湿密度是指泡沫轻质土流动状态的密度；干密度是指泡沫轻质土完全干燥时的密度。湿密度一般大于干密度。若出现干密度大于湿密度的现象，说明在泡沫轻质土浆体凝固时存在消泡反应，使块体中的气泡空腔数量大大降低。对于出现了严重消泡反应的试块，工程不应采用。常见公路建造材料容重如表 4-9 所示。

表 4-9 常见公路建造材料容重 （单位：kN/m³）

水泥混凝土	路面底基层	路基填料	粉煤灰	泡沫轻质土	沥青
25	21~22	17~20	12~16	5~15	20~24

2. 流动性

泡沫轻质土具有高流动性，它可以在无外力振捣的情况下实现自流平和自密实，有利于施工。

泡沫轻质土的流动性影响着泡沫轻质土的浇筑质量和泵送距离（一般泵送距离控制在 500m 以内）。在工程中，流动性的大小可以使用流值来表征。流值主要通过圆筒法测定，一般工程要求泡沫轻质土的流值必须控制在（170±10）mm 内。

用水量、泡沫含量、水灰比等是影响泡沫轻质土流值的主要因素。用水量的多少直接影响流值，用水越多，流值越大，泡沫轻质土的强度相应降低。泡沫的存在会增加浆体的稠度，使浆体内的黏滞力增加，导致流值降低。

综上所述，在施工过程中，为了达到合适的流值，必须严格控制用水量、泡沫含量和水灰比等。

3. 干缩性

泡沫轻质土有一定的干缩性，其收缩率为普通混凝土的 4～6 倍。随着砂和水泥比例的增大，其收缩系数将会递减，所以在拌和泡沫轻质土浆体时增加适量的砂可以减小其收缩系数。另外，当泡沫轻质土承受上覆荷载时，会产生张拉徐变，有利于缓解因泡沫轻质土收缩产生的龟裂。

4. 保温隔热

作为一种多孔介质材料，泡沫轻质土内部存在许多气泡，具有极其优异的保温隔热作用，且其气泡越多，保温效果越好，也正是这种性能使其被广泛运用于各类保温工程中。但是，对于高速公路现浇轻质泡沫土而言，过于优异的保温作用反而会导致泡沫轻质土浇筑体的破裂，其主要是由于水泥在凝固时会释放大量的水化热，过于优异的保温作用会使泡沫轻质土内外出现较大的温度差，使得内部土体受热膨胀时撕裂外部泡沫轻质土。因此，泡沫轻质土在浇筑时，必须严格控制浇筑尺寸，防止水化热过大而破坏浇筑体。

4.1.3 泡沫轻质土力学特性试验研究

泡沫轻质土的力学性能与其组成材料和生产工艺息息相关，而力学性能的优劣直接影响工程的质量。本研究拟对不同龄期的泡沫轻质土进行无侧限抗压强度测试，以得到泡沫轻质土的抗压强度、弹性模量及应力-应变曲线。

1. 试件制备

试件的制作流程同图 4-1 所示。

2. 试验过程和数据记录

试块按照《蒸压加气混凝土性能试验方法》（GB/T 11969—2008）进行抗压强

度试验。试验压力机使用 LQ-15A 型路面材料强度试验仪，最大压力为 15kN。试
验时，将试块放于承压盘正中间，然后将机转转速调成快速上升，即 50mm/min。
当承压台上的试件上表面离顶板距离为 2～3mm 时，停止上升，改换慢速上升，
即 1mm/min。直到试件与顶板接触后进行加荷，再到试件被破坏，或者应力环读
数突然减小，记录此时最大的应力环读数。

通过所得应力环读数，计算得到的压力值。本仪器的应力环读数与压力呈线
性关系，即

$$Y=0.0642X+0.0115 \tag{4-2}$$

式中：X 为应力环读数（0.01mm）；Y 为仪器施加的压力（kN）。

根据线性关系得到压力值后，将其除以试件受压面的面积，即为试件的抗压
强度（σ）；用应力环读数除以试件的高度，即为试件的应变（ε）；由此二值可得
到应力-应变曲线。

无侧限压缩试验如图 4-3 所示。

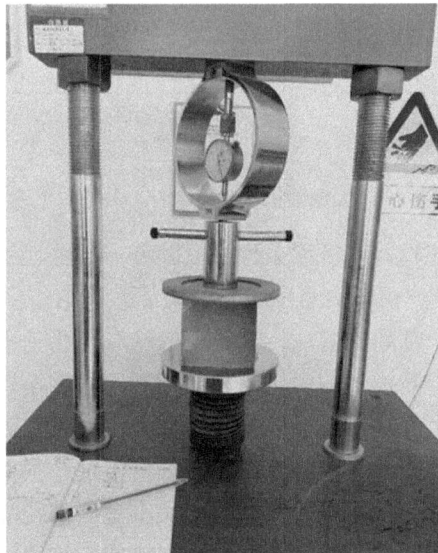

图 4-3　无侧限压缩试验

3. 试验结果分析

1）无侧限抗压强度

无侧限抗压强度能直观表明材料的强度性能。泡沫轻质土的无侧限抗压强度
指标如表 4-10 所示。

表4-10　路基中的泡沫轻质土无侧限抗压强度指标

路基部位		无侧限抗压强度/MPa	
		高速公路，一级公路	二级及二级以下公路
路床	轻、中等及重交通	≥0.8	≥0.6
	特重、极重交通	≥1.0	
上路堤、下路堤		≥0.6	≥0.5
地基土置换		>0.4	

本次泡沫轻质土抗压强度试验，主要研究不同养护龄期时试件的抗压强度的变化规律。无侧限抗压强度与养护龄期的关系如图4-4所示。

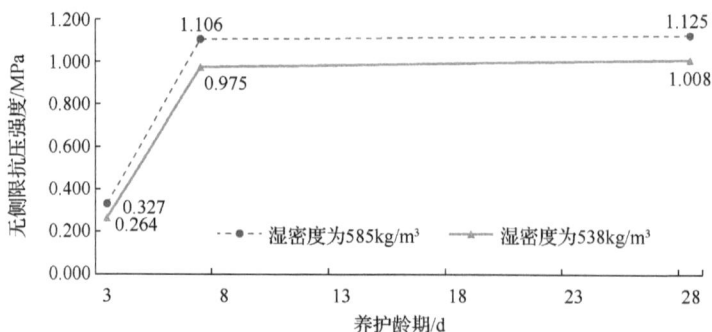

图4-4　无侧限抗压强度与养护龄期的关系

由图4-4可知，在相同湿密度条件下，随着养护龄期的增加，试件无侧限抗压强度随之增加，且养护初期的强度增幅远大于养护7d之后的强度增幅。根据材料特性分析，随着养护时间的增加，试件中的泡沫轻质土水化反应不断进行，使得试件强度增加。由于养护初期水化反应最剧烈，强度增幅较大，而养护后期水化反应进行已经接近尾声，只余下少量原料未水化反应，所以强度增幅较小。

在相同养护龄期时，试件湿密度大者，无侧限抗压强度更高。根据材料特性分析，泡沫轻质土是多孔介质材料，其强度大小与内部孔隙率高低相关联，当湿密度增加时，则其内部气泡含量减少即孔隙率降低，相同体积试件中掺入的水泥量增加，而水泥水化反应生成的各类胶凝物质是试件强度增加的根本原因，故可得湿密度越大，试件强度越高。由于本次试验只选取了两种湿密度，难以分析不同湿密度对试件无侧限抗压强度的增幅作用优劣。

2）弹性模量

弹性模量是力学性能中不可缺少的一环，它可以准确反映混凝土应力-应变的联系。根据试验所得试块的应力、应变数据，通过作图可得出在应力最大点处的割线，进而得到该点的弹性模量，以此作为试件的弹性模量。进一步探究弹性模量与养护龄期和湿密度的关系，如图 4-5 所示。

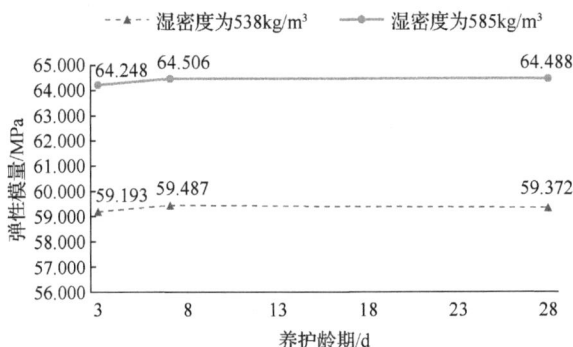

图 4-5　泡沫轻质土弹性模量与养护龄期和湿密度的关系

由图 4-5 可知，试件的养护龄期对泡沫轻质土弹性模量的影响十分微小，可以忽略不计。这是由于物质的弹性模量由其组成成分决定，同时也是因为泡沫轻质土的水化反应发生的较为迅速，使其在不同龄期内部物质组成均相似，最终导致其具有相近的弹性模量。

另外，湿密度对试件的弹性模量具有较大的影响。综上所述，物质的弹性模量由其组成成分决定，而湿密度是物质组成的直接反映，湿密度越大，水泥含量越大，强度相对较高，故导致弹性模量增大。但是由于湿密度的对比试验数据不足，无法对湿密度和弹性模量之间的详细联系进行准确分析。

4.1.4　泡沫轻质土耐久性试验研究

对于高速公路而言，材料的耐久性是极其重要的，它决定了高速公路的质量、使用寿命及后期的养护维修费用。泡沫轻质土的耐久性主要表现在其在长期水环境影响下，其剩余抗压强度的大小。在长期水环境中，泡沫轻质土受到干湿循环和冻融循环的影响，其抗压强度会受到不同程度的影响[53]。

1.　干湿循环试验

泡沫轻质土具有极强的吸水性，在自然环境中往往处于干湿的动态变化中，当湿润状态转向干燥状态时，不可避免地会产生收缩，若收缩不均匀就会对土体产生破坏，严重时会出现裂隙。

1）试样制作

本试验方法要求依照《蒸压加气混凝土性能试验方法》（GB/T 11969—2008）执行。试样详细制作流程如图 4-1 所示。

2）试验流程及数据记录

试件标准养护 28d 后，选取制作合格的试件用于试验。首先将试件放入电热鼓风干燥箱，在（60±5）℃下烘至恒量；然后取出试件待其冷却至室温，放入恒温水浴箱中，温度定为（20±5）℃。试件必须完全浸没于水中，试件顶部距水面30mm 以上，浸泡 5min，取出晾干 30min 后，放入电热鼓风干燥箱，继续在（60±5）℃下烘 7h，烘干后就完成了 1 次干湿循环，本试验需要 15 次干湿循环（图4-6 和图4-7）。

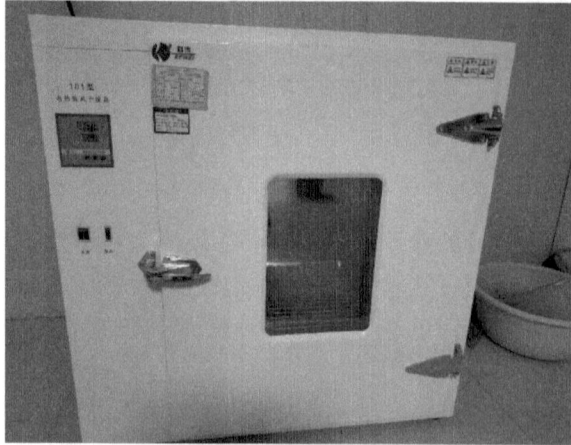

图4-6　科伟101型电热鼓风干燥箱

图4-7　试件浸泡

3）试验数据分析

试验结束后，所有试件表面均未发现明显的破坏，对采集的试验数据初步计算分析后，试验最终结果如表 4-11 和表 4-12 所示。

表 4-11　湿密度为 538kg/m³ 的试件干湿循环试验结果

试件编号	干湿循环前的抗压强度/MPa	干湿循环 15 次后的抗压强度/MPa	强度损失率/%
1	1.008	0.997	1.09
2	0.979	0.988	−0.92
3	1.025	1.001	2.34
平均值	1.004	0.995	0.84

表 4-12　湿密度为 585kg/m³ 的试件干湿循环试验结果

试件编号	干湿循环前的抗压强度/MPa	干湿循环 15 次后的抗压强度/MPa	强度损失率/%
1	1.075	1.065	0.93
2	1.089	1.088	0.09
3	1.063	1.054	0.82
平均值	1.076	1.069	0.61

由试验结果可知，泡沫轻质土具有良好的干湿循环稳定性，在经历 15 次干湿循环后，其强度虽然有微弱的损失，但其依然可以满足高速公路施工的强度要求。从其平均值分析，湿密度越大，其强度损失越小，主要原因是泡沫轻质土湿密度越大，其内部的孔隙率越低，渗入的水也越少，导致干湿循环对其的破坏相对较小。

通过对比不同干湿循环次数下泡沫轻质土的抗压强度来研究泡沫轻质土抗压强度和干湿循环次数之间的联系和规律。干湿循环次数与试件抗压强度的关系如图 4-8 所示。

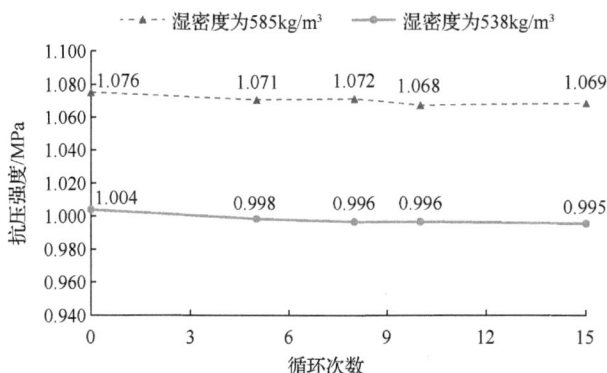

图 4-8　干湿循环次数与试件抗压强度的关系

由图 4-8 可知，干湿循环对泡沫轻质土的强度影响十分微小，且这种影响主要集中在前 5 次的干湿循环中，之后强度便达到稳定，几乎不再变化。这说明，泡沫轻质土具有良好的抵抗水循环的作用。在长期的水环境中，也能保持自身的稳定性，具有优良的耐久性。

2. 冻融循环试验

冻融循环对泡沫轻质土材料的破坏机理主要在于泡沫轻质土具有优良的吸水性，当气温降低，其内部的水分在低温条件下转变成冰，导致体积膨胀，产生膨胀压力以及孔隙内外产生的气压差，这些力集体作用，造成泡沫轻质土的破坏。

1）试件制备

本试验方法要求依照《蒸压加气混凝土性能试验方法》（GB/T 11969—2008）执行。试件详细制作流程同图 4-1 所示。

2）试验过程及数据记录

试件标准养护 28d 后，选取制作合格的试件用于试验。试验流程如下。

（1）将试件放入电热鼓风干燥箱，在（60±5）℃下保温22h，然后在（80±5）℃下保温22h，再在（105±5）℃下烘至恒量。

（2）待试件冷却至室温后，称取其质量，精确至1g，然后浸入水温为（20±5）℃恒温水槽中，水面应高出试件 30mm 以上，浸泡28h。

（3）取出试件，拭去试件表面的水，放进-15℃以下的低温箱中，试件间隔20mm，当温度降至-18℃时开始记时。在（-20±2）℃下冻 6h，之后取出试件，放入温度为（20±5）℃的恒温水槽中，使其自然融化 5h 作为一次完整的冻融循环。本试验总计需要执行 15 次这样的冻融循环。

（4）循环 15 次后检查试件并记录破坏情况。

（5）冻融过程中，发现试件呈明显的破坏，应取出试件，停止冻融试验，并记录冻融次数。

（6）将经 15 次冻融后的试件放入电热鼓风干燥箱内，按规定烘至恒量。

3）数据分析

冻融循环结束后，试件整体完好，小部分出现表面破损。对冻融循环后的试件进行强度测试，最终试验结果如表 4-13 和表 4-14 所示。

表 4-13 湿密度为 538kg/m³ 的泡沫轻质土的冻融循环试验结果

试件编号	冻融前的质量/g	冻融后的质量/g	质量损失率/%	冻融前的抗压强度/MPa	冻融后的抗压强度/MPa	抗压强度损失率/%
1	545	529	2.94	1.008	0.989	1.88
2	540	529	2.04	0.983	0.961	2.24
3	535	522	2.43	1.001	0.978	2.30
平均值	540	526.7	2.47	0.997	0.976	2.14

表 4-14　湿密度为 585kg/m³ 的泡沫轻质土的冻融循环试验结果

试件编号	冻融前的质量/g	冻融后的质量/g	质量损失率/%	冻融前的抗压强度/MPa	冻融后的抗压强度/MPa	抗压强度损失率/%
1	590	577	2.20	1.198	1.151	3.92
2	588	569	3.23	1.114	1.098	1.44
3	594	579	2.53	1.084	1.061	2.12
平均值	590.7	575.0	2.65	1.132	1.103	2.49

由表 4-13 和表 4-14 表可知，两种湿密度的泡沫轻质土试件经过 15 次冻融循环后，其抗压强度损失和质量损失均小于 3%，说明该类泡沫轻质土具有较好的抗冻性能，可适用于该地区；且不同湿密度的泡沫轻质土在质量损失与抗压强度损失方面都相差不大，而试件质量损失的主要原因在于试件内部孔隙水受冻变成冰，体积增大导致试件内部出现小的裂隙及剥落，使得试件质量下降。

探究冻融的具体影响，研究其强度与冻融循环次数的关系，得到如图 4-9 所示结果。

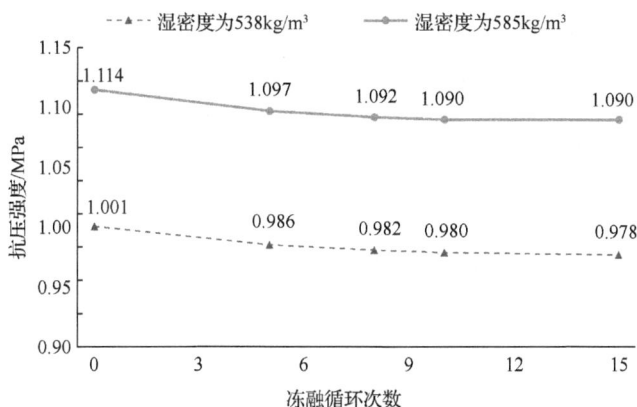

图 4-9　泡沫轻质土抗压强度与冻融循环次数的关系

由图 4-9 可知，泡沫轻质土在冻融循环时，其强度的损失主要集中在前 5 次的冻融循环中，之后的 10 次冻融对其强度影响很小。这说明，泡沫轻质土具有良好的抗冻性，其抗冻性可以满足工程的施工要求。

4.2 泡沫轻质土加宽路基设计简介

4.2.1 设计内容

泡沫轻质土加宽路基设计应利用其良好的轻质性、自立性、完整性，并充分发挥泡沫轻质土路基可大量节省用地的经济优势[54-56]。其具体设计内容如下。

（1）泡沫轻质土加宽路基形状设计，包括路堤宽度、高度；泡沫轻质土与原路堤间的衔接坡比；路堤顶面纵横坡调节台阶。

（2）容重和无侧限抗压强度设计。

（3）通过控制基底附加应力来保证工后沉降较小。

（4）稳定性验算，包括轻质土路堤底面的抗滑稳定验算、边坡开挖后稳定性验算及整体稳定性验算。

（5）泡沫轻质土路基附属构造设计，包括钢筋混凝土保护壁设计；交通工程预埋件设计；泡沫轻质土内部局部加筋设计；防水、排水设计等。

4.2.2 泡沫轻质土加宽路基横断面设计

为使路基加宽段附加应力变化连续，减少横坡方向差异沉降，避免路面结构的开裂损坏，在新老路基衔接处应设置过渡段。过渡段常规工法采用直接开挖方式，由下至上，开挖与拼宽填筑交替进行。泡沫轻质土具有自流平的特点，无须振捣碾压，且严禁工程机械直接在裸露的轻质土顶面行走，因此泡沫轻质土路基不能采用常规工法进行施工，开挖面需一次性施工完成。一般路基拼宽路段，开挖台阶高度为 1.0m，按坡率 1：0.5 开挖，为保证坡面稳定，每级设 50cm 平台。

4.2.3 泡沫轻质土加宽路基附属结构设计

排水边沟埋深 1.2m，因轻质土底与边沟底在同一水平面上，可利用钢筋混凝土保护壁作为排水沟的底面和靠近轻质土侧边壁，最大限度利用现有结构（图 4-10）。

由于泡沫轻质土为脆性材料，不能打入护栏立柱，土路肩处预埋护栏立柱基座。

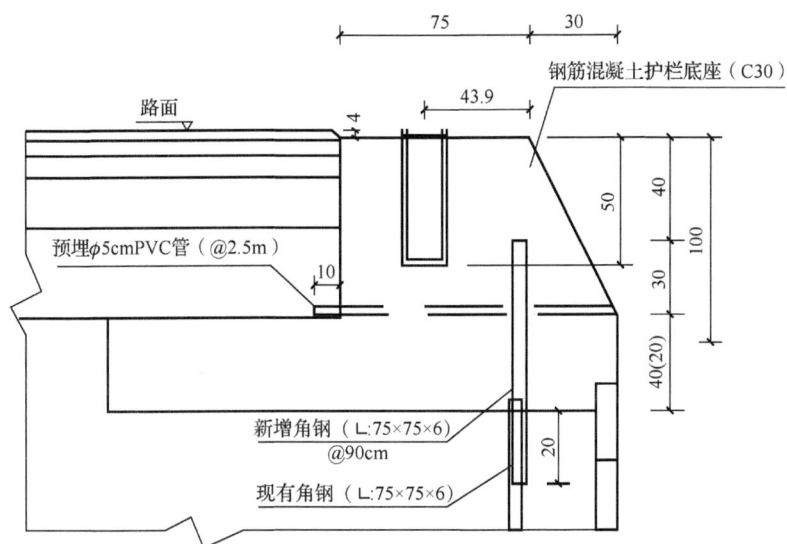

图 4-10　泡沫轻质土路基护栏底座立面图（单位：cm）

4.3　现浇泡沫轻质土加宽路基不均匀沉降影响因素分析

本研究采用数值模拟的方法，利用 ABAQUS 软件对现浇泡沫轻质土加宽路基不均匀沉降影响因素进行分析，选取新元高速公路泡沫轻质土路堤 K241+050 断面作为模型原型，根据现场施工设计图的要求来构建几何模型尺寸，如图 4-11 所示。

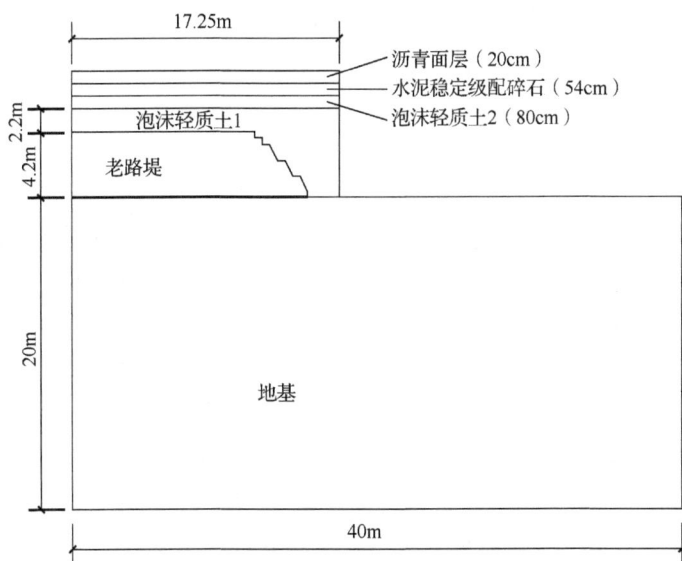

图 4-11　泡沫轻质土路堤几何模型尺寸

1. 材料计算参数的确定

模型中各部分材料的物理力学参数主要来自于新元高速公路地质勘查报告、室内试验及现场试验。

在本模型中，泡沫轻质土为混凝土材料，分属脆性材料，选择弹性模型；同理路面材料也选用弹性模型。路堤土、地基土则采用弹性模型和塑性模型中的摩尔-库仑模型。

对于弹性材料，软件中需要设置其密度、弹性模量、泊松比等物理力学参数；弹塑性材料则在弹性材料的基础上增加设置黏聚力、膨胀角、摩擦角等物理力学参数。

平面应力/应变厚度设置为 1，然后通过截面为模型添加材料属性。

经过试验计算和查找工程资料，得到工程中各个部分的材料物理力学参数，其数值如表 4-15 所示。

表 4-15　有限元各部分材料物理力学参数

材料类型	密度 ρ/（kg/m^3）	弹性模量 E/MPa	泊松比 μ	内摩擦角/（°）	黏聚力 c/kPa
老路堤填料	2000	40	0.3	20	15
老地基土	1900	37.5	0.3	25	15
泡沫轻质土（路堤）	538	59.372	0.25		
泡沫轻质土（路床）	585	64.488	0.23		
水泥稳定级配碎石	2300	3×10^4	0.2		
沥青混凝土层	2300	2.8×10^4	0.25		

2. 装配部件及定义分析步

在装配模块中创建地基土、老路堤、泡沫轻质土、水泥稳定级配碎石面层、沥青面层五个部件的实体，并且按照设计图的结构将其进行组装，构成一个完整的泡沫轻质土路堤墙结构。

为便于网格划分，在装配的选项中，创建非独立（网格在部件上）部件，通过平移部件达到最终的组装效果，装配示意图如图 4-12 所示。

在装配完成后，定义分析步，包括初始分析、自重分析和加载分析。

分析步选择静力/通用类型，几何非线性设为开，增量选项中初始增量步设为0.01，最小增量步设为 10^{-9}，最大增量步设为 0.1，最大增量步数设为 200，设置求解方式为非对称矩阵存储。

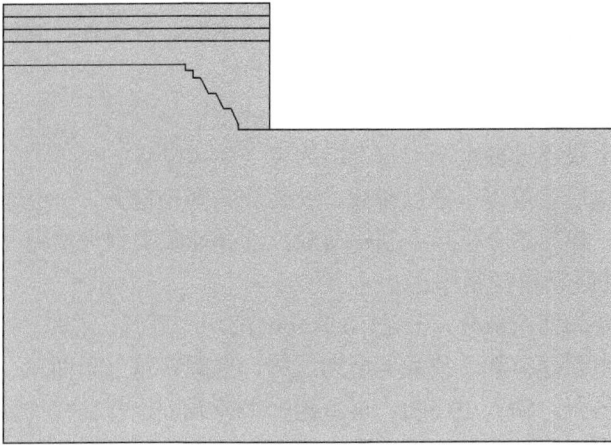

图 4-12　泡沫轻质土路堤墙装配示意图

3. 定义接触

ABAQUS 中定义接触主要包含以下两方面问题。

1）定义接触对

接触联系着两个不同的部件，两者接触时存在主控制面与从属面。为了模型计算方便，选择材料性质好和结构刚度强的作为主控制面。

2）定义相互作用

（1）接触面的滑动方式分为有限滑动和小滑动两种。本节选用小滑动。

（2）两接触面之间的法向作用可设为硬接触。

（3）两接触面之间的摩擦特性。根据实际要求，本节在使用 ABAQUS 有限元软件模拟计算时，对于接触面选用罚函数计算，即假定在接触面切向应力未到达临界点时，接触面不发生位移，处于粘连状态，而临界切应力取决于接触面的法向应力，其计算如式（4-3）所示。

$$\tau_{\text{crit}} = \mu P \tag{4-3}$$

式中：τ_{crit} 为接触面处的临界摩擦剪应力（kPa）；μ 为摩擦系数；P 为接触压力（kPa）。

该工程中对于水泥稳定级配碎石层与沥青层接触面、水泥稳定级配碎石层与泡沫轻质土层接触面设为绑定接触，不产生相互位移。对于泡沫轻质土层与老路堤的接触面，由于老路堤为砂性土，对于接触面的摩擦系数选为 0.4。同时，将地基和老路堤作为一个整体，二者间不存在滑动面。

4. 载荷与边界条件

在 ABAQUS 软件分析中，没有约束的土体位移会导致其矩阵产生奇异，使得计算结果不收敛，最终导致计算产生错误而中断。为了使计算结果收敛和符合实际，对土体边界进行约束。约束条件如下。

（1）地基土左右两侧设置水平约束（$U_1=0$）。

（2）地基土底部设置水平和垂直向约束（$U_1=U_2=0$）。

当约束完成后，对模型添加荷载，荷载分为两个部分，一是重力，二是高速公路车道荷载。在自重分析步中创建荷载，选择荷载类型为重力，设置分量 2 的数值为-9.8，并赋予模型整体。

车道荷载分为两个部分，一是 10.5kN/m 的均布压强，二是 180kN 的集中力。在加载分析步中新建荷载，荷载类型为压强，选择路基上表面三个车道和一个应急车道，添加压强，输入 10 500。再新建一个荷载，选择荷载类型为集中力，选择每个车道的中间点作为集中力位置，将 CF1 设为 0，CF2 设为-180 000。

施加了荷载与边界条件示意图如图 4-13 所示。

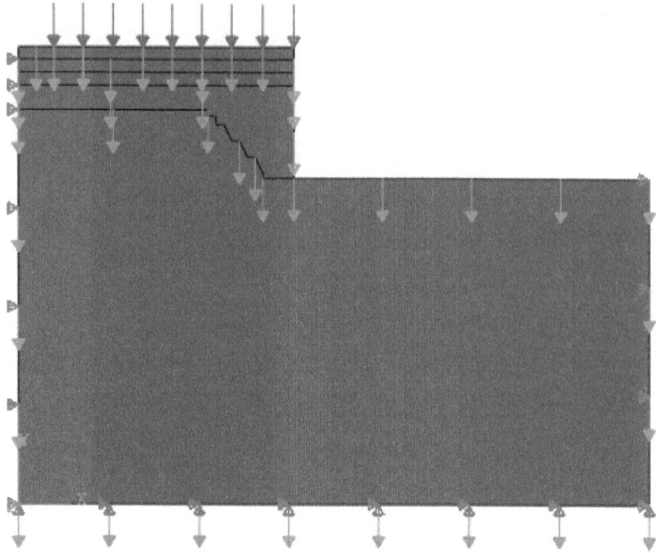

图 4-13　泡沫轻质土路堤墙荷载与边界条件示意图

5. 划分网格及选择单元

划分网格这一步骤十分重要，它直接影响后续的模拟计算，若网格数量过多，会导致计算耗时过久甚至产生不收敛的问题使计算产生错误；若网格数量过少，则无法反映出一些细小部位的应力-应变关系。为此，对于模型的网格数量必须慎重选择。

在划分网格时，在规整的部位划分大网格，在小细节处（比如新老路堤接触位置的台阶）划分小网格，保证模型应力-应变关系清晰、明了的前提下简化计算。

网格单元类型也会影响模型计算精度，因此网格单元形状采用四边形单元形状，网格形式为自由，算法为中性轴算法（选择最小化网格过度）。单元类型是CPE4R，即四结点双线性平面应变四边形单元。

最后选择部件实例进行网格划分，其示意图如图 4-14 所示。

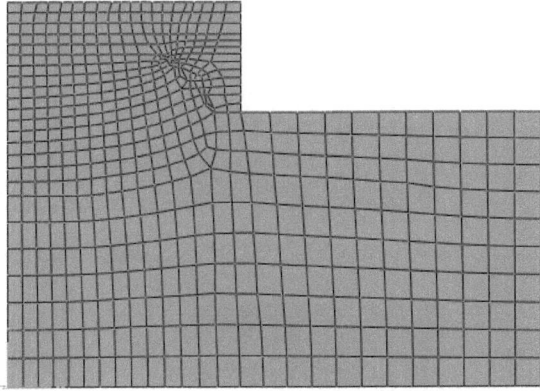

图 4-14　泡沫轻质土路堤墙模型网格划分示意图

6. 提交作业与可视化

当以上步骤全部完成后，可以在作业模块中创建一个 JOP，然后提交作业，当软件运算完成后，便可以选中结果，切换到"可视化"模块，直观地看到模型应力-应变云图。

4.3.1　地基模量对加宽路基不均匀沉降的影响

通过改变地基土的弹性模量数值，探究其对路基沉降的影响，其沉降变形云图如图 4-15～图 4-17 所示。

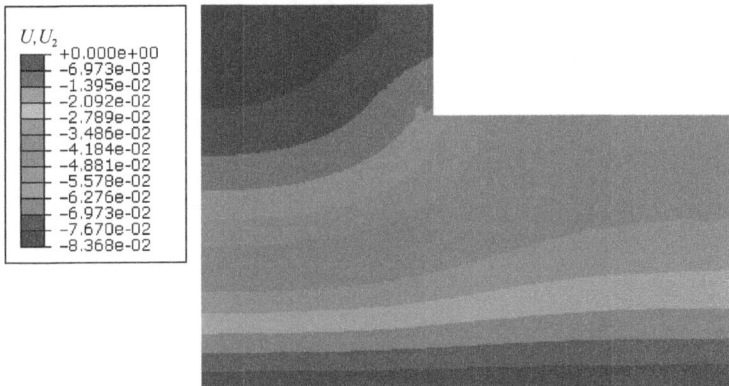

U, U_2
+0.000e+00
-6.973e-03
-1.395e-02
-2.092e-02
-2.789e-02
-3.486e-02
-4.184e-02
-4.881e-02
-5.578e-02
-6.276e-02
-6.973e-02
-7.670e-02
-8.368e-02

图 4-15　地基土弹性模量为 30MPa 时的沉降变形云图

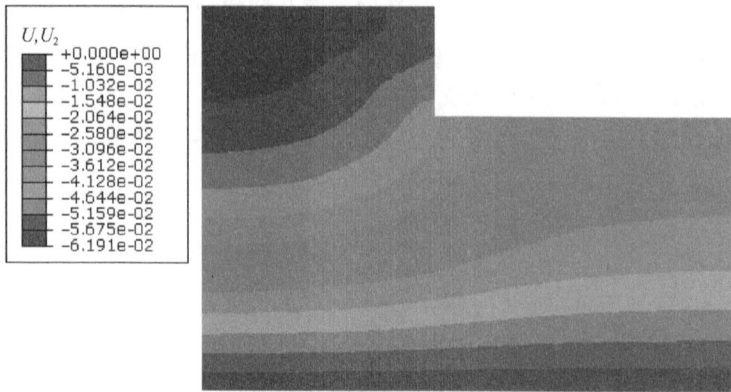

图 4-16　地基土弹性模量为 37.5MPa 时的沉降变形云图

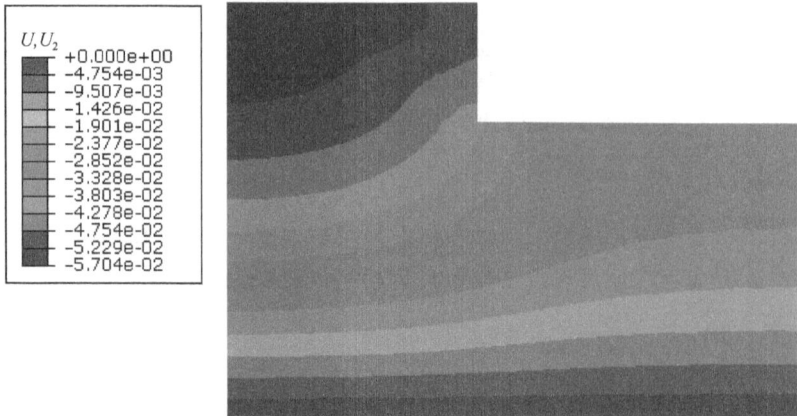

图 4-17　地基土弹性模量为 45MPa 时的沉降变形云图

为了方便分析数据，将云图数据转化为折线图，所示不同地基土弹性模量下路堤顶面沉降量对比如图 4-18 所示。

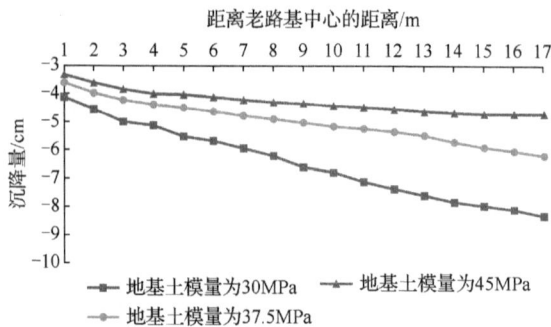

图 4-18　不同地基土弹性模量下路堤顶面沉降量对比

由图 4-18 可知，随着地基土弹性模量的提升，路堤的最大沉降由 8.3cm 降为 6.1cm，进而降为 4.7cm，沉降值减小。由折线逐渐变缓可知，不均匀沉降的也逐渐变小，说明地基弹性模量提高可以减小沉降和缓解不均匀沉降。因此，在路基加宽工程中，必须提高对地基弹性模量的关注。

4.3.2 泡沫轻质土模量对加宽路基不均匀沉降的影响

通过改变下层的泡沫轻质土弹性模量数值，探究其对工程沉降的影响，其沉降变形云图如图 4-19～图 4-21 所示。

由以上云图可知，随着下层泡沫轻质土弹性模量的提升，路堤的沉降略微减小，减小幅度不足 1cm，这说明泡沫轻质土的弹性模量会影响路堤的沉降，但其影响十分微小，不是路堤不均匀沉降的主要因素。因此在工程中，泡沫轻质土的弹性模量不成为影响工程施工的因素。

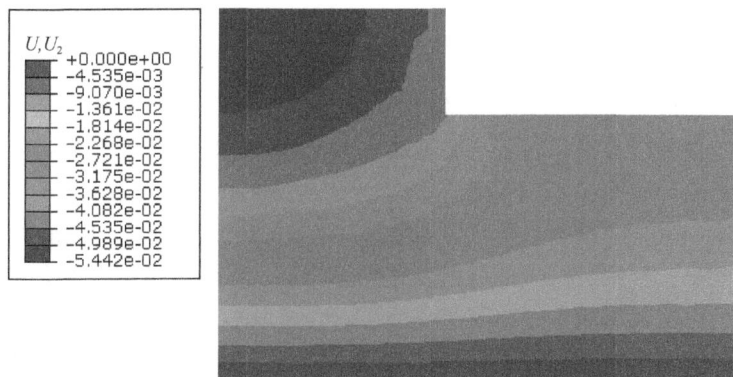

图 4-19 下层泡沫轻质土弹性模量为 40MPa 时的沉降变形云图

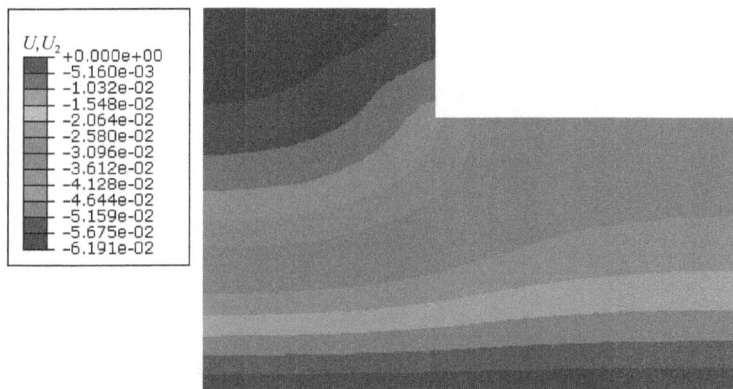

图 4-20 下层泡沫轻质土弹性模量为 60MPa 时的沉降变形云图

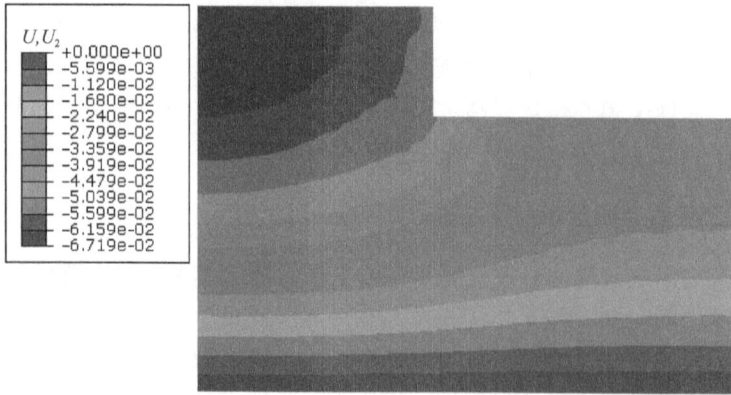

图 4-21　下层泡沫轻质土弹性模量为 80MPa 时的沉降变形云图

4.3.3　老路堤台阶宽度对加宽路基不均匀沉降的影响

先将老路基的边坡坡率修为 1∶1，然后其台阶宽度分别设为 0.5m、1m，再进行数值模拟，最后比较模型在不同台阶宽度下的路基顶面沉降沿路基横断面分布，其沉降变形云图如图 4-22 和图 4-23 所示。

为了方便分析数据，将云图数据转化为折线图，所示不同台阶宽度对应的路堤顶面沉降量对比如图 4-24 所示。

由图 4-24 可知，随着台阶宽度的增加，路堤的最大沉降由 7.78cm 降为 7.2cm，沉降略微减小，且两种沉降曲线的变化十分相似，说明台阶的宽度会对路堤的沉降产生影响，但其影响十分有限，甚至可以忽略。

路堤台阶宽度对于路堤的沉降影响较小，故对台阶的选择主要从施工便捷和节约造价方面考虑，最终可知对于泡沫轻质土路堤加宽工程而言，0.5m 的台阶宽度更为合适。

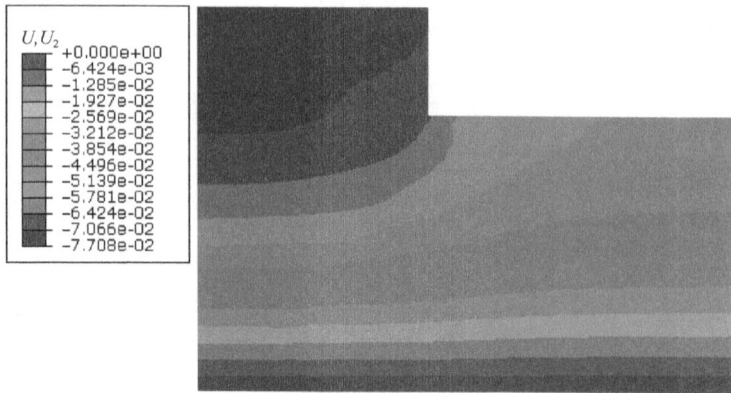

图 4-22　路堤台阶宽为 0.5m 时的沉降变形云图

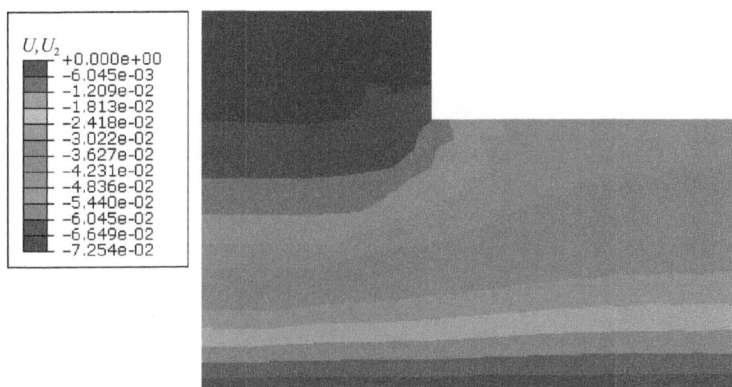

图 4-23 路堤台阶宽为 1m 时的沉降变形云图

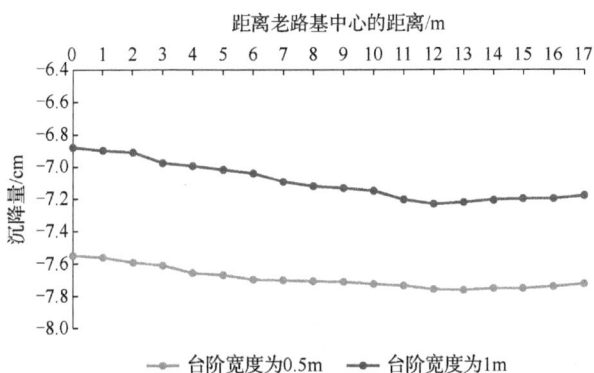

图 4-24 不同台阶宽度对应的路堤顶面沉降量对比

4.3.4 老路堤边坡坡率对加宽路基不均匀沉降的影响

在 0.5m 宽台阶的基础上，将老路堤的边坡坡率分别设为 1：0.5，1：1，再进行数值模拟，最后比较模型在不同边坡坡率下的路堤顶面沉降沿路基横断面分布，其沉降变形云图如图 4-25 和图 4-26 所示。

为了方便分析数据，将云图数据转化为折线图，所示不同边坡坡率对应的路堤沉降量对比如图 4-27 所示。

由图 4-27 可知，随着边坡坡率变缓，路堤的最大沉降由 8.2cm 降为 7.78cm，沉降略微减小；且由曲线形态可知，坡率越小，越容易受到车载的影响，使得沉降在车载作用位置处出现些许的下凹。总体而言，老路堤边坡坡率会对加宽后的路堤沉降产生影响，但其影响十分有限，甚至可以忽略。

老路堤边坡坡率的变化对路堤的沉降影响较为细微，故对边坡坡率的选择主要从施工便捷和节约造价方面考虑，最终对于泡沫轻质土路堤加宽工程而言，1：0.5 的边坡坡率较为合适，它可以更好地保证老路堤的完整性。

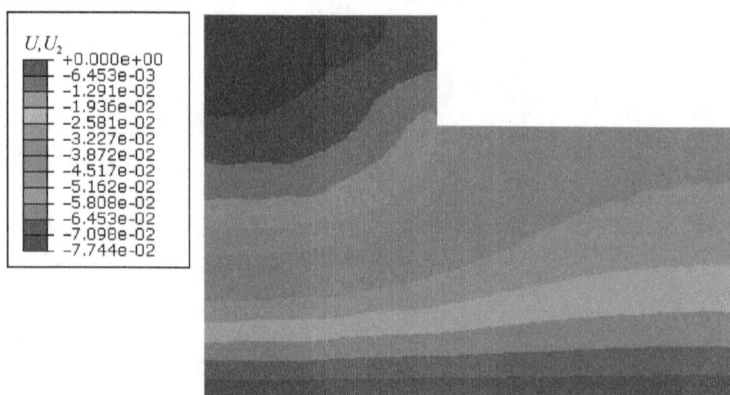

图 4-25　路堤边坡坡率为 1∶0.5 时的路堤沉降变形云图

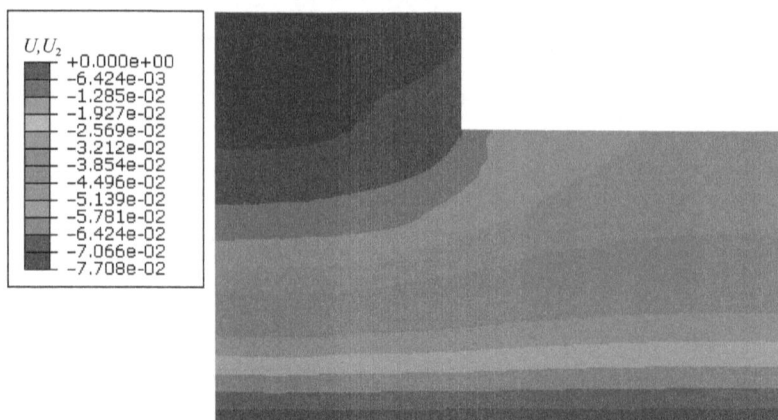

图 4-26　路堤边坡坡率为 1∶1 时的路堤沉降变形云图

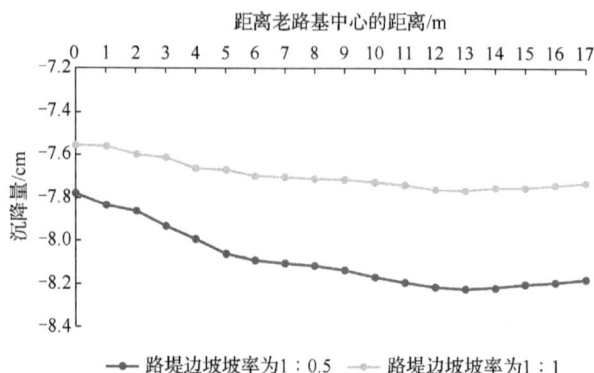

图 4-27　不同边坡坡率对应的路堤沉降量对比

4.4　现浇泡沫轻质土加宽路基现场试验研究

4.4.1　现场试验目的

为了监测泡沫轻质土路堤墙在施工阶段和工后的稳定性，本研究对泡沫轻质土路堤墙的沉降和水平变形进行了监测。

4.4.2　现场试验监测方案

1. 泡沫轻质土路堤墙地基沉降监测

1）剖面管断面选取

泡沫轻质土路堤墙墙体越高，其风险越大，故为了将监测效果发挥至最大，选取泡沫轻质土路堤墙墙体最高处（桥台路堤过渡段）作为一个观测断面。剖面管断面布设示意图如图4-28所示（本次试验选取K241+50断面）。

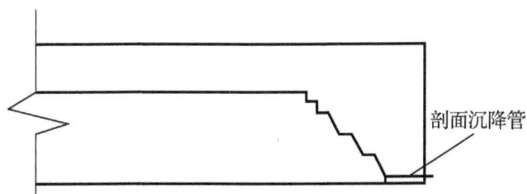

剖面沉降管

图4-28　泡沫轻质土路堤墙剖面管断面布设示意图

2）剖面管安设

剖面管需要安装在地基碎石垫层之上。安装时，在墙面板上开凿出两个孔，两孔间距40cm，一个孔孔径为10cm，另一个为5cm，两孔的中心点应位于同一水平线上。在新老路基交接处水平埋设U形管，在U形管两端分别连接钢管和PVC测管，并在钢管、U形管和PVC管内接一条钢丝测绳。钢管和PVC管保持齐平，并使钢管穿过墙面板5cm的孔洞，PVC管穿过10cm孔，向外露出15cm。PVC管在埋设时，其中两条相对的凹槽呈上下设置，另外两条呈左右设置，然后在浇筑泡沫轻质土前用水泥封住墙面板与管之间的缝隙。最后在墙面板基础上安装一个沉降标，作为剖面管的沉降观测点。现场安装图如图4-29所示。

3）剖面管沉降观测方法

采用测斜仪和光学水准仪进行剖面沉降观测。观测时，先用光学水准仪测出剖面管出露侧的观测桩高程，然后将测斜仪放入剖面管内测量各测点沉降量（图4-30）。

图 4-29　泡沫轻质土路基剖面管现场安装图

图 4-30　剖面管现场沉降观测图

4）监测频次

监测频次参考表 4-16 执行。

表 4-16　监测频次

监测阶段		监测频次
路基施工时	一般	1 次/1 层或 1 次/3d
	沉降量突变	1 次/d
	路基搁置期	1 次/15d
路面施工时	6 个月	1 次/（10～15）d
通车运行期　12 个月	0～3 个月	1 次/月
	4～12 个月	1 次/2 月

若无特殊说明，现场的监测频次均与表 4-16 规定一致。

2. 泡沫轻质土路堤墙水平变形监测

1）墙面沉降标和观测棱镜断面的选取

选取 K241+038～K241+258 泡沫轻质土路堤段，该段为两桥连接段。

2）墙面沉降标和观测棱镜的安装

墙面共计划布设 12 个观测点。为更好地观测沉降和滑移的变化情况，在墙面布设两排观测点：第一排离地面 1m，每个点间距 40m，用沉降标作为记号；第二排离地面 3m（即两排间距 2m），每个点间隔为 40m，以棱镜为记号。安装时，用冲击钻在墙面板上开孔，用膨胀螺栓固定棱镜，沉降标用水泥固定；在墙面不远处安装一个水泥池固定点，该固定点作为全站仪定点（图 4-31）。

图 4-31　墙面沉降标和观测棱镜安装示意图

3）墙面沉降标和观测棱镜观测方法

在水泥固定点安置全站仪，首先对准另一个固定点（自制水泥桩）建立一个坐标，以全站仪和水泥桩的连线作为一个 X 轴；然后在此坐标系中，逐个读取墙面上各点的坐标；最后对比两次测量坐标方位的变化，得出路堤墙的水平变形（图 4-32）。

图 4-32　墙面沉降标和观测棱镜现场观测图

4.4.3　现场试验监测结果分析

1. 地基沉降量监测结果分析

泡沫轻质土路堤墙沉降量监测结果如图 4-33 所示（路堤于 2019 年 6 月 28 日竣工）。

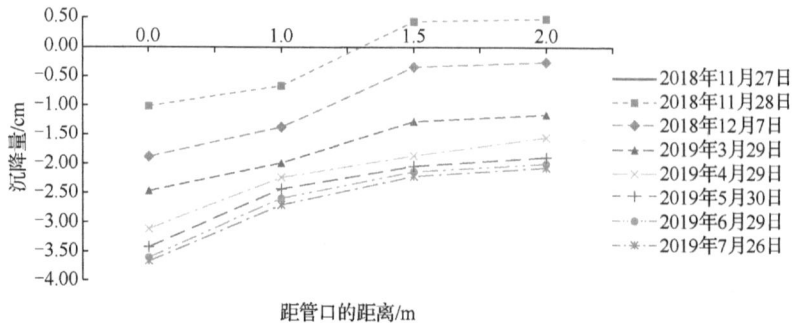

图 4-33　泡沫轻质土路堤墙沉降量监测结果

泡沫轻质土路堤墙沉降量监测结果分析如下。

（1）总体可知，泡沫轻质土路堤墙在施工阶段沉降量很小，最大沉降量为 3.67cm。

（2）路堤墙在施工阶段中各个观测点随时间变化沉降量逐渐增加，之后沉降量增速变缓，直到趋于稳定。

（3）由同一时期的各个观测点沉降量情况可知，路堤墙越靠近老路堤的位置沉降量越小。

（4）泡沫轻质土由于墙体整体质量较小，该路堤存在地基土体反弹的现象，导致最初的沉降测量大于 0。

由以上分析可知，该泡沫轻质土路堤墙段沉降十分小，完全可以满足施工以及高速公路运营的要求；且由于在 5~7 月的监测中沉降已经稳定，沉降变化较小，故接下来几个月不再监测。泡沫轻质土路堤墙作为一种新型的路基加宽手段具有缓解路基不均匀沉降的功效。

2．路堤水平变形监测结果分析

泡沫轻质土路堤水平位移监测结果如图 4-34 所示。

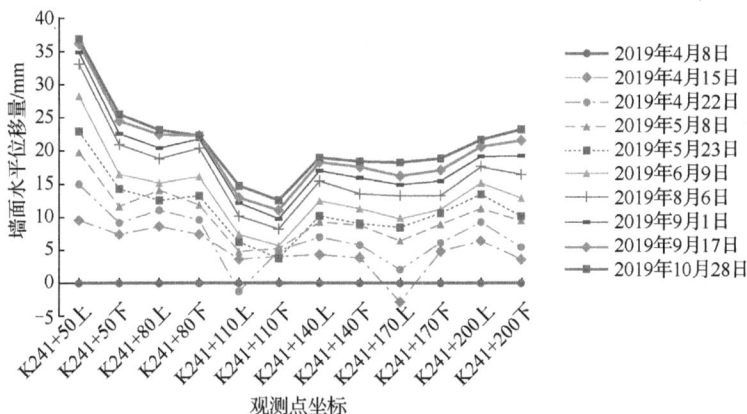

图 4-34　泡沫轻质土路堤水平位移监测结果

泡沫轻质土路堤水平位移监测结果分析如下。

（1）总体可知，泡沫轻质土路堤在施工阶段存在墙体水平移动的现象，观测点最大水平移动量至 2019 年 10 月 28 日为 3.6cm。

（2）从图 4.34 中线的疏密可以得知，路堤墙在施工阶段中各个观测点的水平位移一直在增加，但是其增加的幅度随时间逐渐缩小，说明墙体正在逐步趋于稳定。

（3）由同一时期的各个观测点滑移情况可知，路堤墙靠近桥台的位置水平位移值较大，其余位置水平移动量明显较小，这与桥台处墙体高度最高有关。

（4）本路段在 2019 年 8 月 26 日正式通车，从图 4-34 中可以看出，9 月 1 日之后的测量值依旧保持着稳定，说明该路堤的稳定性较好。

由以上分析可知，该泡沫轻质土路堤段水平移动量小，并已接近稳定的状态，可以满足后续施工以及未来高速公路运营的要求。

4.5　现浇泡沫轻质土加宽路基结构行为数值模拟

4.5.1　计算模型建立

选取新元高速泡沫轻质土路堤墙 K241+050 断面作为模型原型，根据现场施工设计图的要求来构建几何模型尺寸，具体模型尺寸与分析方法同 4.3 节。

4.5.2 数值模拟结果分析

1. 泡沫轻质土路堤墙水平位移分析

泡沫轻质土路堤墙模型水平位移云图如图 4-35 所示。

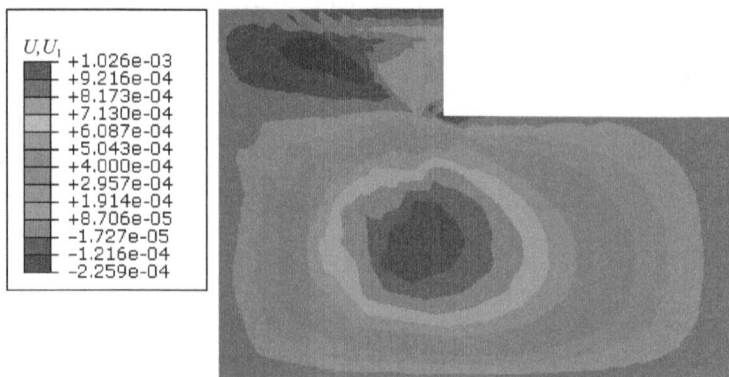

图 4-35 泡沫轻质土路堤墙模型水平位移云图

由图 4-35 可知,在自身重力以及车道荷载的共同作用下,墙体出现了微小的水平位移,其水平位移大小为 1~2mm。该位移量不影响墙体的稳定性;且可以明显看出,该路堤墙的墙体中部的位移相对较大,分析原因可能是该路堤在老路堤的基础上进行了抬升,整体浇筑的泡沫轻质土与老路堤顶面并非完全固结,存在细小位移,使得墙体出现此类的位移现状。

2. 泡沫轻质土路堤顶面不均匀沉降分析

泡沫轻质土路堤墙模型沉降变形云图如图 4-36 所示。

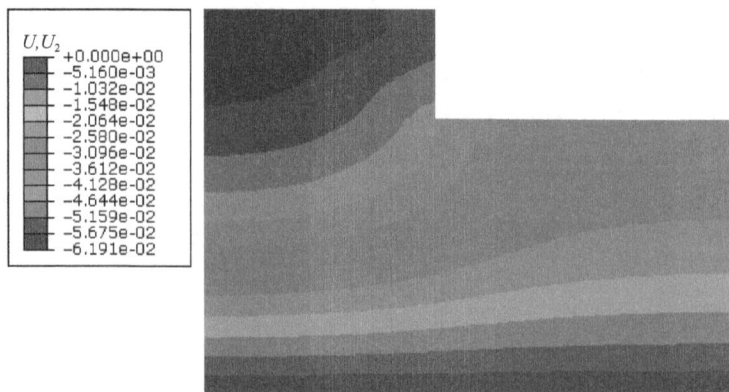

图 4-36 泡沫轻质土路堤墙模型沉降变形云图

由图 4-37 可知，在自身重力以及车道荷载的共同作用下，墙体发生沉降，其沉降最大处为 6.19cm，位于老路基中部。老路基沉降量与新路基沉降量显示的颜色是连续的，新老路基的工后沉降量差值最大不足 1cm，其值相当微小，且变化较为平缓，这说明泡沫轻质土对于解决高速公路新老路基不均匀沉降的问题具有显著的功效，并能保证新老路基的稳固结合。

4.5.3　实测位移与数值模拟对比分析

1. 地基沉降数据对比

将现场监测的地基沉降数据与 ABAQUS 模型模拟得到的地基沉降数据结合，得到数据对比折线图，所示泡沫轻质土段地基沉降量对比如图 4-37 所示。

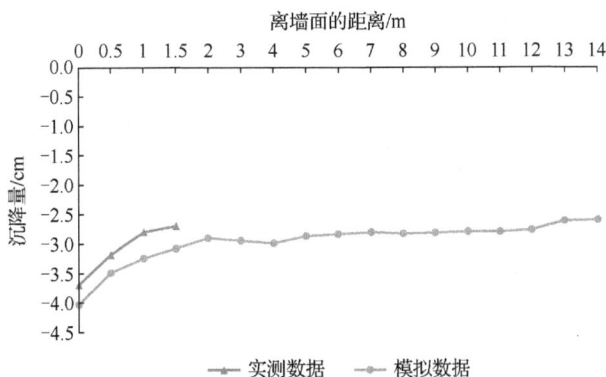

图 4-37　泡沫轻质土段地基沉降量对比

由图 4-38 可知，实测数据与模拟数据的沉降变化趋势相同，在监测范围内，沉降数值大小相近。但是模拟数据的值大于实测数据，分析原因主要在于老路堤在开挖修坡过程中，去除了大量土体，导致地基出现卸荷回弹现象，而泡沫轻质土质量远小于常规填土，受地基卸荷回弹影响较大，且在数值模拟时，又因为难以准确计算出回弹应力值，导致数值模拟存在误差，进而使得模拟数据大于实测数据。另外，实际监测的过程中，由于仪器自身测量误差和人为操作因素，可能存在测量误差，导致模拟与实际数据出现偏差。

2. 泡沫轻质土路堤水平位移数据对比

将现场监测的路堤水平位移数据与 ABAQUS 模型模拟得到的水平位移数据结合，得到数据对比折线图，所示泡沫轻质土路堤墙墙面水平位移数据对比如图 4-38 所示。

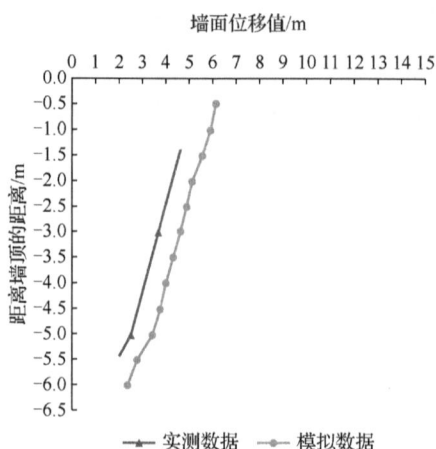

图 4-38 泡沫轻质土路堤墙墙面水平位移数据对比

由图 4-38 可知，实测数据与模拟数据的墙体位移变化趋势相同，即路堤越高处水平位移值越大。但是模拟数据的值略大于实测数据，分析原因，在于实际监测时间不够充分，虽然路堤位移已经趋于稳定，变形量的增速变缓，但是依旧未完全停止位移，导致模拟值略大于实测值。

4.6 现浇泡沫轻质土加宽路基施工及控制技术研究

4.6.1 总体施工的技术要求

为增加新旧路基的整体协调性，避免或减少横向错台和纵向裂缝的发生，在加宽填筑路基前，先对老路基边坡和加宽路基的基底进行 30cm（垂直于坡面方向）的清表处理，然后自下向上开挖台阶，台阶高度与填土路基开挖台阶相同，并对基底换填 30cm 级配碎石。

施工配合比试配试验应在原材料检验合格的基础上进行，应满足以下条件。

（1）消泡试验湿密度增加率不超过 10%。

（2）湿密度满足设计要求。

（3）流值满足设计要求。

（4）7d 龄期抗压强度 $q_u \geq 0.5q_s$ 或 28d 龄期抗压强度 $q_u \geq q_s$。

（5）泡沫轻质土标准沉降率低于 3%。

泡沫轻质土总体施工工艺流程（图 4-39）宏观上可概括为两步制作，两步输送，分区、分层浇筑。

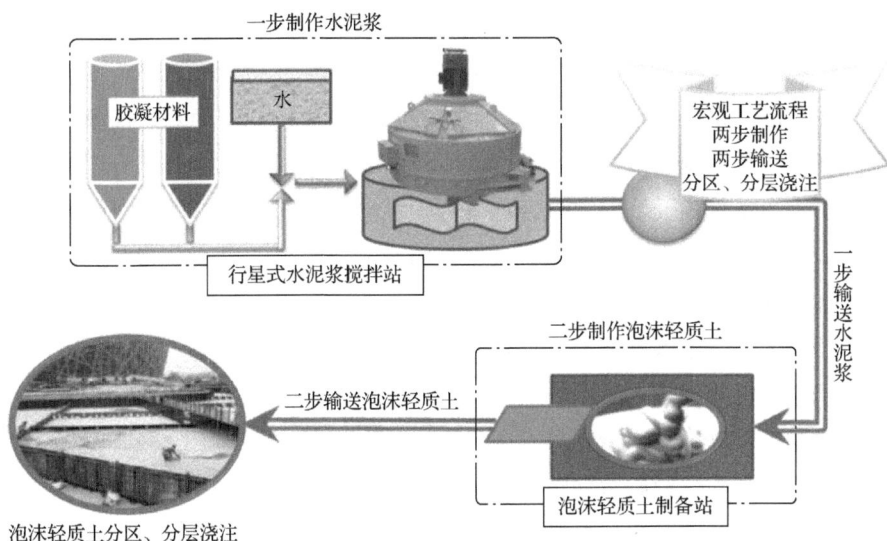

图 4-39 现浇泡沫轻质土总体施工工艺流程

轻质土浇筑前，应先根据工点工程地质条件及边界条件，先进行浇筑区、浇筑层划分，然后以浇筑区为单位，对基底进行检查，确保基底无杂物、无积水，基底高程满足设计要求。

浇筑区、浇筑层划分应符合以下要求。

（1）单个浇筑区顶面面积最大不应超过 400m²。

（2）单个浇筑区长轴方向长度宜为 10～15m。

（3）泡沫轻质土纵向上约每 20m 设置一个沉降缝，沉降缝采用 2cm 厚的泡沫夹板。

（4）单层浇筑层的厚度宜控制在 0.5m。

（5）每一浇筑层应一次性浇筑完毕。

泡沫轻质土浇筑时应注意以下几点。

（1）同一区段上下相邻浇筑层，浇筑间隔时间应以下层浇筑层已经硬化为控制标准，不宜少于 6h。

（2）每一浇筑层应在水泥浆初凝时间内浇筑完毕，浇筑时间不宜超过 3h；水泥浆自制备完成到开始制备轻质土的间隔时间不应超过 3h。

（3）应沿着浇筑区长轴方向自一端向另一端浇筑；如采用多条浇筑管浇筑时，则可并排地从一端开始浇筑，或采用对角的浇筑方式。

（4）浇筑过程中，当需要移动浇筑管时，应沿着浇筑管放置的方向前后移动，而不宜左右移动浇筑管；如确实需要左右移动浇筑管，则应将浇筑管尽可能离开当前已浇筑轻质土表面后再移动。

（5）浇筑过程中，浇筑管出料口距离当前浇筑面的高差最大不应超过 2m。

（6）浇筑施工过程中，应尽量减少在浇筑层中的走动扰动。

（7）当前浇筑层浇筑接近结束时，应在浇筑层内按规定频率进行湿密度取样检测，当某一测点湿密度检测不合格，应找出测点周围界限，进行局部处理。

轻质土浇筑区顶面浇筑至设计高程后，则应采用塑料薄膜进行表面覆盖，以对轻质土路基进行保湿养护；或者采用无纺土工布覆盖结合洒水的方式养护，养护时间不低于 7d。

在轻质土路基顶部路面施工前，严禁其上行驶工程机械；局部地段无法回避时，应在合适位置铺设厚度不小于 50cm 的临时保护层或采用钢板覆盖的方式作为临时便道，以供工程机械行驶。

顶部路面必须在轻质土同条件养护强度达到 0.6MPa 时方能展开施工；且施工时严禁自卸车、压路机、推土机等大型机械直接在轻质土顶面行走，应采取边卸料、边推平、边碾压的前进方式进行摊铺和碾压，即卸料车、压路机应在推平机械的后端卸料和行走。

雨季施工应特别做好临时防排水措施，如采用薄膜覆盖、设置临时排水沟，以防患水土流失，避免坡面冲刷，防止大量的水土流向低处的轻质土浇筑面上，从而污染轻质土。

现浇泡沫轻质土在浇筑施工过程中出现沉陷及裂缝时，对于沉陷较严重及裂缝宽度较大处应进行如下必要的处理。

（1）对于坑洼式沉陷，应对沉陷区域进行清除处理，处理深度为一个浇筑层厚度，清除后的部位，应补充浇筑。

（2）对于整个浇筑层的整体式沉陷，当沉陷量不超过浇筑层厚度的 5%时，可不做处理；当沉陷量超过浇筑层厚度的 5%时，则应将该浇筑层返工处理。

（3）对于宽度不大于 3mm 的裂缝，可不做处理；否则，应对裂缝进行封闭处理，且应在整条裂缝外边界 1m 的范围铺设一层镀锌铁丝网（$\phi 1.5@2.5cm \times 2.5cm$）。

4.6.2　移动式泡沫轻质土站建设的应用技术

根据泡沫轻质土施工顺序及段落分布，泡沫轻质土站采用移动式自动拌和设备。段内按照每两个结构物间为 1 个分区，分区内每 15m 为 1 个浇筑区跳仓进行浇筑，每个浇筑区浇筑时间控制在 2h 以内。

施工段内清表、台阶开挖与泡沫轻质土浇筑要相互协调，坚持"分段清表、分级开挖，分级防护，分级浇筑"的原则，台阶开挖要自下而上，开挖一级，防护一级，工序衔接紧凑，严禁一挖到底。为保证开挖边坡的稳定性和夏季雨水浸泡作业面，开挖到位的台阶要及时按照设计要求进行喷浆防护。

泡沫轻质土建站要充分结合当地环保要求，即要求场站全封闭，并用自动喷淋设施进行降尘。移动式泡沫轻质土站如图 4-40 所示。

图 4-40　移动式泡沫轻质土站

4.6.3　泡沫轻质土施工技术要求

泡沫轻质土施工工艺流程如图 4-41 所示。

1. 表土清除（图 4-42）

清除表土前先由测量人员进行放样，标出表土清理的范围并做标记，经监理复核后进行清表作业。

清表作业采用推土机配合液压反铲挖掘机进行，清表深度 30cm。在清理、拆除、挖掘、平整过程中重视生态植被的保护，区域内生态植被做到"最低程度的破坏，最大程度的恢复"。清表挖除的腐殖土、耕植土采用 0.6m³ 液压反铲挖掘机装车，8t 自卸车运至弃渣场。

清表范围内的树木、灌木林、草皮等先采用人工进行砍伐、挖除，然后由液压反铲挖掘机或装载机配合人工将树木、灌木、草皮等清理堆放至施工区外。

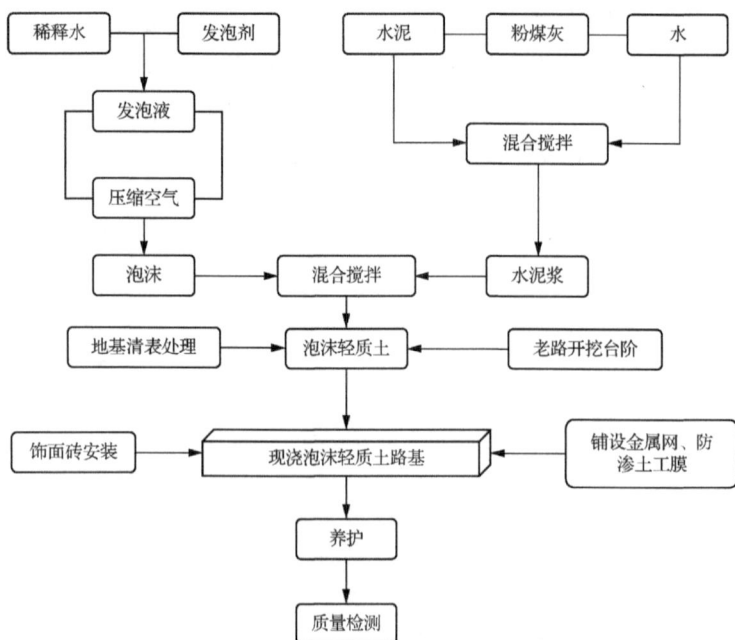

图 4-41 泡沫轻质土施工工艺流程

图 4-42 表土清除

2. 台阶开挖

清表完成后采用 0.6m³液压反铲挖掘机配合 8t 自卸汽车随挖随运,对老路边坡台阶开挖(图 4-43),然后再采用人工挂线精确开挖。

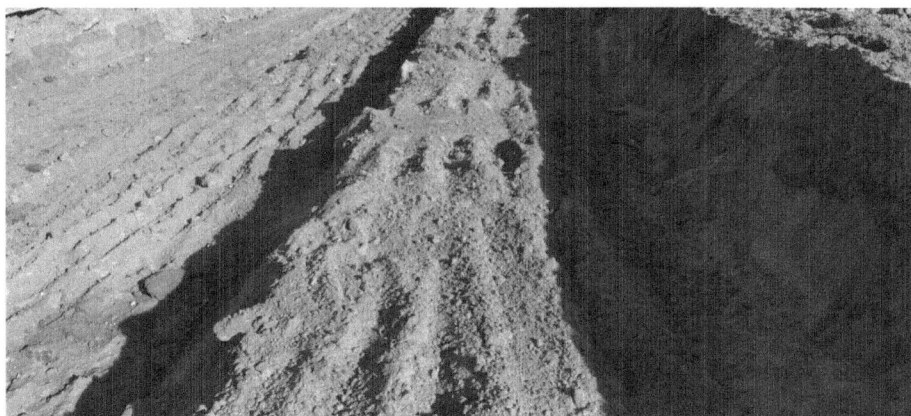

图 4-43　台阶开挖

3. 地基处理

第 1 级台阶完成对原地面高程进行检测，人工配合 1.0m³ 挖掘机依据设计要求对欠挖部分人工修整至设计高程、超挖部分采用合格填料进行回填，并用 22t 单钢轮震动压路机压实，压实度不小于 80%（图 4-44）。

4. 护面墙基础

护面墙基础（图 4-45）采用 C30 混凝土浇筑，施工时由测量人员根据原地面高程计算出护面墙基底高程，每 10m 钉一木桩，并在木桩上标明开挖深度，技术人员根据测量人员的交底安排熟练的操作手，采用 0.6m³ 的液压反铲开挖。开挖完成后对基底高程进行复测，并对欠挖部分人工修整至设计高程，超挖部分采用合格填料进行回填；小型夯机对基底进行夯实；压实度检测合格后绑扎钢筋并安装预埋角钢，且角钢应垂直，间距 0.9m；混凝土浇筑采用人工入仓，完成后及时养护。

图 4-44　地基处理

图 4-45　护面墙基础

5. 级配碎石垫层施工

第 1 级台阶基础处理完成后即可进行级配碎石垫层施工（图 4-46），采用 50型装载机装运、人工配合铺筑 30cm 厚碎石垫层，及时检测宽度，使其符合设计要求。施工前首先对碎石级配进行检测，确保原材料质量符合设计要求；然后由现场技术人员根据图纸要求计算出布料间距，再进行布料；最后采用 50 型装载机配合局部人工进行整平，22t 单钢轮压路机碾压密实。

图 4-46　级配碎石垫层施工

6. 饰面砖安装

饰面砖采用 C40 混凝土浇筑，尺寸为长 90cm、高 30cm、厚 4cm，主要作用是保护泡沫轻质土不被雨水浸泡，保证其强度稳定。

（1）饰面砖预制。饰面砖在小构件场集中预制，并安装预埋拉筋，养护期不少于 7d，养护期满后采用 8t 运输车拉运至就近工作面堆存。饰面砖预制模板采用塑料模具，振动台振捣，保证预制件密实。由于饰面砖中间配筋，预制时先在模具里浇筑一层混凝土，厚度约 2cm，然后安装钢筋网片，钢筋网片采用成品网片，同时预埋拉筋，拉筋应与网片焊接牢固，钢筋网片位置检查无误后向模具内浇筑剩余混凝土，振动台振捣密实。振捣过程中要随时检查钢筋网片位置，防止下沉至模具底，影响预制块外观质量，必要时人工向上提升至设计位置。

（2）饰面砖安装。饰面砖采用人工安装，安装前由测量人员在基础混凝土上放出饰面砖安装边线并做标记。人工安装时饰面砖外沿与边线对齐，内侧预埋拉筋与预埋角钢焊接牢固。饰面砖安装作业与泡沫轻质土浇筑要同步，且同一区段饰面砖安装高度要高于浇筑泡沫轻质土两层。安装时应保证饰面砖严丝合缝，避免出现大的缝隙，保证后期浇筑泡沫轻质土时不漏浆。

7. 模板安装

分仓模板采用竹胶板，填缝板采用泡沫板。分仓模板采用仓内斜拉的方式加固，间距 1m，模板安装完毕，模板安装完成后检查顺直度、平整度、有无扭曲，填缝板采用钉子固定，报监理工程师验收，合格后方可进行下一道工序。

墙面板尺寸为 90cm×30cm，厚 5cm，采用 C40 混凝土，在预制场集中预制，强度满足要求后，运输车运输至施工处。每一块墙面板通过 M10 砂浆砌筑，人工挂线安装，墙面板通过人工挂线保证平整度及垂直度，采用人工 M10 砂浆勾缝，缝宽为 1cm，砂浆饱满，勾缝密实。安装完后，将表面清理干净，保证勾缝横平竖直美观。施工完成后通过直尺或塞尺检验表面平整度和垂直度。墙面板安装高度一般与浇筑高度相同，每一块墙面板都与 L75×75×6 角钢支柱通过电焊牢固焊接。最终墙面板安装结果如图 4-47 所示。

图 4-47　墙面板安装结果

8. 泡沫轻质土浇筑

1）分区分层

浇筑前根据拟浇筑的段落长度（两座结构物间距离）进行浇筑区、浇筑层划分，然后按照浇筑区进行基底检查，确保基底无杂物、积水且高程满足设计要求。

浇筑区、浇筑层划分原则：单个浇筑区顶面面积最大不应超过 400m^2；单个浇筑区长轴方向长度宜为 10～15m；泡沫轻质土纵向上每间隔 20m 设置一道沉降缝，沉降缝采用 2cm 厚的泡沫夹板；单层浇筑层的厚度宜控制在 0.5m；每一浇筑区内的单层应一次性浇筑完毕，保证单层浇筑的正常施工时间控制在 2h 以内。路床部位按 2×0.4m 划分浇筑层，镀锌铁丝网的位置应分层浇筑。

2）浇筑

泡沫轻质土水泥浆在制浆站搅拌完成后采用软管输送发泡机，在发泡机内与泡沫搅拌后再通过软管输送至浇筑工作面，在浇筑过程中现场技术人员利用标准量杯、电子秤对泡沫轻质土湿容重进行称量，若发现湿容重偏大或者偏小要及时通知拌和人员调整参数，保证湿容重符合设计要求。

泡沫轻质土浇筑施工时，将泵送口固定于浇筑段的一端，无须抹平，等其自动流平即可。当浇筑接近结束时，要进行湿密度抽样调查，当出现检测不合格时，应进行局部处理。泡沫轻质土浇筑施工如图 4-48 所示。

图 4-48　泡沫轻质土浇筑施工

一次性浇筑层厚为 67cm，浇筑长度为 20m，浇筑时间控制在 2h 内，当气温低于 15℃时，浇筑间隔按 8h 控制；否则，两层浇筑间隔时间不少于 12h。为减少气泡的消解及材料分离现象，施工过程中要避免过度振动（图 4-49）。

图 4-49　浇筑后的泡沫轻质土

9. 金属网及防渗土工膜的铺设

在泡沫轻质土浇筑时，为了防止泡沫轻质土干缩开裂，在泡沫轻质土顶部以下 1m 内设置两层镀锌金属网。

（1）最顶层泡沫轻质土顶面和底面分别设置一层镀锌铁丝网，顶部防渗土工膜应铺设在金属网上方，铺设时搭接应采用热焊的方式，搭接宽度不小于 5cm。铺设时，应展平拉紧，避免局部卷起的现象，必要时，可采用 U 形钉进行锚固。

（2）金属网铺设时，应采用 U 形钉进行锚固，纵向锚固间距 2.0m、横向锚固间距 1.0m。金属网平面位置应重叠搭接，相邻两块钢丝网间的重叠宽度不小于 2.5cm，搭接处用铁丝绑扎并用 U 形钉锚固。金属网的铺设如图 4-50 所示。

图 4-50　金属网的铺设

（3）防渗土工膜铺设时，应注意尽量贴紧下承层：路床顶部应采用 U 形钉进行锚固，纵向锚固间距 5m，横向锚固间距 2m。铺设时应展开拉紧，避免局部卷起的现象。

（4）防渗土工膜和金属网均应横向铺设。

10. 沉降缝、养护及回填

（1）泡沫轻质土扩建路基区段边界断面或填筑体长度在 20m 间距设置一道沉降缝，沉降缝材料可采用 2cm 厚的泡沫塑料板；采用泡沫塑料板填塞，施工时可在已经浇筑的区段侧面锚固泡沫塑料板后，再浇筑另一侧。

（2）涵洞台身、桥台锥坡浆砌片石应在泡沫轻质土养护龄期达 7d 后再进行施工；应特别注意承台基坑回填密实，基坑回填料宜采用砂砾料等粗粒料。

（3）施工时应特别注意纵向边界衔接面与泡沫轻质土区段边界断面的关系，衔接面最底部台阶里程位置与边界断面里程位置应一致。

（4）泡沫轻质土路基施工完毕后，仅当最后 1 层浇筑层同条件养护强度大于等于 0.6MPa 方能进行路面结构层施工。需要特别注意的是，路面结构层施工时，应避免大型机械（自卸车）直接在泡沫轻质土顶部行驶，应采取边推料、边卸料的前进方式进行摊铺和碾压，即卸料车在推平机械的后端卸料。

11. 成品保护

（1）当遇大雨、暴雨或持续时间较长的小雨天气时，未固化的泡沫轻质土表面采取遮雨措施，防止雨水浸泡。

（2）泡沫轻质土浇筑硬化成型后，在强度未达到规定设计强度前，不直接进入使用状态。

（3）泡沫轻质土浇筑至设计标高后，宜在表面覆盖塑料薄膜进行保湿养护。

12. 泡沫轻质土养护、封层

泡沫轻质土浇筑完成后，要保湿养护，可以使用塑料薄膜或者无纺土工布，期间必须保持墙体湿润，养护时间不低于 7d。泡沫轻质土养护如图 4-51 所示。

图 4-51　泡沫轻质土养护

4.6.4 现浇泡沫轻质土路基施工质量控制技术研究

（1）在浇筑过程中，施工气温低于 15℃时，浇筑间隔时间至少为 12h；气温高于 15℃，间隔时间为 8h。

（2）每一层浇筑时间在 2h 以内，在水泥初凝前完成。

（3）浇筑过程中，管口尽可能置于当前浇筑面以下，出料口离浆体表面的距离控制在 1.5m 内。

（4）在浇筑施工过程中，尽量不要移动输料管，若必须移动，则尽量维持前后移动。

（5）当浇筑至设计高程后，顶面应该保证总体平整、无坑洼，无贯通纵横裂缝，采用塑料薄膜进行表面覆盖或采用无纺土工布覆盖结合洒水的方式养护，养护时间不少于 7d。

（6）在轻质土路基顶部路面施工前，严禁行驶任何施工车辆，当强度达到要求后，可以在路堤顶铺设钢板作为临时行车道。

4.7　本章小结

由于新元高速公路改扩建工程路基加宽部分地段占地受限，在 K240+528～K241+500 右侧等采用了现浇泡沫轻质土加宽路基。为了解新型加宽路基结构的稳定性及沉降变形行为，进行了现浇泡沫轻质土的物理、力学及耐久性特性试验，现浇泡沫轻质土加宽路基设计与不均匀沉降影响因素分析，以及现浇泡沫轻质土加宽路基结构行为、现场试验、施工及控制技术等研究。

第五章　土工格栅加筋土陡坡加宽路基应用技术研究

5.1　填料及加筋材料工程特性试验研究

对常规室内土工试验路基填料抗剪强度、筋材与填料界面拉拔特性关系进行研究，试验填料和筋材均采用加筋土陡边坡段碎石土回填料，该回填料为取土场砂土与山矿碎石掺和而成，由施工现场提供的现场填料的物理参数为：最大干密度 1.98g/cm³，最优含水量 7.3%，碎石含量 30%，综合内摩擦角不小于 30°；参照《公路土工试验规程》（JTG 3430—2020）[57]对现场填料进行常规室内试验，测得其各项物理力学指标。

5.1.1　填料物理力学特性试验研究

1. 颗粒筛分试验分析

依据《公路土工试验规程》（JTG 3430—2020），利用筛析法对填料进行颗粒筛析，取土烘干后，采用孔径分别为 60mm、40mm、20mm、10mm、5mm、2mm、1mm、0.5mm、0.25mm 和 0.1mm 筛子进行筛分，得到填料的粒径分布情况及小于某粒径的质量占比（表 5-1），并根据表 5-1 颗粒级配数据绘制填料的级配曲线（图 5-1）[58-60]。

表 5-1　填料颗粒级配分析结果

粒径/mm	<40	<20	<10	<5	<2	<1	<0.5	<0.25	<0.1
小于某粒径占总质量的比例/%	100	90.3	78.7	66.4	48.9	30.5	18.9	10.4	2.3

通过颗粒级配曲线可知：$d_{10}=0.243$mm，$d_{30}=0.978$mm，$d_{60}=3.900$mm；经有关计算，不均匀系数：$C_u = \dfrac{d_{60}}{d_{10}} = 16.049$；曲率系数 $C_c = \dfrac{d_{30}^2}{d_{10} \times d_{60}} = 1.009$；进一步得 $C_u > 5$ 且 $1 < C_c < 3$，可判定试验所用填料级配良好。

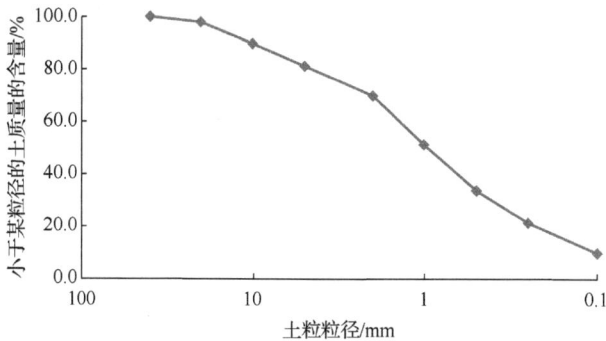

图 5-1　填料颗粒级配曲线

2. 含水率试验分析

依据有关规程，利用烘干法对风干后的填料含水量进行测试，以便将试样配置为所需含水率的要求。由于室内试验需用填料较多，将填料分为 5 份，每份填料取两组试样进行平行测试，以降低测试误差，取平均值得填料含水率为 10.4%，含水率试验结果汇总于表 5-2。

表 5-2　含水率试验结果

编号	1		2		3		4		5	
湿土质量/g	26.1	25.1	23.5	21.7	21.3	36.1	22.6	24.6	22.7	26.7
干土质量/g	23.7	22.7	21.3	19.8	19.3	32.6	20.5	22.2	20.6	24.1
土中水质量/g	2.4	2.4	2.2	1.9	2	3.5	2.1	2.4	2.1	2.6
含水率/%	10.1	10.6	10.3	9.6	10.4	10.7	10.2	10.8	10.2	10.8
平均含水率/%	10.4									

3. 填料抗剪强度试验分析

1）试验准备

填料抗剪强度试验采用 GCTS 大型三轴仪，可通过该设备进行粗颗粒、砂土轴向压力和侧向压力的强度试验及土动力学试验。该试验机主要由试验主机、操作控制屏、液压站、空气压缩机等部件组成，最大试样尺寸为 $\phi 30cm \times 60cm$。试验过程中通过压力室对试样施加环向围压力，并通过轴向加载系统对试样施加轴向试验力来模拟试样在受多维静动荷载下的破坏情况，得出试样的应力与应变的变化关系曲线，进而得出变形模量、黏聚力等参数。本试验采用不固结、不排水方法对试样进行静力压缩测试，采用尺寸为 $\phi 30cm \times 60cm$、含水率 7.3%、碎石含量 30% 的填料试样进行。

（1）试验主机，由主机架、油缸、压力室和压力移动滑车组成。轴向加载系统最大允许使用荷载为200kN，通过空气压缩系统，竖直作用于试验土体。试验过程中通过试样顶部的承压板对试样施加均布轴向力，保证试样受力均匀。静三轴试验常采用固定速率加载方式对试样进行加压测试。围压系统同样采用空气压缩机提供空气压力，通过水作用于加压室，加压室再对试样产生环向围压力，以模拟实际状态的侧向土压力（图5-2）。

图5-2　试验主机

（2）控制操作屏，由围压恒定系统、体变量测装置、电器控制组件等组成。

（3）液压站，由液压油箱、液压泵和无级调速系统组成。

2）试验过程

根据现场施工实际情况，采用固结排水剪切试验。由上述筛分试验结果，等量替换粒径大于60mm颗粒。根据试件体积和密度要求，计算每个试件需用材料的干质量。将试件按有关规范要求均匀分为六份，以减少不同粒径的颗粒分离，保证试件密实度的均匀一致。对于含水率偏差较大的试件，计算所需加水量达到含水率要求。将填料分层压实填入成型筒内，通过高度来控制填料密实度。压实后保证试料表面平整，并在每层试料之间进行表面刮毛刨松处理，使每层填料均匀连接为整体。

安装承载板并扎紧橡皮膜，准备试验。

通过压力室施加围压力，待固结完成后进行轴压接触，并按1.5mm/min速率进行剪切试验至15%应变。

3）填料抗剪强度结果分析

（1）轴向应力与应变。分别绘制在不同围压作用下碎石土试件应力-应变关系曲线，如图 5-3 所示。

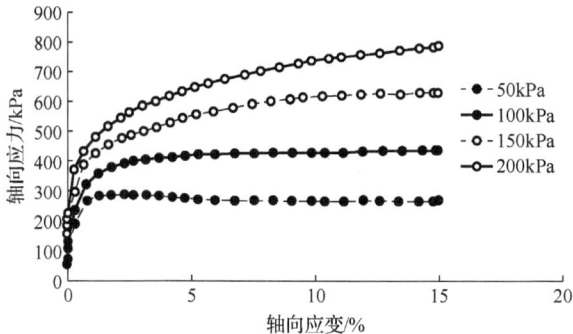

图 5-3　碎石土试样应力-应变关系曲线

该碎石土试件在三轴压缩过程中轴向应力随应变基本呈现一直增大的现象，即"应变硬化"，只是在小围压状态下出现应力峰值（"应变软化"现象），并且随着围压的增大，试件"应变硬化"现象越明显。

通过三轴试验试料的轴向应力-应变曲线可以发现，碎石土轴向应力-应变呈非线性分布的特点。轴向应力和轴向应变的变化关系大致分两个阶段：第一阶段为近似线性增长阶段，应力随应变迅速增加，整个阶段呈近似线性增长，增速随轴向应变的增加逐渐降低，当应变达到一定程度后，轴向应力增速迅速减小，且在第一阶段内，不同围压下相同应变范围内所对应的应力差值比较接近；第二阶段为稳定阶段，轴向应力随应变增加而减小或趋于平缓，这是由于试件在第二阶段过程中整体结构已经发生破坏，即发生了完全塑性变形。随着围压增大，两个阶段间的过渡变化过程越来越不明显。

填料中由于碎石的加入，土与石之间可发生良好的挤嵌作用，使试件结构性增强，而在小围压作用时，受侧限约束性较小。当土体结构发生破坏时，轴向应力开始逐渐减小（"应变软化"现象），随着围压的不断增大，土体受侧限约束作用增强，土石骨架更加密实。土体发生塑性变形过程时，土与石之间的挤压与嵌固作用增强，土体出现剪胀性，因此轴向应力趋于稳定或逐渐缓慢增大（"应变硬化"现象）。

通过曲线可发现，该试件的应力-应变关系基本符合弹塑性模型变化趋势，考虑采用摩尔-库仑模型分析该碎石土填料的受力及变形特性。

（2）抗剪强度指标分析。填料抗剪强度指标即该碎石土填料的黏聚力和内摩擦角，通过不同围压与轴向应力作莫尔圆包线求得，碎石土莫尔应力圆及抗剪强度包线如图 5-4 所示。

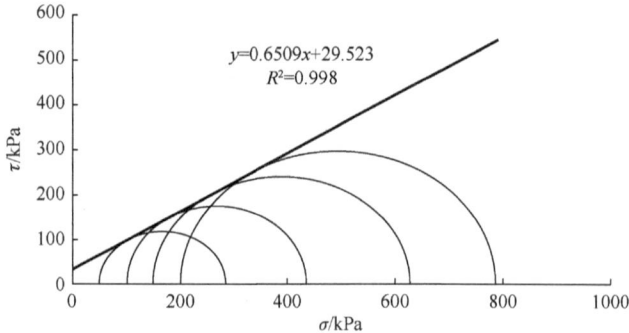

$$y=0.6509x+29.523$$
$$R^2=0.998$$

图 5-4　碎石土莫尔应力圆及抗剪强度包线

碎石土抗剪强度包线相关系数平方（R^2）为 99.8%，大于 99%，说明强度包线相关性良好，由此可得填料抗剪强度参数：黏聚力 c=29.5kPa，内摩擦角 φ=33.1°。

5.1.2　筋土界面摩擦特性试验研究

1. 试验筋材

试验用筋材来自新元高速公路改扩建工程加筋土陡边坡路基加宽段工程现场，与项目所用材料保持一致，筋材型号为 HDPE TGDG 65 的单向土工格栅，其参数如表 5-3 所示。

表 5-3　土工格栅参数

格栅类型	聚合物原料	质控抗拉强度/（kN/m）	纵向 2%应变抗拉强度/（kN/m）	纵向 5%应变抗拉强度/（kN/m）	20℃下蠕变极限强度/（kN/m）
TGDG 65	HDPE	65.0	16.5	31.5	26.0

2. 筋土界面拉拔试验分析

加筋土结构中筋材与填料之间的相互作用效果是加筋体稳定性的重要影响因素，通过分析筋-土界面摩擦特性，可更好地了解加筋筋材服役过程中的受力及变形状态[61-62]。本试验通过研究筋材拉拔特性，测试筋土界面相互作用关系。

1）试验设备

筋土界面拉拔特性试验采用石家庄铁道大学自主研发的土工合成材料直剪拉拔一体测试仪（图 5-5），该试验设备可以进行填料与土工合成材料之间的直剪、拉拔及介质拉伸试验，主要由底座、试验箱、法向加载系统、水平加载系统和数据采集与控制系统等部分组成。

图 5-5　土工合成材料直剪拉拔一体测试仪

（1）底座。底座为刚度大强度高的长方形钢板，用于支撑上部试验箱和加载系统等结构。

（2）试验箱。试验箱分为直剪试验箱和拉拔试验箱，进行筋土界面拉拔试验时采用拉拔试验箱（图 5-6），该箱体由加肋高强钢板组装而成，具有刚度大变形小等特点。箱体尺寸（长×宽×高）为 600mm×400mm×500mm，拉拔箱的前后壁都设置 5mm 高度的通长预留缝，以便格栅可从中顺利穿出，箱体前后壁都设置窄

图 5-6　拉拔试验箱

缝可实现在试验过程中筋材穿出箱体后壁,保证筋土界面相互作用面积保持不变,不存在作用面积减小而产生的误差。

(3)法向加载系统。采用倒置的液压加载系统,液压集中力通过承压板作用于箱体的填料上,承压板尺寸略小于箱体尺寸,防止与箱壁接触,且承压板厚度为35mm,以保证加载过程中不会出现挠曲形变。

(4)水平加载系统。同样采用液压加载方式施加水平荷载,水平拉拔速率为0~30mm/min,最大水平位移为150mm。

(5)数据采集与控制系统。通过计算机单元与其他应力、位移传感器等监测终端连接在一起,可控制试验的进程并自动记录试验监测数据。

2)试验方案

本次筋土界面拉拔试验采用拉拔速率为1mm/min,轴压分别为50kPa、100kPa、150kPa、200kPa进行,填料及格栅同新元高速公路改扩建加筋土陡边坡段所用材料保持一致,填料要求与三轴试验相同,并保证压实度达到93%以上。

筋土界面拉拔试验采用应变控制式进行,基本步骤为启动设备、安装试验箱、装填填料及格栅并压实、施加法向荷载及水平荷载至结束、试验力及位移卸载归零、提取数据。

试验前将拉拔箱内壁涂抹凡士林起到润滑作用。试料平均分为六份,分层填筑并压实于拉拔箱内,这样既可避免粗细颗粒的离析,又可保证每层填料压实效果。每层填料压实后通过控制高度来保证压实性,各填料间进行刮毛处理以保证层间的连接。当填筑至箱体拉拔窄缝处时,进行填料表面刮毛,将格栅穿过箱体前后壁两个窄缝(图5-7),摆正格栅位置并固定拉拔前端于夹具上,张紧格栅进行下一层填筑直至填筑完成。

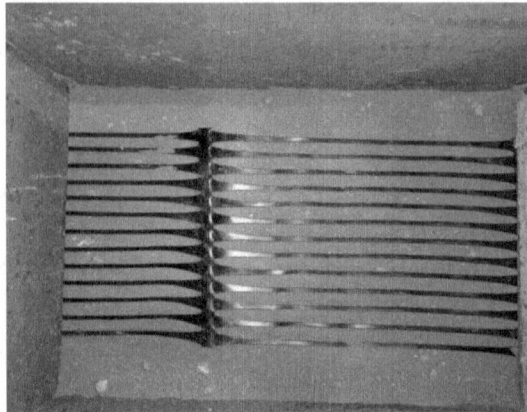

图 5-7 土工格栅筋材铺设

3）筋土界面拉拔试验特性分析

（1）剪应力与剪切位移。分别绘制在不同法向应力下土工格栅-筋土的界面拉拔摩擦特性试验剪应力-剪切位移曲线（图5-8）。

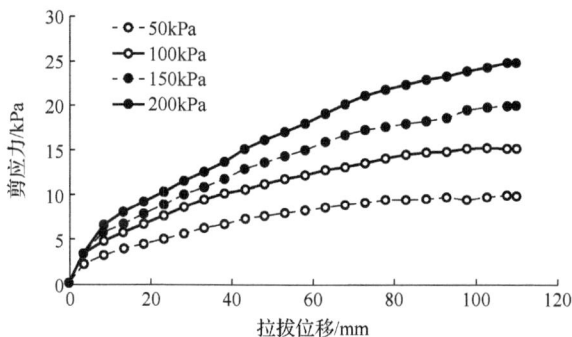

图 5-8　土工格栅-筋土界面剪应力-剪切位移曲线

由图 5-8 可以看出，土工格栅-筋土界面拉拔特性呈非线性变化，剪应力随拉拔位移变化分为两个阶段：在拉拔过程的初始一小段位移中，剪应力随拉拔位移快速增长，增速随拉拔位移增加逐渐减低，为剪应力快速增加阶段；当进入第二阶段后，随拉拔位移的增加剪应力增加速度逐渐减慢并趋于平缓，直到拉拔结束。

在第一阶段，由于在法向应力作用下，拉拔位移变化较小，剪应力主要由筋材与土体间的摩擦力提供，剪应力快速增加，且随着拉拔位移的不断增大，格栅横肋逐步发挥嵌固作用。当格栅横肋处的嵌固咬合力足够大时，格栅横肋间的填料颗粒发生移动或转动，筋土界面及格栅横肋间填料发生塑性变形，格栅拉拔剪应力-拉拔位移变化关系进入第二阶段。在水平拉力作用下，填料与筋材间塑性变形区逐渐扩大，填料粒在密实状态下进行拉拔试验。由于填料颗粒的不规则性，筋土界面拉拔过程中存在剪胀性，在一定程度上限制了筋材的位移；同时筋材在拉拔过程中，因水平力的存在，必定产生筋材自身拉伸形变，因此在此阶段剪应力随拉拔位移的增加而缓慢增加。

在法向应力作用下，随着法向应力的增加，拉拔应力峰值不断增大。另外，在拉拔初始阶段，拉拔力随拉拔位移变化的增速不断增大；在第二阶段，拉拔力变化差值随水平拉拔位移的增加而增加。

（2）抗剪强度指标分析。筋土界面抗剪强度指标即界面摩擦角和黏聚力，通过拉拔剪应力随法向应力变化的峰值拟合关系曲线求得。土工格栅-筋土界面抗剪强度拟合关系曲线如图5-9所示。

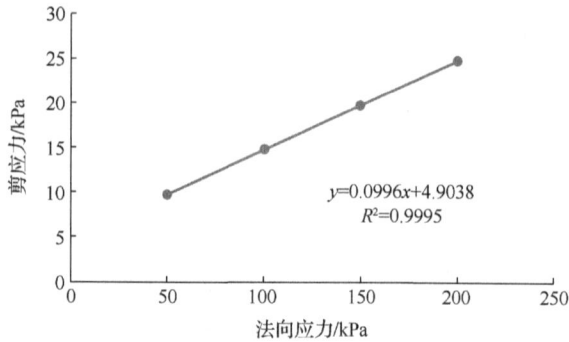

图 5-9　土工格栅-筋土界面抗剪强度拟合关系曲线

　　土工格栅-筋土界面抗剪强度拟合曲线的相关系数（R^2）为 99.9%，大于 99%，说明曲线相关性良好。通过抗剪强度拟合曲线，得到其筋土界面抗剪强度参数为界面拟黏聚力 c=4.9kPa，界面摩擦角 φ=5.7°。

　　筋土界面拟黏聚力比填料本身降低了 24.6kPa，摩擦角降低了 27.4°，出现这种结果的原因是：在拉拔试验过程中，介于拉拔箱与拉拔夹具之间存在一段长度格栅暴露于空气中（受筋材强度影响较大），同时铺设于拉拔箱内的筋材也受自身强度的影响，筋材发生一定的拉伸变形，因此测得黏聚力较小；界面摩擦角降低是因为试验格栅横肋间距较大（47cm）且筋土之间的咬合嵌固力在试验箱中不能更好地发挥出来，相互作用点较少，同时受填料压实度影响，摩擦角变小。

　　（3）土工格栅-筋土界面作用分析。土工格栅属于平面加筋材料，当加筋体受法向荷载作用时，土体与筋材填充密实；受到水平拉力作用时，格栅纵肋和横肋与土体发生摩擦与咬合作用，横肋与土体可产生咬合力和摩擦力，限制筋材发生移动，但咬合力起主要作用。纵肋则主要表现为摩擦作用，格栅表面出现非常明显划痕（图 5-10）。

　　土工格栅-筋土可以很好地发生相互摩擦作用，由于筋材的加入，可以提高结构整体的稳定性。通过试验结果分析可得，加筋土中填料应级配良好，严格控制填筑压实度，可使填料在填筑过程中更好地嵌固到格栅横肋间，当发生筋土相互作用时，填料中的土骨架力可以充分发挥出来；当筋材强度相同时宜选用格栅横肋间距较小的格栅，以便横肋与填料间的嵌固力发挥更加充分。

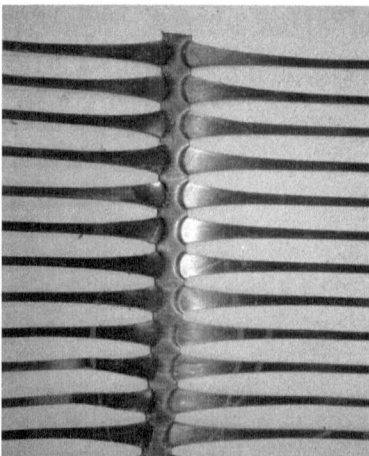

图 5-10　试验后土工格栅

5.2　加筋土陡坡特点及设计方法概述

5.2.1　加筋土陡坡的优点

加筋土边坡主要由填土、加筋材料和面层系统组成，将筋材水平铺设于被压实的土体中，通过筋材与土体之间的相互作用达到改善土体性能、增强边坡稳定性的作用。坡面可根据坡率和结构要求对筋材进行平铺或返包（利于更好地限制侧向变形），面层常为柔性材料与植被相结合形式[63]。国内一般将坡角小于 45°（坡率 1∶1）定义为缓边坡；坡角介于 45°～70°（坡率 1∶0.364）的边坡定义为陡边坡；坡角大于 70° 则称作挡墙。《公路土工合成材料应用技术规范》（JTG/TD 32—2012）中考虑我国常用坡率，认为加筋土坡率不应陡于 1∶0.5（即坡角小于 63°），否则按挡墙设计。但有些学者也有不同的看法，即认为边坡的缓陡定义对于无黏性土可以其内摩擦角（即临界坡角）来衡量，坡角大于内摩擦角的称为"陡坡"。

加筋土陡边坡在减少占地的同时，可提高边坡土体的整体性能及稳定性、减少填方量、协调不均匀变形等，在工程领域被广泛认知和应用[64]。在路基加宽工程中，存在新老路基的合理搭接及加宽占地情况，由于土工格栅的锚固作用，可以使台阶处老路基与新路基更好地衔接，约束土体变形；加筋土陡坡结构在增大坡率的同时减小占地面积，达到加宽目的。与自然放坡结构相比，加筋土陡坡结构可以更好地适用于路基加宽工程中。

5.2.2　加筋土陡坡的典型结构形式

常见的加筋土边坡结构形式有返包式、平铺式和格宾式等，不同的结构形式适用于不同的地质、填料条件[65-66]。

（1）返包式加筋土边坡（图 5-11 和图 5-12）的坡面一般为土工格栅将装有填料的土工袋包裹反折回土体中，并与上层格栅或本层格栅连接的形式。坡面返包式结构整体性较好、对上部荷载适应能力强，可设置较大坡率，能够更好地限制边坡侧向变形，协调整体变形。

（2）平铺式加筋土边坡（图 5-13 和图 5-14）的筋材在坡面边缘处采用水平铺设的形式，不进行包裹或折回，可常应用于坡率较缓或土体加固的边坡工程中。平铺式加筋土边坡一般坡率较返包式更缓为（1∶1.1）～（1∶1.5），可以增强边坡稳定性，且通过筋土相互作用分散上部荷载使结构变形更协调。平铺式加筋土边坡坡面处常铺设三维土工网垫，并在其中铺设种植土进行绿化以防止雨水冲刷。

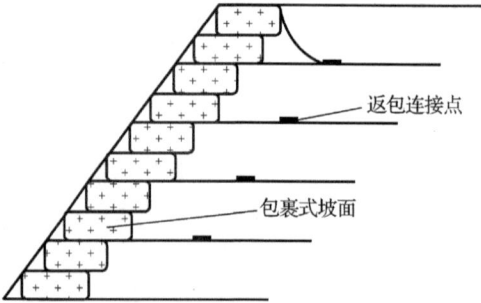

图 5-11　返包式加筋土边坡构造图

图 5-12　返包式加筋土边坡外观图

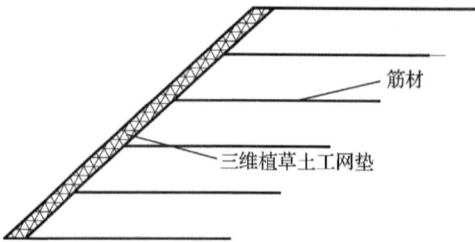

图 5-13　平铺式加筋土边坡构造图

图 5-14　平铺式加筋土边坡外观图

（3）格宾式加筋土边坡（图 5-15 和图 5-16）采用格宾网装填碎石的坡面形式，将筋材与格宾网连接使边坡成为一复合结构。格宾网结构具有较好的透水效果，且强度较高，能够适应不良的地质条件，对富水边坡的病害可起到很好的效果。

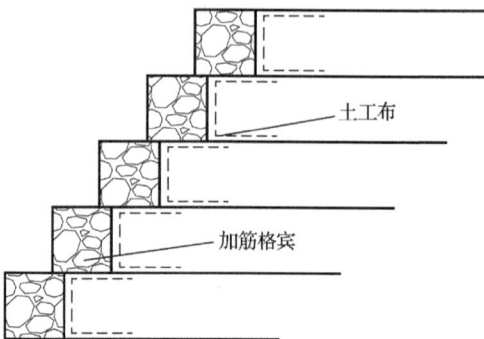

图 5-15　格宾式加筋土边坡构造图

图 5-16　格宾式加筋土边坡外观图

5.2.3 加筋土陡坡的破坏模式及设计要素

1. 加筋土边坡的破坏模式

如图 5-17 所示，随加筋土边坡的地基、坡率坡高、外部荷载条件、筋材性质、填料等条件的不同，可能存在多种破坏类型，主要有三类：①内部破坏，破坏面穿过加筋区域，包括筋材断裂、拔出、沿筋土界面滑动等；②外部破坏，破坏面在加筋土体外，可能发生在地基表面，或深入到地基内发生深层滑动，包括沿地基表面的平面滑动、深层圆弧滑动、软基侧向挤出（坡角承载力不足）或过量沉降等；③混合型破坏，破坏面一部分在加筋体外，一部分贯穿加筋体。

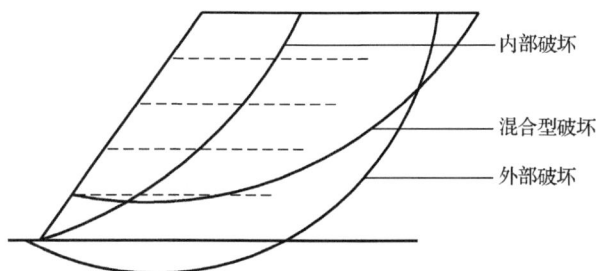

图 5-17　加筋土边坡破坏类型

2. 加筋体边坡的设计要素

采用极限平衡法进行加筋土陡边坡设计，具体计算方法和设计流程如图 5-18 所示。其主要设计要素如下所述。

1）安全系数

安全系数作为设计中结构稳定性的非常重要指标，对结构的薄弱环节可起到控制作用。针对加筋土路堤边坡的内部和外部稳定破坏形式，参考有关规范进行验算以保证相应位置的稳定性。

2）荷载及填料

良好的加筋土边坡要求地基有良好的承载力，因此需满足所受荷载，包括临时荷载、地震荷载、交通荷载等，特殊的还需考虑渗流力作用，保证地基稳定。

通过工程实践，加筋土边坡的填料选取直接关系到工程的安全与造价，国外一般对加筋土填料要求较高，仅限于砂性土，且级配良好并达到 95%压实度。若细粒土含量（<0.075mm）大于 15%时，则应按有效应力强度参数进行计算，且对于酸性或碱性较强的土也不应作为填料。国内对填料要求相对较宽松，填料不应对筋材产生腐蚀作用，选用易于压实并与筋材产生良好摩擦与咬合作用的填料。加筋土填料必须得到重视，并满足压实度和力学强度要求，保障结构的稳定性与安全性。

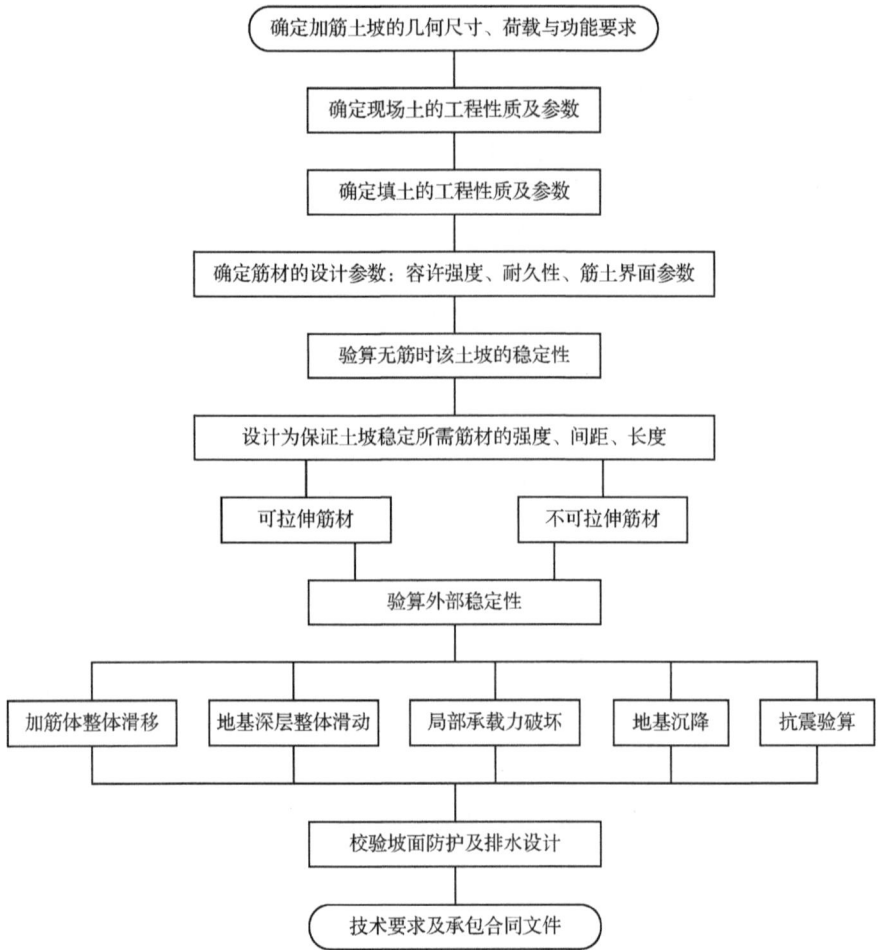

图 5-18　加筋土陡边坡设计流程

3）筋材的选取

加筋土边坡采用的加筋材料主要包括土工织物、土工格栅、土工带、土工格室等，工程中应掌握筋材的力学特性、长期蠕变性能、耐久性、施工损伤、老化性等。

边坡加筋材料的选择，主要取决于极限平衡设计中边坡稳定性所需的筋材抗拉强度和筋土界面作用参数，在永久性重大工程中还应重视长期荷载作用下的蠕变性能，以及特殊环境和施工条件下的抗老化性、耐久性和施工损伤等。

筋材选取过程中，从条带状的土工带到片状土工织物，网状土工格栅，到三维土工格室，在满足抗拉强度的同时还应结合实际工程情况（土层分布、荷载条件、填料性质等）确定筋材类型。土工织物不仅起到加筋作用，还兼具反滤、排水和隔离作用，能很好地与边坡防护、排水构造设计结合起来。限于之前织物强度较低，逐渐被土工格栅代替。对于单向拉伸塑料土工格栅和双向拉伸网格格栅结构不同，与不同粒径填料的相互作用效果有明显差异；单向格栅与双向格栅材料性质及施工工艺不同，对于其耐久性及蠕变性能有很大差异。

因此，加筋筋材应在满足结构物稳定性要求的基础上，根据筋材物理力学性质及填料特性，综合比选来确定。

4）加筋土边坡坡面防护

边坡坡面防护一般分为工程防护和植被防护两类。传统的工程防护有框格防护、封面、护面防护、干砌/浆砌片石防护、浆砌预制片防护、锚杆挂网、喷射混凝土等。与工程防护相比，植被防护作为一种简单、经济、有效的坡面防护措施，应用越来越广泛；对于易受水流冲刷的边坡工程，应以工程防护为主。

一般缓边坡常采用直接喷播的防护方式，过陡边坡可采用植草或灌木与土工合成材料相结合的防护体系。植被防护工程在施工中应注意预施肥，并根据地区气候土质条件进行草种选择，多选用多年生、耐寒、耐旱、根系发达草种。若采用三维土工网，应满足最低抗拉强度要求，以保证披挂网稳定和安全。另外，较为普遍的土工合成材料护面形式还有土工石笼，其逐层堆叠于边坡表面，形成完整防护层体系。土工石笼因强度高、抗腐防霉、耐久性好、施工方便、材料易得等优点可大量使用。

5）加筋土边坡防排水设计

水是影响边坡稳定性的重要因素，不良的边坡防排水将加大边坡滑塌的概率。加筋土边坡也应特别重视防排水设计，根据现场情况确定防排水形式。

边坡的防排水工程包括地表水和地下水两部分，不同的水流状态采取合理的措施（开挖水沟、设置过滤体或排水层或排水管网、铺设防渗膜等）保证外水和内水都能及时排出，避免积水进一步渗入边坡或浸泡坡脚。对于加筋土加宽路堤边坡，多数情况为地表水的影响。对于地表水采用防水、防渗等措施拦截外源性地表水流入，并设置排水通道将地表水尽快排出；坡内地下水应根据含水层厚度、分布情况及补给条件等采用拦截、排出的方式降低其水位。

5.3　土工格栅加筋土陡坡加宽路基变形及安全系数影响因素分析

路基的竖向位移和水平位移对结构的稳定性有重要的影响，同时也是设计中需要考虑的重要因素。在路基加宽工程中，采用收陡边坡的方式对路基进行加宽，合理地控制新老路基差异沉降至关重要。加筋土陡边坡路基竖向位移主要由土体固结、外部荷载、填料特性及筋材特性等引起；水平位移主要由筋土相对位移、加筋体后非加筋区域土体侧向土压力等引起。它们主要受地基土特性、外部荷载作用条件、填料特性筋材特性等因素影响。

以 4.8m、5.6m、6.4m 三种高度的加筋土边坡加宽路基为研究对象。边坡坡率为 1∶0.75，单向土工格栅长度 $L>6m$，竖向间距 $S_v=0.4m$，等间距布置，地基土从上至下分别为中砂和粉土，其弹性模量分别为 $E_1=36MPa$、$E_2=39MPa$，初始路基模型简图如图 5-19 所示。

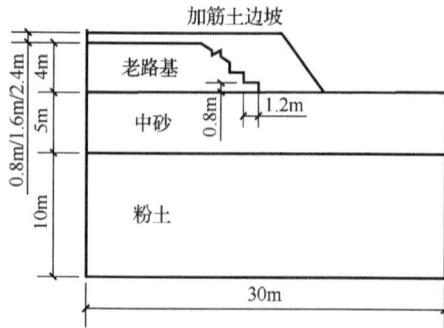

图 5-19　初始路基模型简图

本节选取的现场试验断面处于路基高度抬升段，老路基沿线路纵向高度变化较小，而加筋土陡坡比老路基高度有不同程度的增加，最大抬升高度约 2.2m。根据工程实际条件，建立老路基高度为 4m，加宽后路基高度分别为 4.8m、5.6m 和 6.4m（即路基高度分别增加 0.8m、1.6m 和 2.4m）的模型，为研究加筋土陡坡结构的变形及安全系数在路基加宽扩建后受路基高度、地基土模量、路面荷载等因素的影响程度，以初设模型为基础，在只改变一个参数的情况下，分析三种高度加筋土陡坡路基结构的竖向位移、水平位移和边坡安全系数的变化情况，详细变化参数如表 5-4 所示。

表 5-4　加筋土陡坡加宽路基影响因素变化参数

序号	材料参数	变化值
1	路基高度/m	4.8、5.6、6.4
2	中砂变形模量/MPa	36、29、24、18
	粉土变形模量/MPa	39、31、26、20
3	荷载条件/kPa	0、24.96

5.3.1　路基高度对结构的影响

1. 路基高度对加筋土陡坡结构竖向位移影响

根据不同高度路基竖向位移云图及地基横断面竖向位移曲线（图 5-20 和图 5-21），可以得到如下结果。

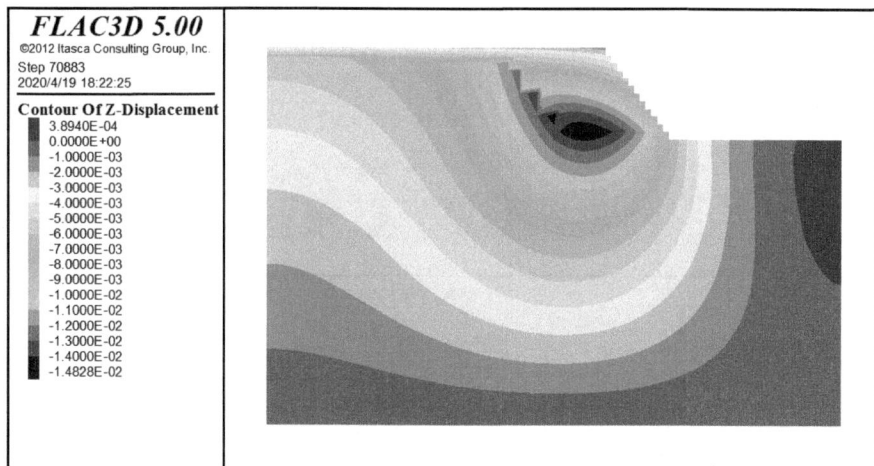

（a）路基高度 4.8m

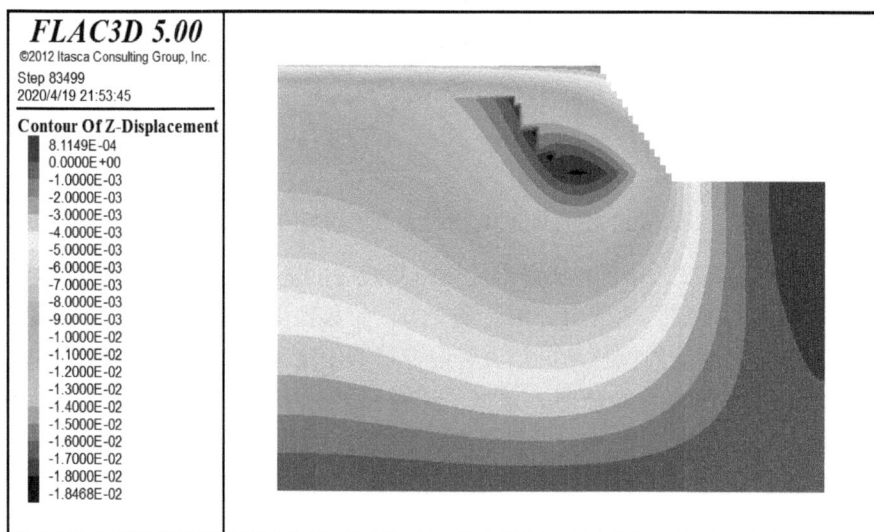

（b）路基高度 5.6m

图 5-20　不同高度加筋土加宽路基竖向位移云图

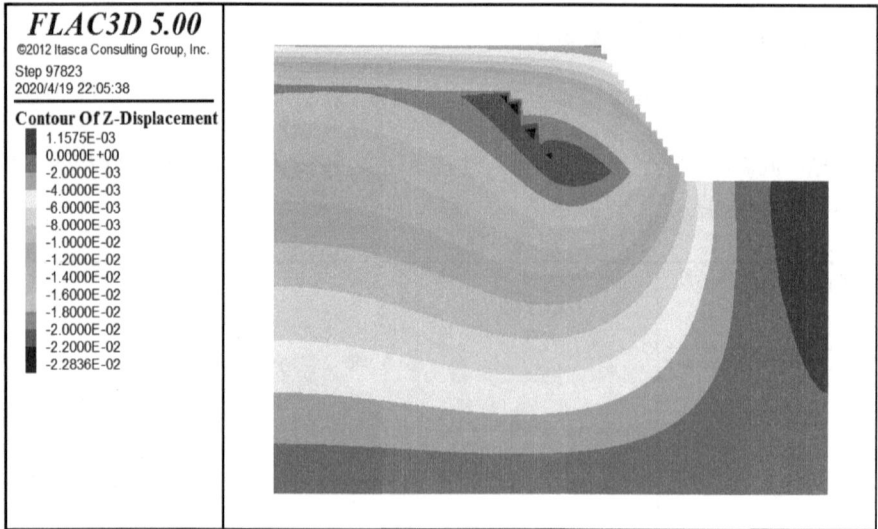

（c）路基高度 6.4m

图 5-20（续）

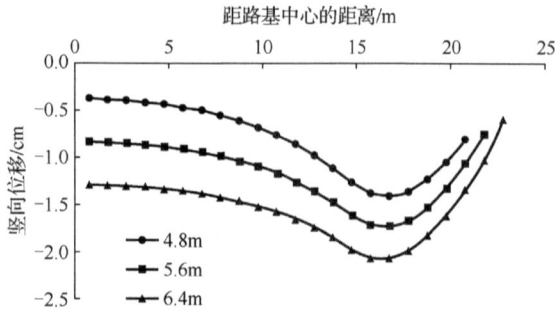

图 5-21 不同高度加筋土地基横断面竖向位移曲线

（1）随路基高度的增加，加筋土陡坡路基竣工后竖向位移分布规律基本一致。由于路基高度的增加，地基土上部荷载变大，位移值随路基高度的增加而变大，加宽路基重心向路基内侧移动，最大竖向位移值由老路基坡脚逐渐向老路基路肩方向移动。当路基高度较低时，最大竖向位移区分布在加宽地基靠近老路基坡脚处，最大位移量为 1.48cm，当路基高度较大时，老路基台阶处出现较大竖向位移，最大位移量为 2.28cm，且随路基高度的增加，加宽路基对老路基变形影响范围变大。

由于新老路基填料不同（老路基采用素土填筑，新路基采用碎石土填筑），抗剪强度有所差异，且新路基采用加筋土结构协调新路基的变形，限制土体发生位移，使新路基的整体性得到大幅度提高；老路基边坡处较路基中心处相比存在固结程度较低的情况，因此当路基自身重心荷载发生偏移时，老路基边坡处影响较大。施工过程中应严格控制老路基边坡位置质量，并强化该位置的压实效果，以防止工后出现较大沉降，导致路面开裂发生。

（2）根据地基横断面竖向位移监测曲线可知，地基横断面累计沉降变大，但累计沉降值处于较低水平，最大沉降为 2.07cm，由新路基坡脚至线路中心方向呈现先增大后减小趋势。当路基高度变大时，老地基沉降变化值较新地基有少许增加，即路基高度较大时，地基横断面累计沉降变化更为平缓。这说明，当老路基顶面以上填土厚度增加时可减小因新老地基固结程度不同导致的新老路基的差异沉降。

2. 路基高度对加筋土陡坡结构水平位移影响

路基水平位移云图及坡面水平位移曲线（图 5-22 和图 5-23），如下所述。

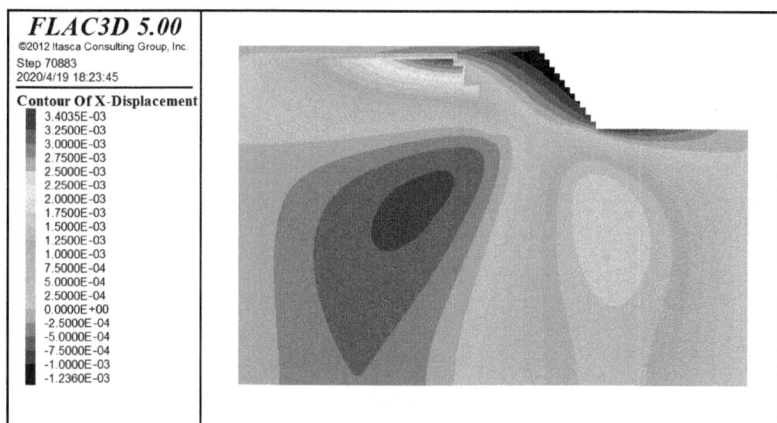

（a）路基高度 4.8m

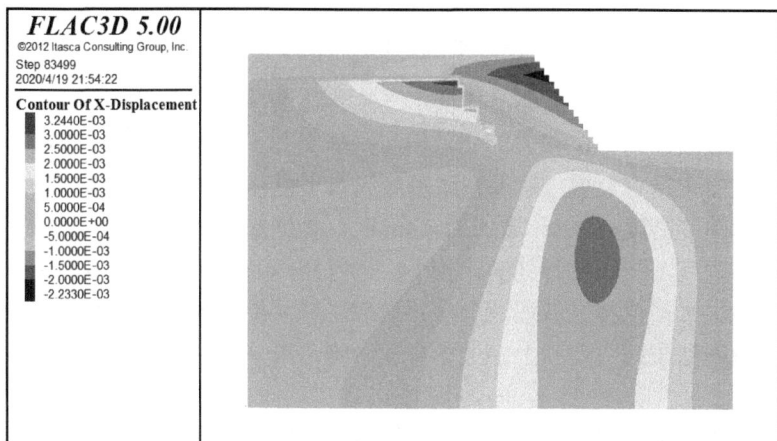

（b）路基高度 5.6m

图 5-22　不同高度加筋土加宽路基水平向位移云图

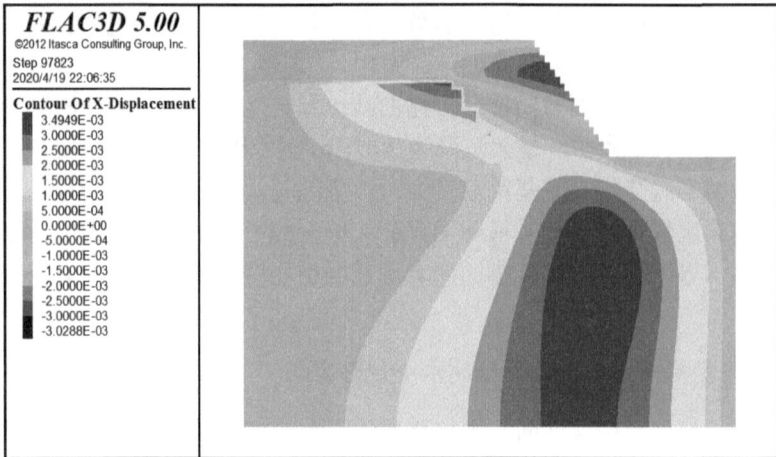

（c）路基高度6.4m

图5-22（续）

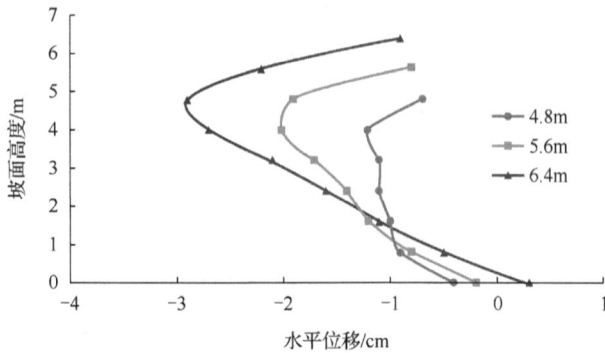

图5-23　不同高度加筋土加宽路基坡面水平位移曲线

（1）路基高度变大时，路基内部水平位移逐渐减小，靠近坡面处水平位移逐渐增大，且坡面处水平位移大部分呈朝向路基中心方向的负位移。老路基最大水平位移区发生在路肩位置，新加宽路基最大水平位移区在边坡上部。

（2）当路基高度由4.8m增加到6.4m时，老路基水平位移变化量较大位置出现在上部路肩处，下部坡脚处变化较小；加宽路基沿坡面一定厚度范围内出现较大改变，最大水平位移区域逐渐上移并增大，最大位移区域向路基内部扩散。由于路基自身固结压缩变形和上部土体荷载影响，水平位移沿坡面出现先减小后增大趋势。

（3）加筋土陡边坡结构高度变化对边坡的侧向变形有较大的影响。当路基高度增加时竖向荷载增加，由于路基下部受荷载影响较小，侧向变形量随路基高度的增加而向上移动。由于加筋土边坡返包体对结构侧向变形的约束作用，且边坡存在一定坡率，当结构上部荷载增加时出现负向位移。因此，当路基高度较高时可适当考虑增加筋材长度或使用强度更高的筋材。

3. 路基高度对加筋土陡坡结构稳定性影响

不同高度加筋土加宽路基最大剪应变增量云图（图 5-24），如下所述。

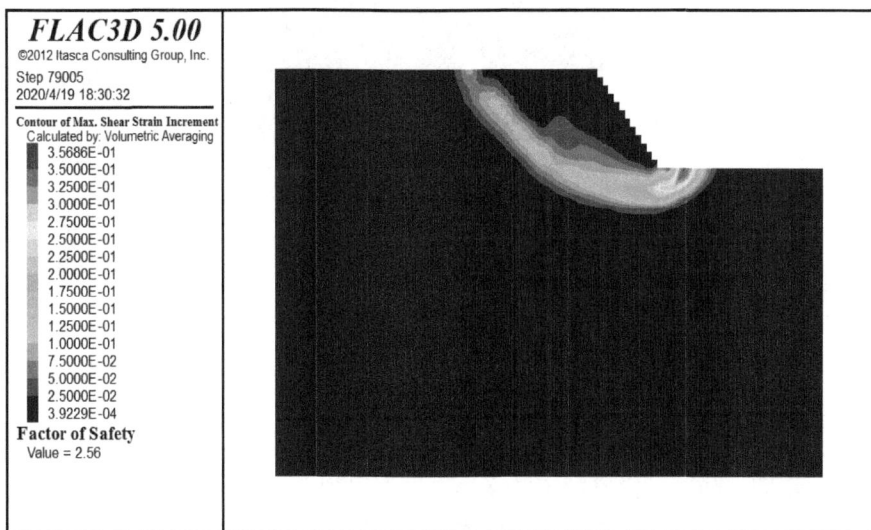

（a）路基高度 4.8m

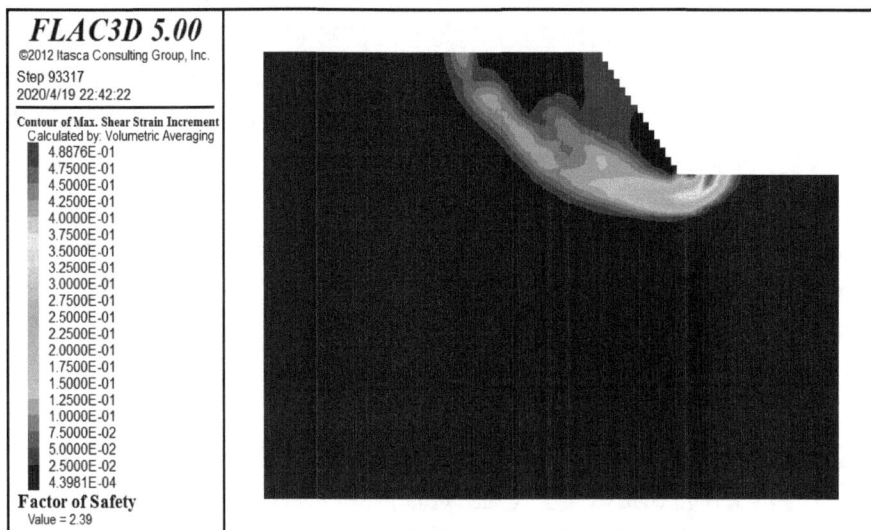

（b）路基高度 5.6m

图 5-24　不同高度加筋土加宽路基最大剪应变增量云图

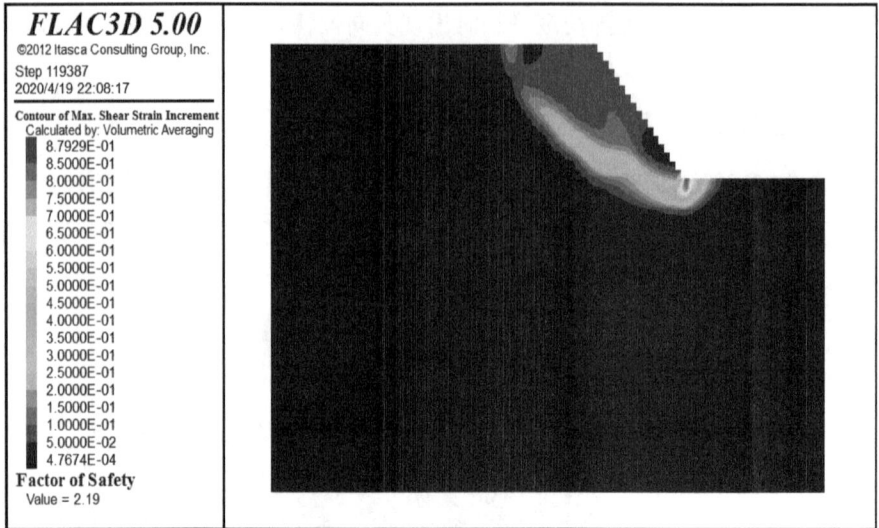

（c）路基高度 6.4m

图 5-24（续）

（1）不同高度路基潜在滑裂面基本沿新老路基搭接面呈圆弧状分布，且分布规律基本相同。随路基高度的不断增加，潜在滑裂面分布区域由新老路基搭接面逐渐向路基外侧移动，最大剪应变位置分布在新路基坡脚位置。

由于路基高度的增加，自身荷载增大，剪应变区域随路基高度的增加而向外扩散。填筑高度增加，对老路基及加宽地基的影响将加大，且路基潜在滑裂面通过新路基坡脚，根据极限平衡理论分析可得，高度越高，新老路基变形差异性越明显。因此，当路基高度增加时，可考虑适当增加筋材的抗拉强度并隔层增加筋材铺设长度，提高筋材的锚固力，从而提高边坡整体稳定性，地基条件同时也应得到加强。

（2）利用强度折减法对不同高度路基进行安全系数计算发现，路基高度在 4.8～6.4m 内，采用加筋土陡坡结构形式对路基进行加宽后结构比较稳定，安全系数均大于 2，满足要求。但随高度的增加，路基边坡安全系数有所降低。

5.3.2　地基土变形模量对结构的影响

通过改变地基土变形模量大小，分析地基土模量的改变对结构变形及位移的影响，使地基土模量在初始模量基础上进行折减，其降低系数分别为 1/5、1/3、1/2，在曲线图中均以其降低系数来简记模量值。

1. 地基土模量对路基顶面沉降量影响

图 5-25 为不同地基模量条件下不同高度路基的顶面沉降沿横断面方向的分布

情况。从图 5-25 中可以看出，三种高度路基的顶面沉降量沿横断面方向分布规律基本一致，随地基土模量的增加，地基土的压缩性变小，因此沉降量逐渐减小，且随地基模量的增加，路基顶面的沉降变化量逐渐减小。路基顶面沉降量沿横断

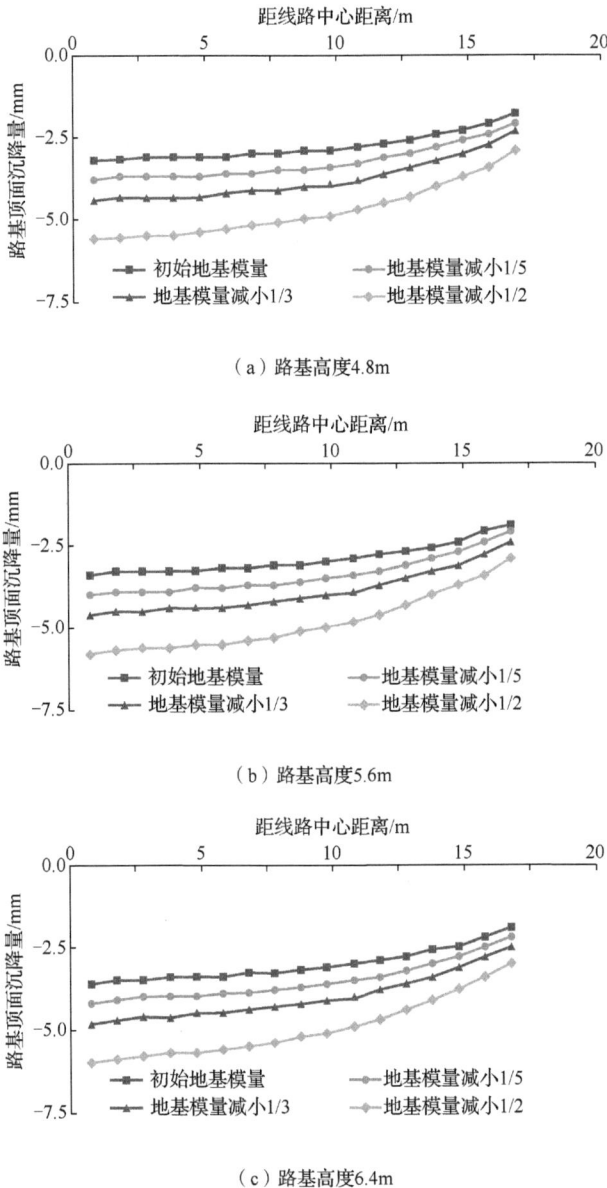

（a）路基高度4.8m

（b）路基高度5.6m

（c）路基高度6.4m

图 5-25　地基模量变化对不同高度路基顶面沉降量的影响

面方向从路肩至线路中心呈逐渐增大的趋势，在线路中心位置沉降量最大，最大值分别为路基高度的 0.07%～0.1%、0.06%～0.1%、0.06%～0.1%，且在加筋区域，顶面沉降量受地基土模量变化的影响从路肩位置至筋材末端逐渐变弱；在非加筋区域，地基土模量变化时，顶面沉降改变量较为均匀。这是由于在路肩位置返包体的竖向压缩性较小，路肩位置沉降量较小，靠近返包体处筋材对土体的承托作用更强，使筋材对结构的变形协调性发挥得更好。由于筋材末端的筋材对填料的作用变弱，筋材末端未出现不均匀沉降。

2. 地基土模量对坡面水平位移的影响

图 5-26 为地基模量变化对不同高度路基坡面水平位移的影响。

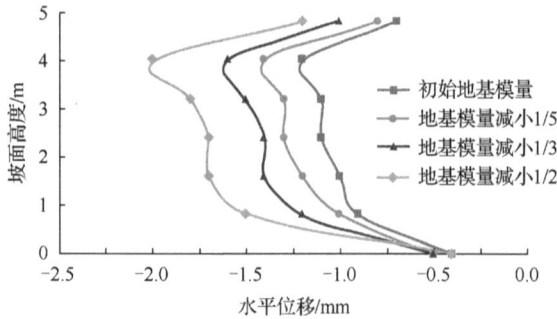

（a）4.8m高度路基坡面水平位移

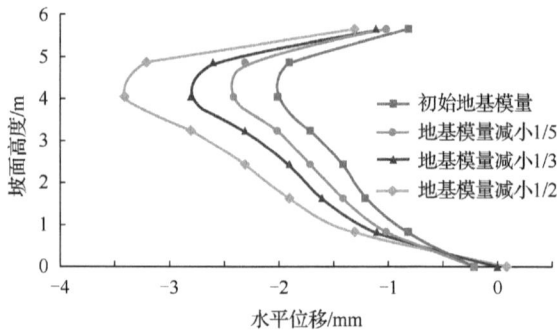

（b）5.6m高度路基坡面水平位移

图 5-26　地基模量变化对不同高度路基坡面水平位移的影响

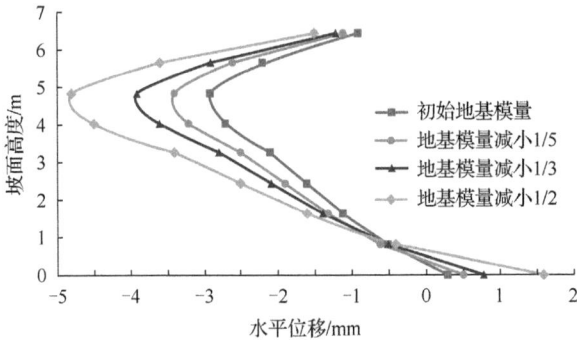

（c）6.4m高度路基坡面水平位移

图 5-26（续）

由图 5-26 可以发现，三种高度的路基在地基土模量改变时，坡面水平位移的变化规律基本一致，在边坡的上部水平位移为负向最大，最大值分别为边坡高度的 0.03%~0.05%、0.04%~0.06%、0.05%~0.08%，随路基高度的增加，地基土模量变化对坡面水平位移的影响更为明显。这是因为，当路基高度增加时，地基所受荷载增大，沉降变大，而筋材与返包体对坡内土体位移有一定的约束作用，当坡内土体发生较大沉降时，坡面处产生水平位移。以 $0.1H$ 为分界点，随地基土模量的增加，上部坡面水平位移逐渐减小，下部坡面水平位移逐渐趋于一稳定值。这是由于地基土随其模量的增加变形更加困难，路基沉降量减小，筋材与返包体对坡内土体作用力降低，上部坡面水平位移减小；当地基土模量增加时，加筋体作为一整体结构内倾减小，坡脚处位移量减小。

3. 地基土模量对地基沉降量的影响

从图 5-27 可以发现，当地基土模量发生变化时，结构的地基沉降沿横断面方向变化趋势基本一致，在靠近老路基坡脚处达到最大，最大值分别为路基高度的 0.3%~0.55%、0.31%~0.58%、0.32%~0.61%，且随地基土模量的增加，由于地基土的压缩性越来越小，地基横断面沉降改变量逐渐减小并趋于稳定。

当路基高度增加时，老地基沉降量受地基土模量的影响比加筋土加宽结构地基更加明显。这是因为老地基比新地基固结程度更好，在路基高度较低时，老路基抬升高度较小，其地基土受模量变化影响较小；随路基高度的增加，老路基在原基础上抬升高度增加，老地基在原有固结状态下所受荷载增大，地基沉降量变化较大。

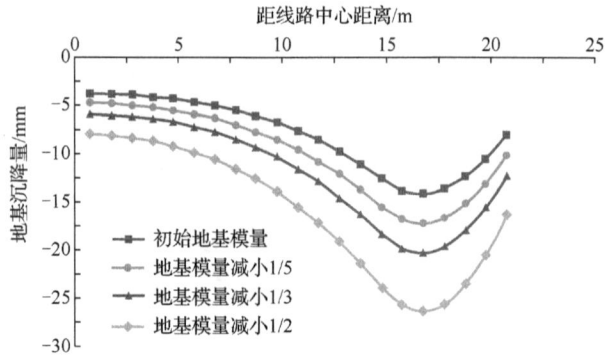

（a）4.8m高度地基沉降量

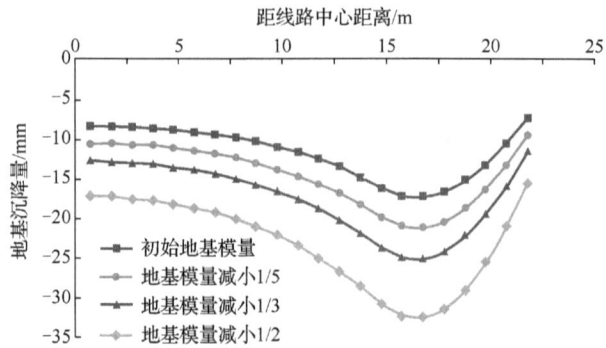

（b）5.6m高度地基沉降量

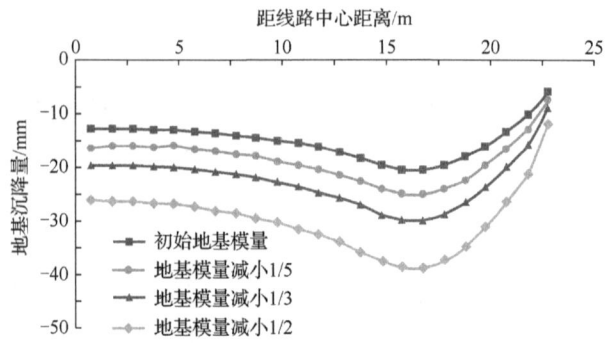

（c）6.4m高度地基沉降量

图 5-27　地基土模量变化对不同高度路基的地基沉降量影响

在路基高度较低时，地基横断面沉降量最小值发生在线路中心位置，当路基高度增加时，地基沉降量最小值发生在加宽路基的坡脚下侧。出现这种现象也是由于老路基在原高程基础上进行抬升，且加宽路基坡脚下侧地基所承受荷载比路基内侧更小，因此沉降量最小值出现在此处。

　　4. 地基土模量对路基安全系数的影响

　　由图 5-28 可以发现，随地基土模量减小系数的增加，路基边坡的安全系数基本不变，因此，在地基土满足变形要求和承载力条件时，对加筋土陡坡路基安全系数影响不大。

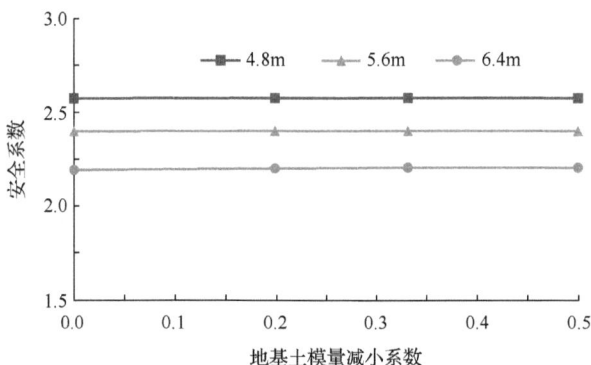

图 5-28　地基土模量变化对不同高度路基安全系数的影响

5.3.3　路面荷载对结构的影响

　　路面荷载直接作用于路基顶部，将对路基的变形及稳定性产生重要影响，查阅有关规范要求，常采用换算路基高度所产生的荷载对结构进行分析，本节经换算采用荷载为 24.96kPa 对路基结构进行分析。

　　1. 路面荷载对路基顶面沉降量的影响

　　如图 5-29 所示，路面荷载 p 对路基顶面的沉降量有较大影响，路面荷载使路基顶面发生了较大沉降，即从路肩至线路中心方向路基顶面沉降量逐渐增大，最大值发生在线路中心位置，其值分别为路基高度的 0.29%、0.26%、0.24%。在施加路面荷载前，三种高度路基的顶面沉降量差值较小，且路基顶面沉降量沿横断面方向逐渐增大，但变化较为平缓；施加荷载后，三种高度路基的顶面沉降量在路肩位置差值较小，沿路肩至线路中心方向差值逐渐变大，且沉降量在该方向上增加的趋势更加明显。

　　出现上述变化规律，一是由于新老路基填料的变形模量不同，新加宽路基变形模量比老路基更大，在受荷载作用时压缩性低，而路肩位置处返包体压缩性更低，变形更小，因此，出现由路肩至线路中心路基顶面沉降逐渐增大的趋势；二

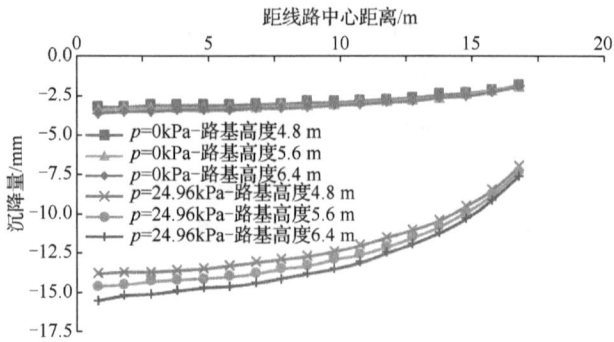

图 5-29　路面荷载对不同高度路基顶面沉降量的影响

是由于路基加宽过程中，对路基高度进行抬升，路基高度越大，抬升高度越多，因此在承受荷载作用时沉降量差值变大，加宽部位路基填料的变形模量相同，在受到荷载作用时，差值较小。

筋材对结构的加筋作用使结构在横断面方向上沉降量变化比较均匀，未出现不均匀沉降量。

2. 行车荷载对路基坡面水平位移的影响

图 5-30 为不同高度的路基在受路面行车荷载作用下坡面的水平位移影响。从变化趋势上看，沿坡面高度的增加，坡面水平位移先增加后趋于稳定，水平位移基本为朝向路基内侧的负向位移，最大值出现在坡面的上部，其值均为路基高度的 0.07%；在受荷载作用后，坡面水平位移增大，以 0.3H 为分界点，其上部坡面在路面荷载作用下向路基内侧发生位移，其下部坡面向外侧发生位移，在靠近路肩位置坡面水平位移受荷载的影响更加明显，三种高度路基下最大水平位移的变化率分别为 371%、100%、52%。

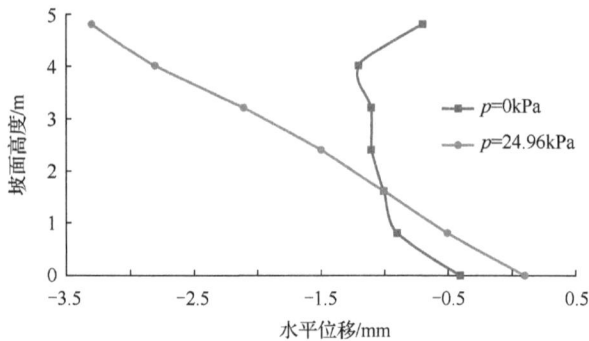

（a）路基高度4.8m

图 5-30　行车荷载对不同高度路基的坡面水平位移的影响

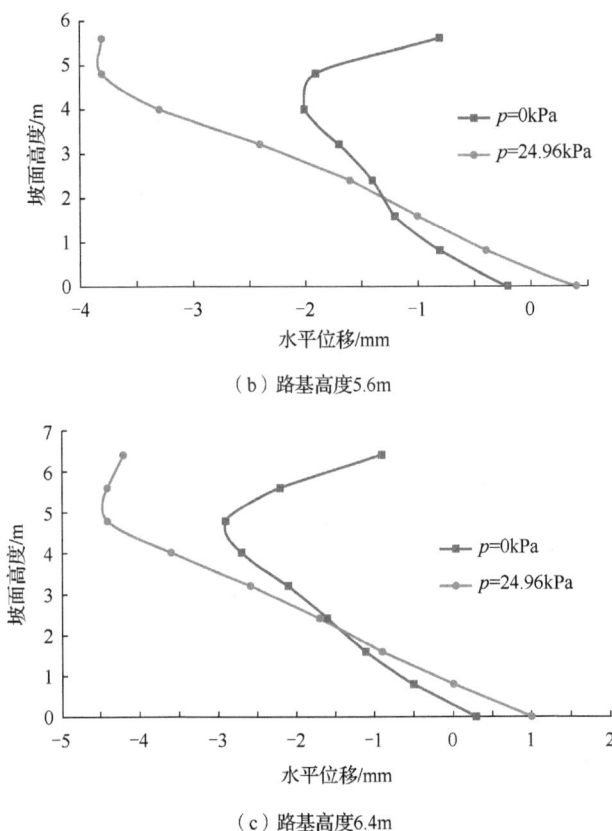

（b）路基高度5.6m

（c）路基高度6.4m

图 5-30（续）

　　分析以上现象，在路面行车荷载的作用下，路基发生向下的沉降变形，而路肩由于加筋的作用，使筋材对周围土体产生沿筋材方向的耦合剪切力，因此坡面处出现向路基内侧的位移；随土体深度的增加，荷载对土体产生的附加应力影响减弱，因而在路肩位置位移最大，随坡面高度降低，水平位移减小；由于上部土体受路面荷载作用向下发生变形，坡面向路基内侧移动，下部路基受竖向荷载的作用，使侧向土压力加大，增加了其向外侧滑移的趋势，下部坡面向外侧移动。

　　3. 行车荷载对地基沉降量的影响

　　由图 5-31 可以发现，路面荷载对地基沉降量产生了较大影响，沿横断面方向上，从路基坡脚至线路中心，荷载对地基沉降量的影响逐渐变大；随路基高度的增加，荷载对地基沉降量的影响逐渐降低，三种高度路基下沉降量最大变化率分别为 208%、94% 和 60.8%。

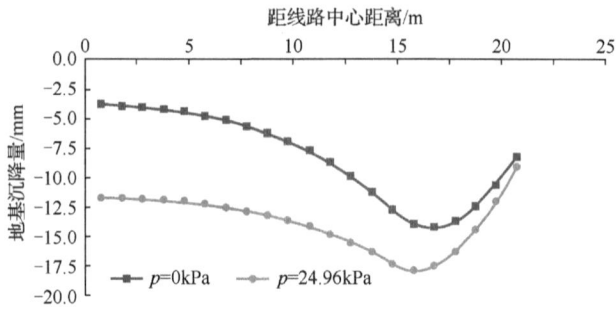

（a）路基高度4.8m

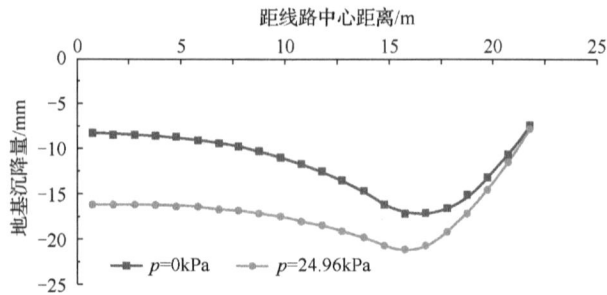

（b）路基高度5.6m

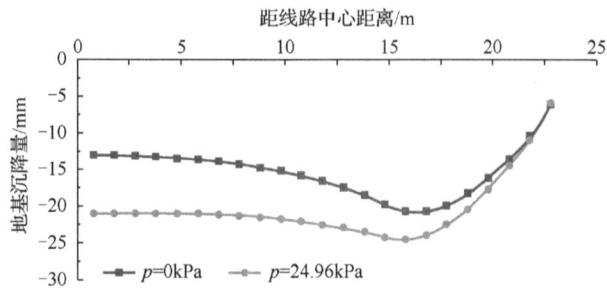

（c）路基高度6.4m

图 5-31　行车荷载对不同高度路基的地基沉降量的影响

　　加宽路基中有筋材加筋的作用，使填料的结构性增强，承载范围变大，加快了附加应力在土体内部衰减，使路面荷载对地基沉降量的影响较小；因为从路基坡脚至路肩下侧地基，其距离荷载的作用位置越来越近，受荷载的作用是逐渐增大的，并且筋材从路基底部至顶部是沿老路基台阶逐渐向路基内侧铺设，筋材对附加应力的消散也是逐渐变化的，因此在加宽地基部位，地基受荷载的影响呈明显的过渡趋势。

通过地基的变形规律，可以改善地基条件，增加其变形模量，提高地基的抗变形能力，以减小加宽地基处的沉降量。

4. 行车荷载对边坡安全系数的影响

图 5-32 为不同高度路基受荷载作用时剪应变增量云图，从图 5-32 可以看出，路基边坡的潜在破裂面为通过坡脚的滑动面，在坡脚位置剪应变增量最大；在路基高度较低时，受到路面荷载作用时，滑裂面处于筋材末端的加筋体外侧，加筋土结构稳定性较高；当路基高度变大后，滑裂面向加筋体内侧移动，加筋土结构的稳定性降低。

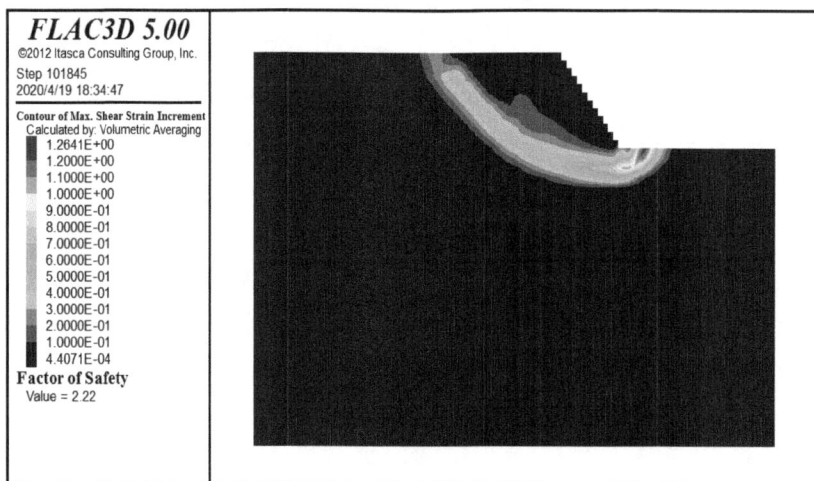

（a）路基高度 4.8m

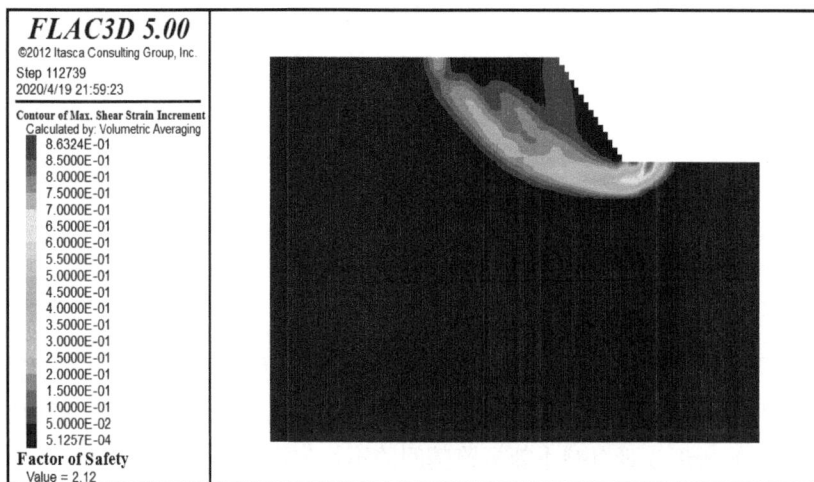

（b）路基高度 5.6m

图 5-32　不同高度路基受荷载作用时剪应变增量云图

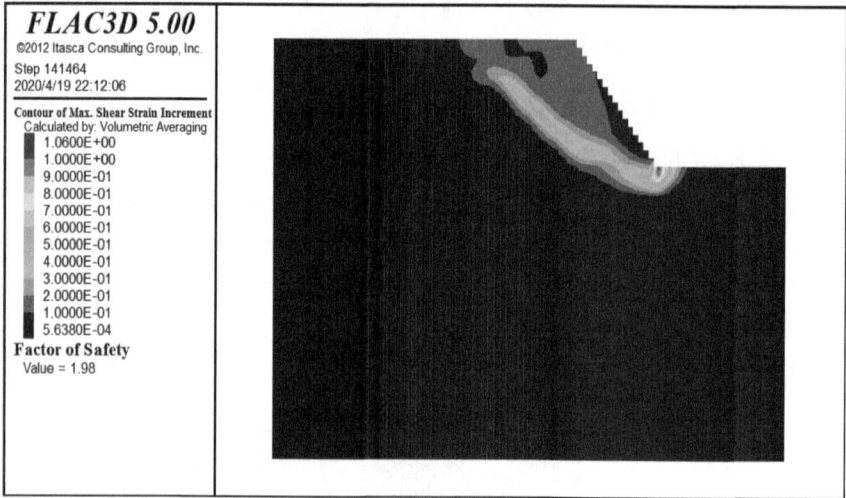

（c）路基高度 6.4m

图 5-32（续）

　　图 5-33 为路面荷载对不同高度路基的边坡安全系数影响。从图 5-33 可以看出，当施加路面荷载后，路基边坡的安全系数有所减小，路基高度越大，安全系数减小的幅度越小，三种高度路基在受路面荷载作用后其安全系数变化率分别为 −13.3%、−11.3%、−9.6%。

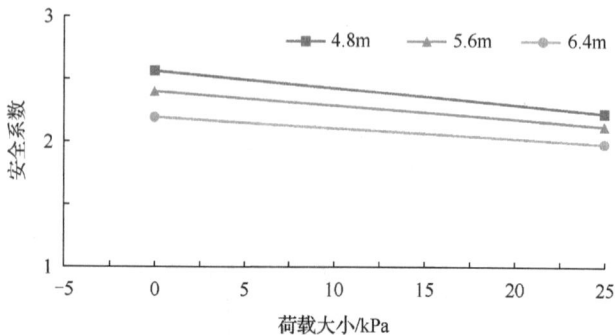

图 5-33　路面荷载对不同高度路基的边坡安全系数影响

　　综上所述，路面荷载对加筋土陡坡路基加宽结构的变形和安全系数均有较大的影响，尤其是对路基顶面的沉降量影响较大，在路基加宽过程中，可通过调整新路基填料的变形模量以减小新老路基间的不均匀沉降量。

5.4　加筋土陡坡加宽路基现场试验研究

　　该试验段工程路基宽度由以前的 27m 变为 34.5m（图 5-34）。加宽结构地基处铺设片材的极限抗拉强度为 20kN/m 的高强土工格室进行加固处理，以减小地基发生不均匀沉降。

<table>
<tr><td>（a）加宽前</td><td>（b）加宽后</td></tr>
</table>

图 5-34　路基加宽前后对比照片

　　对老路基结构采用边坡开挖台阶的方法进行加宽，每级台阶宽、高分别为 1.2m 和 0.8m。加宽路基采用返包式加筋土陡边坡的形式，边坡坡率为 1∶0.75，加筋土陡坡自地基顶面以上随路基高度的变化铺设 12～14 层格栅不等，格栅型号为 TGDG 65 型 HDPE 单向土工格栅。为增强新老路基结构良好的搭接性，当格栅铺设位置高度低于老路基高度时，可采用格栅通铺至老路基台阶底部的措施；当高于老路基顶面时，铺设长度应不少于 6m。

　　该工程另选取一坡率为 1∶1.5 的自然放坡路基加宽断面形式进行试验研究，与加筋土陡坡路基的结构性能进行对比分析。

5.4.1　现场试验目的与监测仪器的选择

　　1. 加筋土陡坡筋材应变监测

　　因为在工程现场进行筋材应变监测，采用试验室粘贴应变片的常规方法极容易受施工干扰影响，所以通过在土工格栅上安装柔性位移计（柔性变形传感器）可以对格栅进行长期的状态监测，实时掌握其应变情况及结构状态。由筋材应力-应变关系曲线和筋材的应变情况，可得出筋材受力大小，进而通过监测筋材的峰值应变，判断边坡潜在滑裂面形状、位置及新老路基搭接位置筋材变形情况，以及加筋土结构对路基结构的搭接效果。对应变较大的位置进行重点监测，并对今后的施工质量进行重点控制。

2. 地基不均匀沉降监测

常规沉降板法只能对断面上少数测点进行监测，且对施工产生一定影响，在通车后只能对路肩和路中央测点进行观测，无法实现断面多个测点的长期监测，采用 U 形剖面沉降管的方法可对加宽路基进行断面不均匀沉降观测。通过对地基断面沉降监测，了解加筋土结构的沉降情况，与自然放坡加宽路基进行对比，判断加筋土陡边坡结构对路基不均匀沉降的控制效果。

5.4.2　传感器布置及监测方案

1. 监测元件布置方案

加筋土陡坡试验断面选取里程桩号分别为 K240+580、K240+608、K241+073 和 K241+098（路基高度分别为 4.8m、5.6m、5.6m 和 4.8m）四个断面进行监测，通过理论计算分析，对加筋土路基结构断面各部位进行监测，每个断面设置 U 形剖面管和柔性位移计。在路基底部设置 1 根剖面管，埋设在新路基坡脚至旧路基坡脚台阶底部，柔性位移计从底层格栅开始每隔 2 层安装一层柔性位移计。自然放坡路基试验断面选取里程桩号为 K237+980（路基高度为 6.4m）的加宽断面进行试验监测，在路基底部埋设 1 根 U 形横剖面管，由新路基坡脚埋设至老路基坡脚。试验断面监测点布置如图 5-35 和图 5-36 所示。

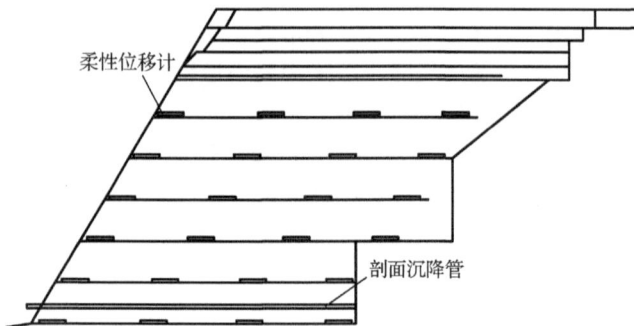

图 5-35　加筋土陡边坡加宽路基试验观测剖面原件布置

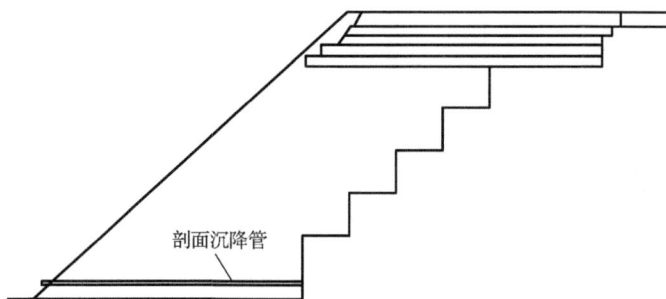

图 5-36　自然填土放坡加宽路基试验观测剖面原件布置

2. 监测元件安装要点

（1）安装柔性位移计时，当加筋土陡边坡底层格栅铺设完成后，安装第一层柔性位移计，从坡脚第一个未覆盖土工袋的格栅横肋开始布设，每只位移计的中心间距为 1~1.5m，且在陡边坡潜在破裂面位置加密布置。柔性位移计应顺向采用配套夹具、螺杆牢固的固定在格栅网横肋上，用电钻在格栅横肋上打好安装孔并将格栅横肋夹于位移计安装支座与夹具之间，固定好一端夹具后，将位移计拉伸至满量程 1/2 左右（保证能够测量拉伸和收缩变形），再继续固定另一端夹具。待一层格栅全部位移计安装完成后，详细记录编号及位置并用聚氯乙烯（polyvinyl chloride，PVC）管（或钢丝软管）穿线进行保护引入观测室。安装过程中，位移计下部用细砂垫平、压实，上部用半圆形 PVC 管包裹并覆砂土（或中粗砂）20cm（图 5-37）。

图 5-37　柔性位移计安装

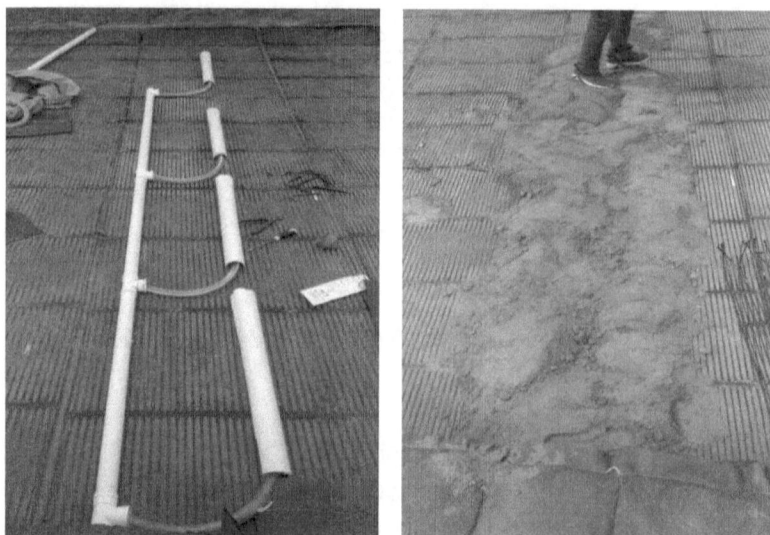

图 5-37（续）

（2）埋设 U 形剖面沉降管时，待基底加固和垫层施工完毕，填土至 0.6m 高度并压实后进行挖槽埋设，开槽宽度 20～30cm，深度至地基加固垫层顶部，槽底回填 10cm 厚的中粗砂或砂土。在老路基坡脚台阶底部水平埋设 U 形管，在 U 形管两个接口分别密封连接内壁均布有四条轴向凹槽的 PVC 管和回线钢管，并在 PVC 管、U 形管及回线钢管中穿设通长测绳。回线钢管与 PVC 管保持平行并垂直于高速公路线路走向，埋设时调整 PVC 管的位置使其中一对凹槽呈上下布置，其上夯填中粗砂或砂土与碾压面平齐（图 5-38）。

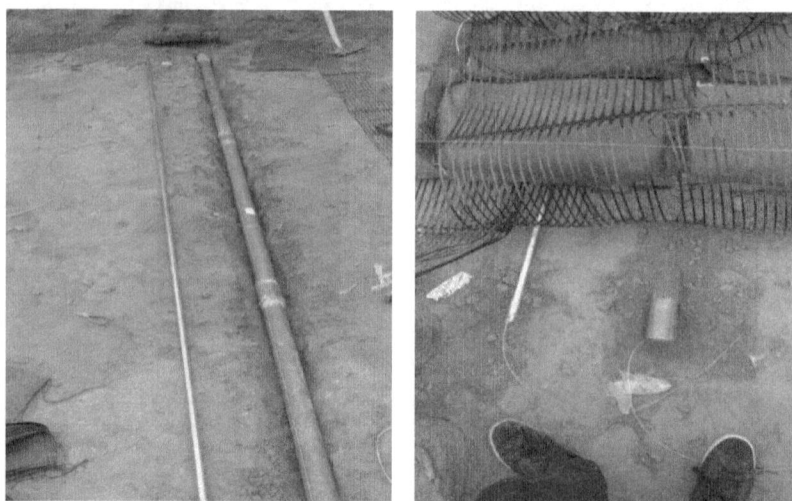

图 5-38　剖面沉降管埋设

3. 试验监测方案

1）监测方法及精度

（1）格栅变形监测。采用综合测量仪直接读取测点位置处柔性位移计拉伸变形情况，通过与初始值相减得到格栅两条横肋间的变形量（图 5-39）。格栅拉伸变形测量精度为 0.01mm。

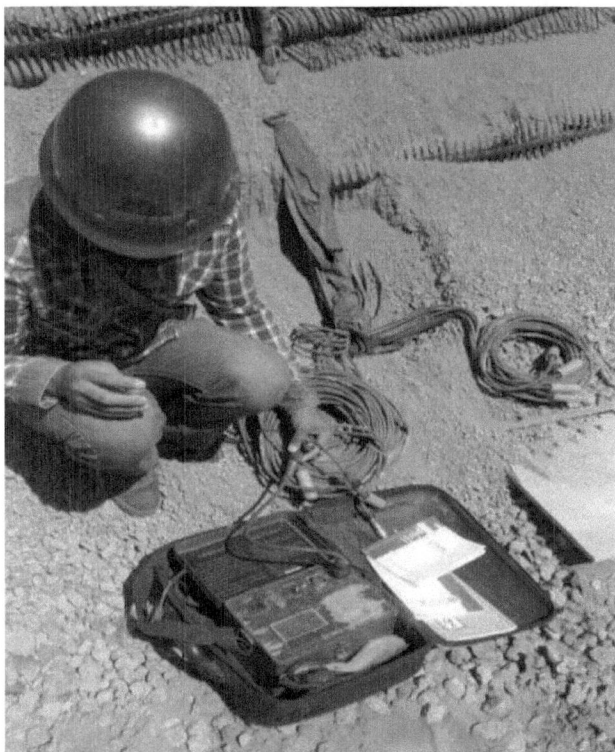

图 5-39 格栅拉伸变形测量

（2）基底不均匀沉降监测。采用测斜仪和水准仪进行横剖面基底不均匀沉降观测。每次观测时，首先用水准仪按二等水准测量精度测得横剖面管口的观测桩高程，把测斜仪探头放置于观测桩顶部测量初值，然后将测斜仪放入横剖面管内测量各点（图 5-40）。

路基不均匀沉降观测水准测量精度为+1.0mm，读数取位至 0.1mm；剖面沉降观测精度应为 8～30mm，横剖面沉降测试仪最小读数不得大于 0.1mm。

2）监测频次

试验观测自施工开始即进行，施工过程中每铺设一层土工格栅或每施加一次竖向荷载，读取柔性位移计数据一次。路基搁置期每三天监测一次，竣工后，前三个月每月读取数据一次。各试验断面中，加筋土陡坡路基竣工后 87d 左右通车运营，自然放坡加宽路基竣工 60d 后通车运营，试验自施工开始至通车运营持续进行监测。

图 5-40　横剖面不均匀沉降观测

5.4.3　加筋土陡坡路基加宽结构试验结果分析

1. 横断面沉降量分析

根据断面 K240+580、K240+608、K241+073 和 K241+098 加宽路基横向不均匀沉降量的变化规律和断面最大沉降点随填筑高度-时间变化规律（图 5-41 和图 5-42），分析四个断面不同时期的地基不均匀沉降量变化。

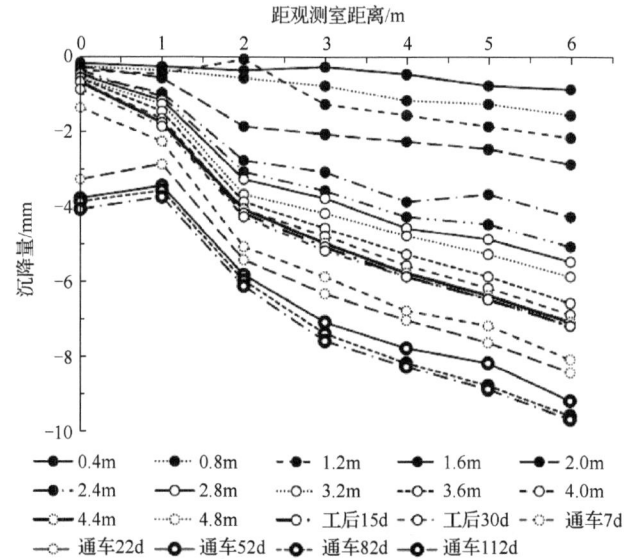

（a）K240+580加宽路基横断面沉降量曲线

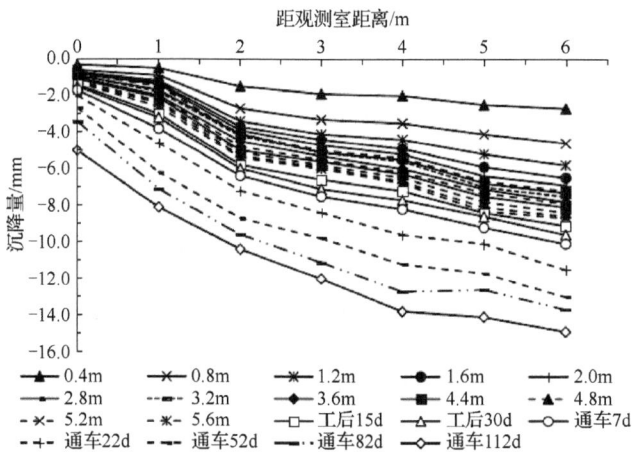

（b）K240+608加宽路基横断面沉降量曲线

图 5-41　施工期加宽路基横断面沉降量曲线

距观测室距离/m

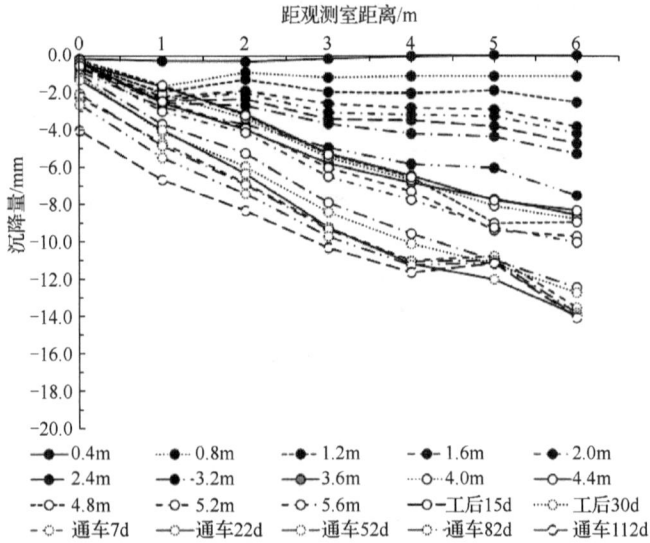

（c）K241+073加宽路基横断面沉降量曲线

距观测室距离/m

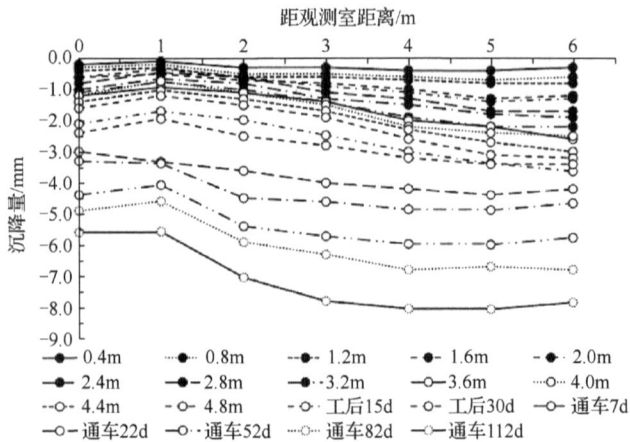

（d）K240+098加宽路基横断面沉降量曲线

图 5-41（续）

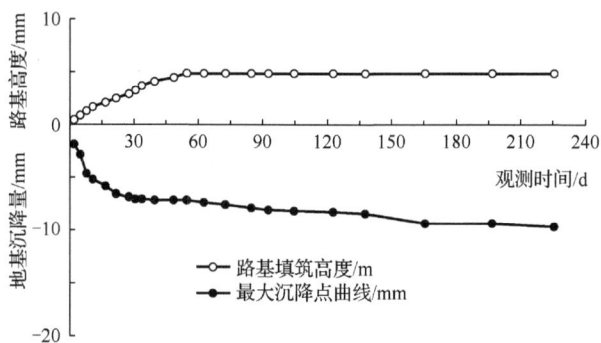

（a）K240+580

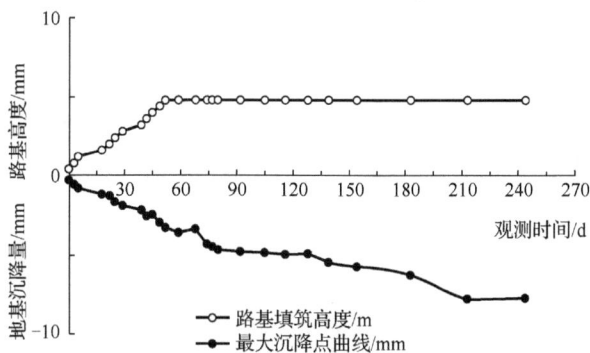

（b）K240+608

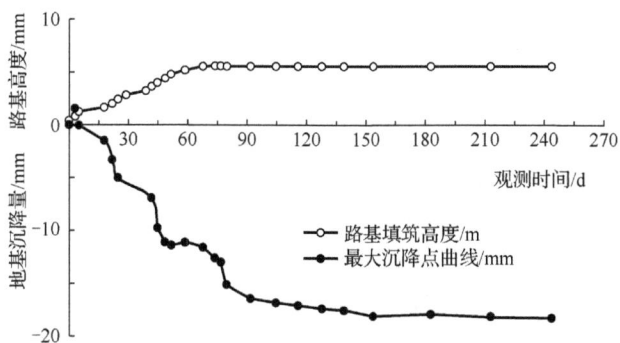

（c）K241+073

图 5-42　断面最大沉降点随填筑高度-时间曲线

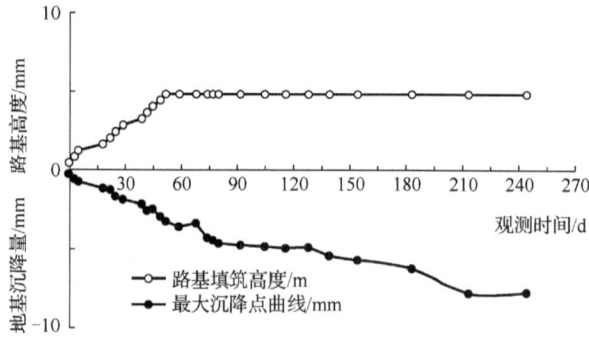

（d）K241+098

图 5-42（续）

（1）新地基施工期累计沉降量整体处于较低水平，其随加筋土陡边坡路基填筑高度的增加而逐渐增加，但增加速率随填筑高度的增加而逐渐减小，当填筑高度达到 3.2m 后，其沉降增长速率放缓更加明显，每填筑 0.4m，沉降量最大增加 0.5mm，施工期间的地基沉降量约占总沉降量最大值的 41%；道路通车运营后 52d，地基沉降量逐渐减小，最大月平均沉降量为 1.1mm，小于有关规范规定的容许稳定值 3mm；通车运营 112d 后，各监测断面中累计沉降量最大值为 18.3mm。

分析：由于地基土含水量较低，抗剪强度较高，地基土承载力较高，总体沉降量较小；随着路基填筑高度的增加，地基上部荷载不断增加，地基土固结度不断增大，沉降速率逐渐减小；当路基填筑完成后，处于较长的搁置期，且由于路面施工对地基产生荷载，加快地基固结沉降量，使得路基填筑完成后至通车初期的地基累计沉降量有所增长。

（2）各观测断面在新路基坡脚处地基沉降量较小，加筋土加宽结构断面地基沉降量沿筋材长度方向由新路基坡脚至老路基坡脚逐渐变大；自路肩下方（大约 4m 位置）至剖面管低端（6m 位置）地基沉降量先增大至峰值后减小，在剖面管长度 5m 或 5.5m 位置出现最大值。除 K241+098 断面外，其他各观测断面在通车后新老路基坡脚处累计沉降量差值都相对较大，且最大沉降点发生在老路基坡脚处，K241+098 断面最大沉降点发生在距老路基边坡 1m 位置。施工期间观测点最大沉降速率为 0.51mm/3d；通车运营后，观测点最大沉降速率为 1.0mm/月。

分析：由于地基承受的上部路基荷载量不同，由坡角至路肩下方处地基所受荷载呈线性分布，在不同的上部荷载作用下，地基土的固结程度不均匀，导致从剖面管口至路肩下方处地基沉降量逐渐增大；因加筋土加宽结构地基一部分处在老路基的长期荷载作用范围内，在老路运营期间承受了其传递的荷载，已产生了部分固结压缩，所以自路肩下方至剖面管低端地基沉降量先增大至峰值后再减小。

（3）通车运营后，局部位置有不同的变化趋势，加筋土加宽结构在靠近坡脚处 1m 范围内地基沉降速率相对其他部位地基沉降速率增大。

分析：加筋土结构坡脚处地基由于施工期间压实效果和边坡采用格栅返包坡面形式等因素，汽车荷载通过边坡柔性面对地基的影响更为敏感，加筋土结构内部有格栅的加筋作用使结构整体性发挥更好，协调整体受力和变形分布，因此导致通车后坡脚处沉降速率比加筋体内部要大。

2. 筋材变形分析

筋材的变形直接体现在筋材在土体中的拉伸状态，是分析加筋体潜在破裂面的重要依据，可充分反映加筋体内部筋材应力变化情况。图 5-43 和图 5-44 为施工期间四个加筋土陡边坡测试断面不同层位、不同填筑高度对应筋材应变图。图 5-45 和图 5-46 为竣工后不同层位、距坡面不同位置处筋材随时间变化曲线，其中将 K240+580、K240+608、K241+073、K241+098 分别记为 1～4 四个断面，图例中 1-1.3m 为断面 K240+580 距坡面 1.3m 位置的简记表示，其他图例依此类推。

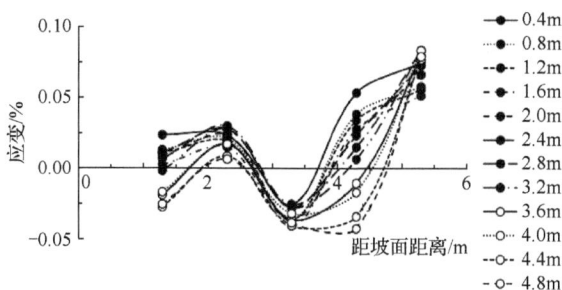

（a）K240+580 底层筋材应变

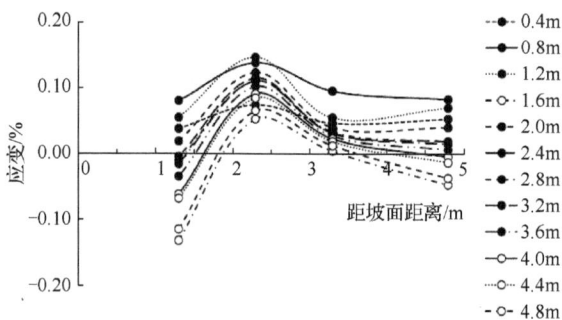

（b）K241+098 底层筋材应变

图 5-43　K240+580、K241+098 断面左侧施工期不同填筑高度对应筋材应变图

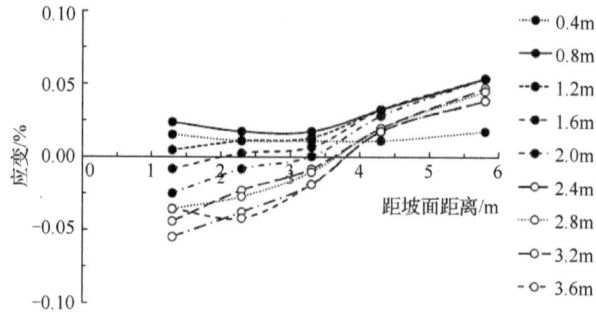

（c）K240+580第4层筋材应变

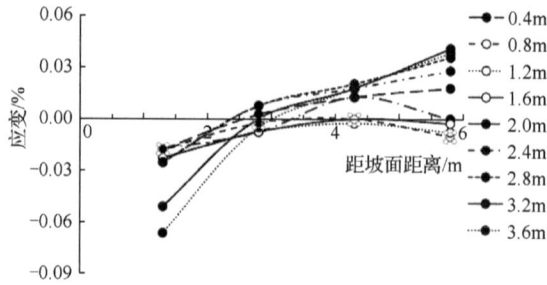

（d）K241+098第4层筋材应变

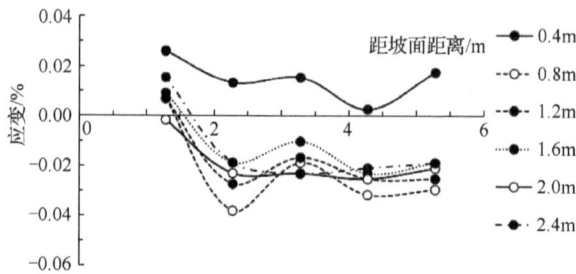

（e）K240+580第7层筋材应变

图 5-43（续）

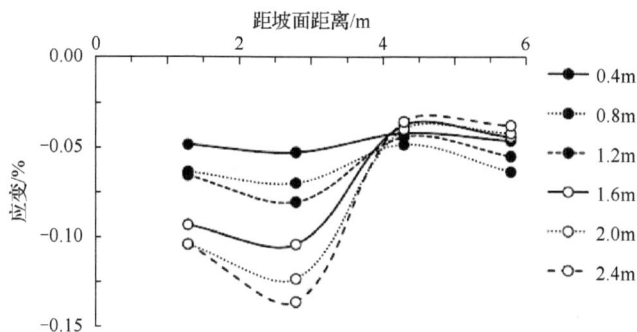

（f）K241+098第7层筋材应变

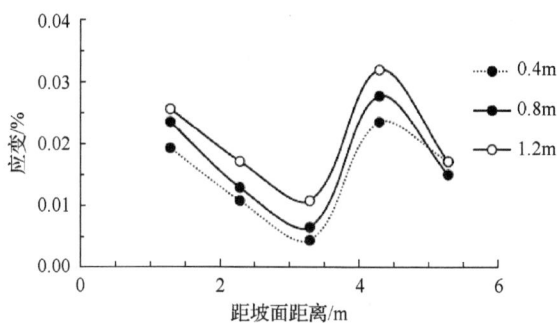

（g）K240+580第10层筋材应变

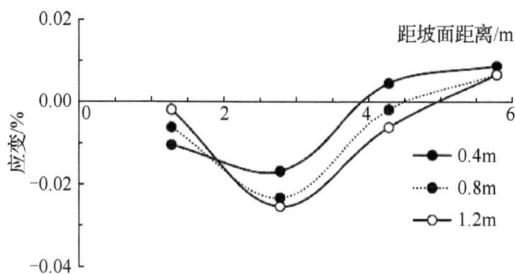

（h）K241+098第10层筋材应变

图 5-43（续）

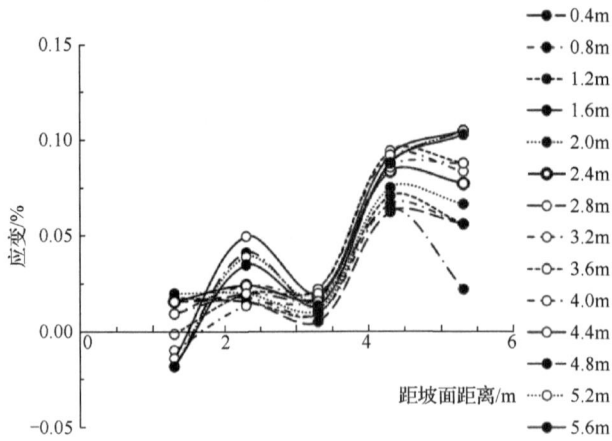

（a）K240+608 底层筋材应变

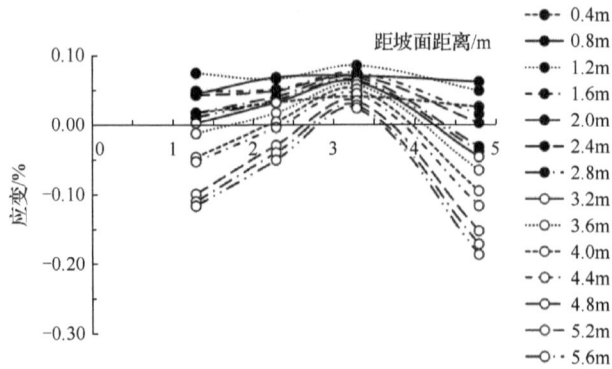

（b）K241+073 底层筋材应变

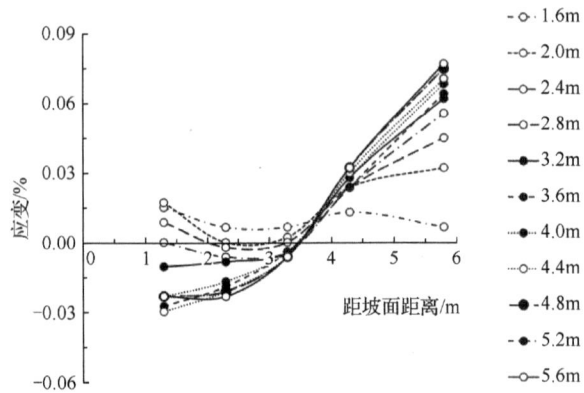

（c）K240+608 第4层筋材应变

图 5-44　K240+608、K241+073 断面左侧施工期不同填筑高度对应筋材应变图

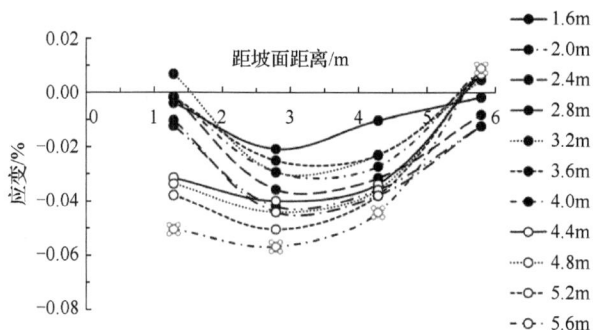

（d）K241+073第4层筋材应变

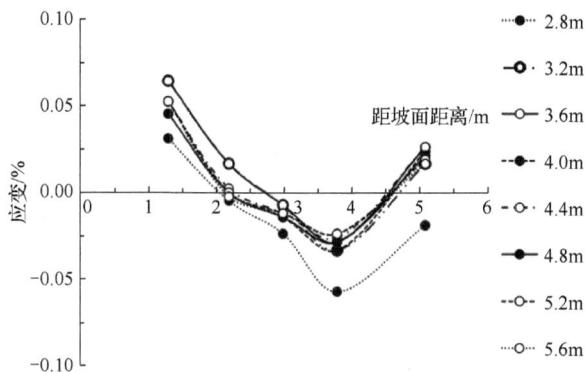

（e）K240+608第7层筋材应变

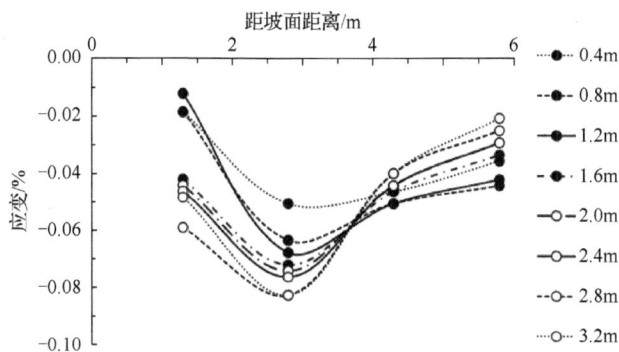

（f）K241+073第7层筋材应变

图 5-44（续）

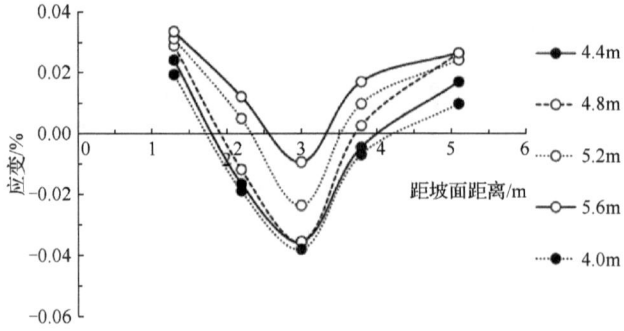

（g）K240+608第10层筋材应变

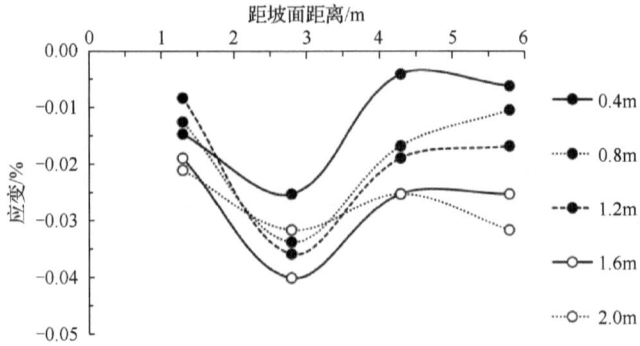

（h）K241+073第10层筋材应变

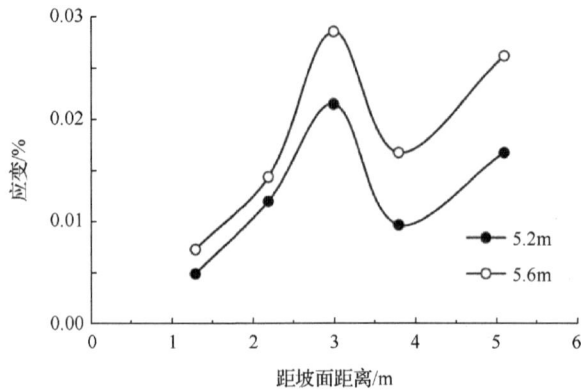

（i）K240+608第13层筋材应变

图 5-44（续）

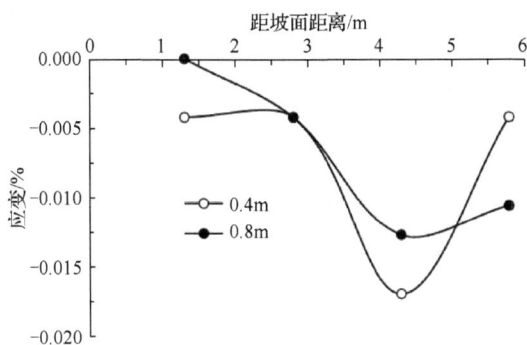

（j）K241+073第13层筋材应变

图 5-44（续）

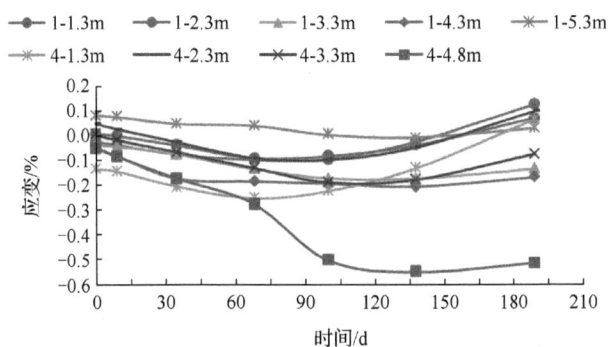

（a）竣工后底层筋材应变随时间变化

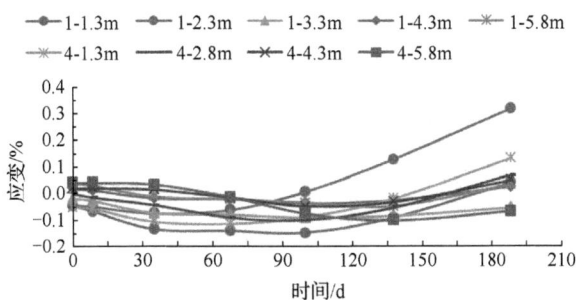

（b）竣工后第4层筋材应变随时间变化

图 5-45 K240+580、K241+098 断面竣工后不同位置筋材应变随时间变化曲线

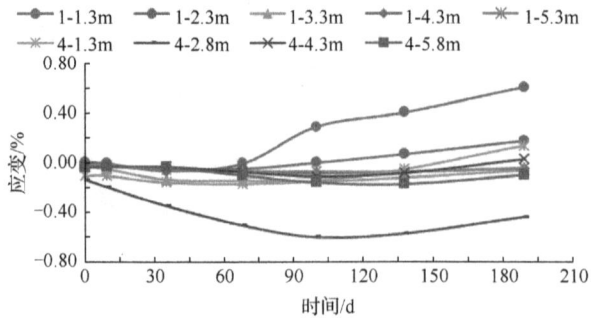

（c）竣工后第7层筋材应变随时间变化

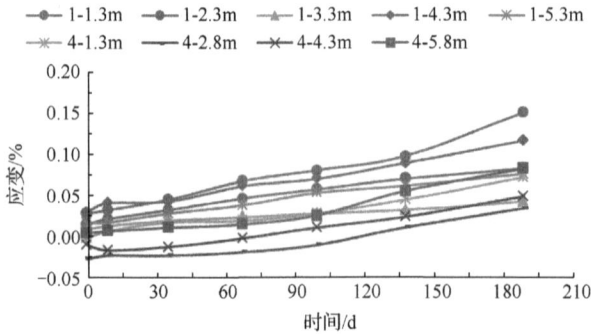

（d）竣工后第10层筋材应变随时间变化

图 5-45（续）

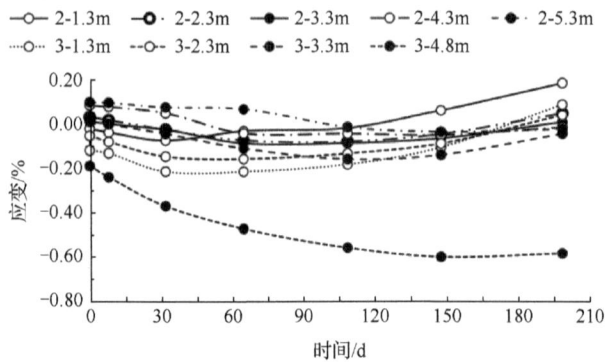

（a）竣工后底层筋材应变随时间变化

图 5-46　K240+608、K241+073 断面竣工后不同位置筋材应变随时间变化曲线

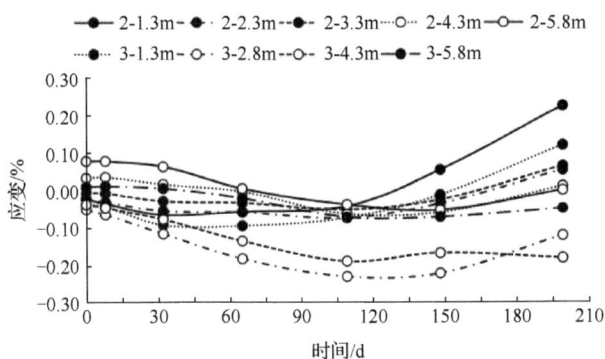

（b）竣工后第4层筋材应变随时间变化

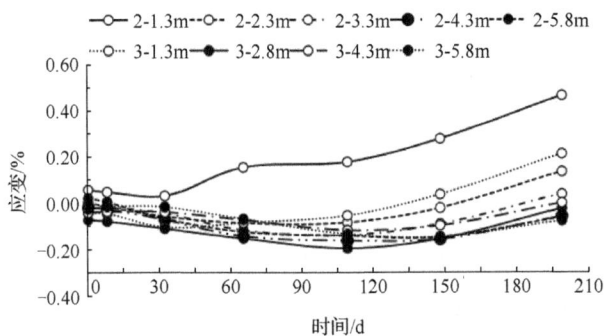

（c）竣工后第7层筋材应变随时间变化

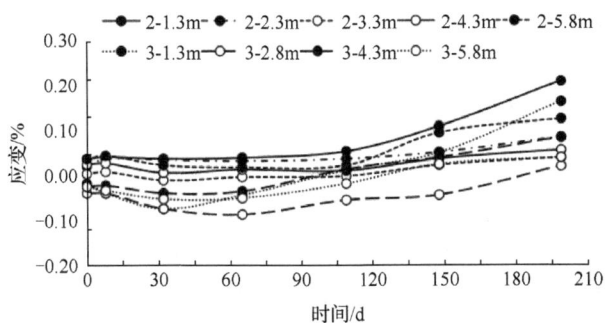

（d）竣工后第10层筋材应变随时间变化

图 5-46（续）

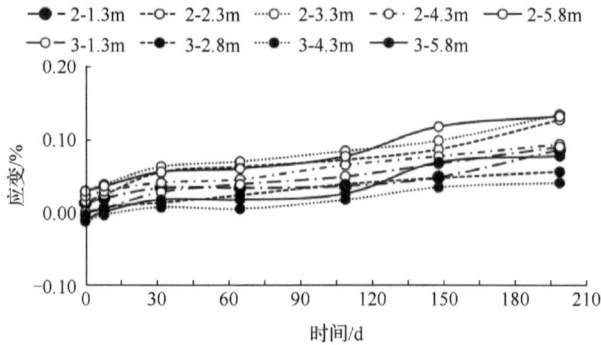

（e）竣工后第13层筋材应变随时间变化

图 5-46（续）

通过筋材应变曲线可得如下结论。

（1）在加筋土边坡施工过程中，底部层位筋材应变值随填筑高度的增加而减小，中间层位筋材（除新老路基搭接处位置逐渐增大）应变随填筑高度的增加而减小，上层筋材随填筑高度的增加而变大。每层筋材应变变化速率不同，第一次填筑碾压所产生的应变改变量最大，随填筑高度增加，应变值变化趋于平缓，填筑对底层筋材应变影响逐渐减小。

分析：中部和下部层位格栅应变出现减小甚至负应变情况，说明格栅发生了压缩或弯曲。出现这种情况主要有三点原因：由于加筋体结构进行一定深度的地基处理，新填地基和路基压实程度存在一定不足，在下一层填筑过程时存在较大的压缩变化，使格栅向下弯曲；填料表面不平顺，在填筑碾压过程中有大粒径填料凸起，使格栅向上弯曲；根据现场施工条件，由于本项目为路基加宽工程，当填筑高度低于 4m 时，填料通过老路基向新路基侧向摊铺，难免出现格栅褶皱。根据柔性位移计监测工作原理，位移计拉伸时，监测数据为正值，当格栅发生褶皱、弯曲时导致格栅横肋间距变小，位移计压缩，所测数据减小，出现负值。

第一次碾压对筋材扰动最大，导致筋材应变值变化较大；当填筑较高时，由于格栅承担部分土体的垂直土压力，底层格栅应变改变很小。

（2）填土厚度变化时，每层筋材应变沿筋长方向分布规律大致不变，但不同层位筋材应变沿筋长方向分布有所差异，在靠近坡面处和筋材末端大部分筋材应变较大，且筋材大多以单、双峰值分布，即加筋体底部筋材应变以双波峰值分布，加筋体上部筋材应变以单波峰值分布。

分析：因筋材没有竖向刚度，当受到上部土体的竖向应力和下部土体不均匀沉降导致应变呈不均匀分布。靠近坡面处由于返包体压实度比路基内部相对较低，返包体的逐渐压密过程产生不均匀沉降，且坡面处返包体筋材限制土体侧向位移，导致筋材应变较大；筋材末端处于新老路基搭接处协调不均匀沉降，并作为加筋体锚固区承受较大拉力应变较大。

（3）施工期间，筋材应变较低，最大拉伸应变不超过 0.61%，运营通车后 150d 四个断面的筋材拉伸应变最大值不超过 0.61%，最大拉伸应变出现在靠近坡面位置，最小值不小于 -0.6%，相当于格栅承受最大拉力不超过 5.03kN/m 的荷载，与极限抗拉强度 65kN/m 相比，其大小仅占极限抗拉强度的 7.7%。施工过程中格栅应变主要由碾压和填料自重产生，其中首次碾压队筋材应变影响较大；竣工后，格栅应变主要来自路基自身固结压缩、路面自重荷载和行车荷载产生的应变。

分析：在施工过程中筋材处于较低应变状态，设计安全储备较多，应变主要受填料碾压、固结压缩和填料类型等影响，导致筋材在局部出现峰值，在设计和施工中应考虑重点部位筋材应变的影响因素。

（4）加筋土边坡竣工后 87d 通车运营，通车运营前筋材应变值变化稳定，在远离坡面侧有一定的下降趋势，虽然期间路基上部摊铺 0.74m 厚路面结构层，但比较施工期间与竣工后筋材应变值，其没有较大增加，最大增幅为 0.03%。

分析：由于老路基处沉降导致筋材形态改变，筋材原绷紧的状态改变导致应变减小。路面施工前加筋体结构中填料与筋材相互摩擦产生一定应变，已经达到平衡状态，路面结构分层摊铺且每层摊铺间隔较长，不足以影响筋材产生较大应变。

（5）通车运营后，随时间推移，筋材应变逐渐增加，其中靠近坡面处筋材应变增加速率最大，由坡面向加筋体内部应变速率逐渐减小，最大速率为 0.12%/30d。

分析：通车前，加筋体结构已完成初步的固结密实，行车荷载作用于加筋体产生垂直附加应力，由于密实加筋复合体的水平位移限制和网兜作用，消散上部附加应力使水平位移增加，靠近坡面处应变增大。

3. 潜在滑裂面分析

筋材与土体沿筋材长度方向应变相同，且筋土之间无相对位移，对于加筋土结构潜在破裂面分析，常以实测受力筋材最大拉力值为准，筋材拉力通过现场试验监测峰值应变得到。根据现场监测结果采集筋材应变峰值，由于各断面在近坡面处和远离坡面处出现两个较大应变值点，标定潜在破裂面数据汇总如表 5-5～表 5-8 所示，同时根据表中四个断面潜在破裂面的数据汇总，将相同高度的路基潜在破裂面进行对比，结果如图 5-47 所示。

表 5-5　断面 K240+580 潜在破裂面数据汇总

格栅层位	靠近坡面处		筋材末端处	
	峰值应变/%	距坡面距离/m	峰值应变/%	距坡面距离/m
第 1 层	0.12	1.3	0.06	2.3
第 4 层	0.31	1.3	0.03	5.8
第 7 层	0.61	1.3	0.18	2.3
第 10 层	0.15	1.3	0.12	4.3

表 5-6　断面 K241+098 潜在破裂面数据汇总

格栅层位	靠近坡面处		筋材末端处	
	峰值应变/%	距坡面距离/m	峰值应变/%	距坡面距离/m
第 1 层	0.06	1.3	0.09	2.3
第 4 层	0.13	1.3	0.07	2.8
第 7 层	0.14	1.3	0.03	4.3
第 10 层	0.07	1.3	0.08	5.8

表 5-7　断面 K240+608 潜在破裂面数据汇总

格栅层位	靠近坡面处		筋材末端处	
	峰值应变/%	距坡面距离/m	峰值应变/%	距坡面距离/m
第 1 层	0.19	1.3	0.02	2.3
第 4 层	0.22	1.3	0.06	3.3
第 7 层	0.46	1.3	0.07	5.3
第 10 层	0.21	1.3	0.12	5.3
第 13 层	0.13	2.2/3	0.13	5.3

表 5-8　断面 K241+073 潜在破裂面数据汇总

格栅层位	靠近坡面处		筋材末端处	
	峰值应变/%	距坡面距离/m	峰值应变/%	距坡面距离/m
第 1 层	0.09	1.3	0.04	2.3
第 4 层	0.12	1.3	0.05	5.8
第 7 层	0.21	1.3	0.00	4.3
第 10 层	0.16	1.3	0.08	4.3
第 13 层	0.09	1.3	0.08	5.3

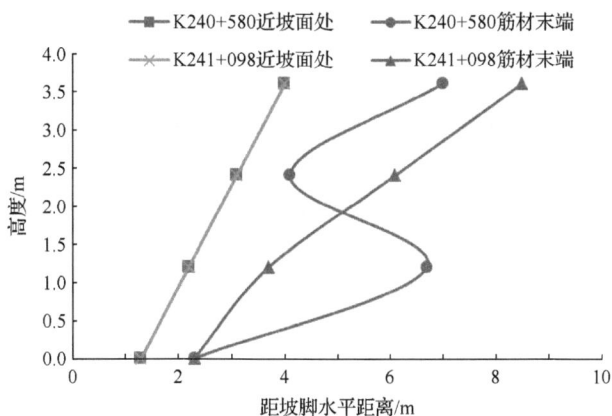

（a）断面K240+580、K241+098潜在破裂面图

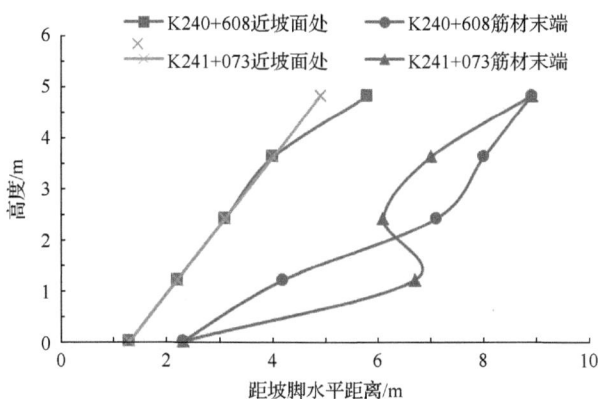

（b）断面K240+608、K241+073潜在破裂面图

图 5-47　加筋土结构潜在破裂面图

　　根据监测数据可知，加筋土结构出现两个应变量较大滑裂面，一个靠近坡面处，另外一个靠近筋材末端部。靠近坡面处由于压实程度不足，随时间推移，固结程度不断提高，靠近坡面位置产生一定量竖向位移，使此处筋材发生较大拉伸变形；筋材末端作为锚固区，承受拉力较大，因此应变较大，并且筋材末端处于路基搭接位置，由于不均匀沉降的原因，筋材应变较大。因加筋体结构加入了筋材使结构成为一复合体，内部稳定性得到改善，且在很大程度上提高了填料的 c、φ 值，使破裂面位置后移出现在新老路基搭接位置。这一点在有关的研究中得到验证，即筋材密度越大，滑裂面越往后移，具有明显地避开加筋复合体的趋势。由于从当前数据分析，格栅应变整体较小，认定远离坡面处应变值较大点连线为更危险滑裂面。

5.4.4 自然放坡路基加宽结构试验结果分析

本节将加宽路基横断面不均匀沉降作为加宽路基质量的重要衡量指标,对自然填土放坡加宽路基进行基底横剖面沉降监测,了解其结构状态,以与加筋土陡坡结构进行对比分析。

由自然放坡加宽路基横剖面沉降曲线(图 5-48)及最大沉降点沉降量-填高-时间曲线(图 5-49),可得如下结论。

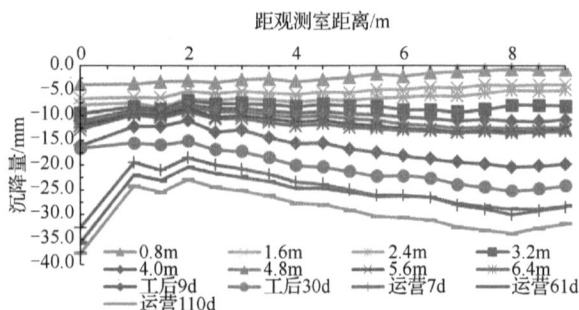

图 5-48 自然放坡加宽路基横剖面沉降量曲线

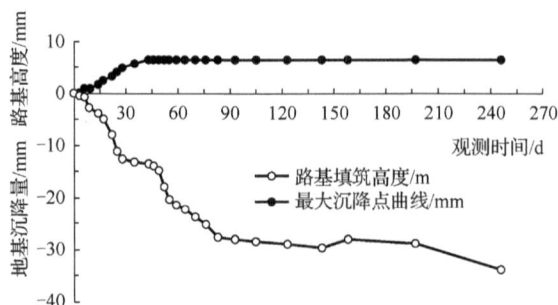

图 5-49 自然放坡加宽路基最大沉降点沉降量-填高-时间曲线

(1)随填筑高度的增加,加宽地基横剖面各观测点累计沉降量逐渐增大,但沉降速率逐渐减小。路基施工期间,由老路基坡脚向新路基坡脚各观测点累计沉降量先逐渐增大后减小(除坡脚处观测室外),最大沉降点发生在剖面管 8m 位置,其累计沉降量为 13.6mm,日平均沉降量为 0.32mm,自然放坡加宽路基新老路基不均匀沉降量较小。

分析:随填筑高度的增加导致荷载增加,地基土压实程度不断提高,固结沉降量逐渐减小;由于靠近老路基坡脚处新地基受老路基荷载长期影响,已发生部分固结压缩,地基沉降量在 8m 位置出现减小趋势;受环境及坡面压实程度等条件影响,观测室处测点出现较大沉降,但对其他测点并无影响。

（2）路基施工结束后，随时间推移，地基累计沉降量逐渐增大，沉降速率呈现先增大后减小再增大趋势，平均沉降速率为 3mm/30d。

分析：地基固结压缩沉降随时间推移速率逐渐减小，通车运营后由于荷载的增加沉降速率逐渐增大，通车 110d 后沉降趋于稳定。

（3）自然放坡结构在通车后由于行车荷载等因素的影响，在坡脚处发生较大沉降，在距坡脚 2m 位置地基沉降量最小，为 23mm。因此，在施工过程中应保证靠近坡面处的地基、路基压实质量，适当增加坡面松软土的刷坡深度，以减小竣工后因固结压缩造成的沉降影响。

5.4.5　加筋土陡坡与自然放坡结构沉降对比分析

自然放坡路基加宽结构作为对照试验断面与加筋土陡坡结构进行对比分析，将竣工后与通车 112d 后两种不同结构形式路基加宽断面地基沉降量进行分析（图 5-50 和图 5-51），以便更好地了解加筋土结构的应用特点，图中分别为自然放坡断面 K237+980（高度 6.4m）与加筋土陡坡四个断面 K240+580（高度 4.8m）、K240+608（高度 5.6m）、K241+073（高度 5.6m）、K241+098（高度 4.8m）的沉降量曲线。

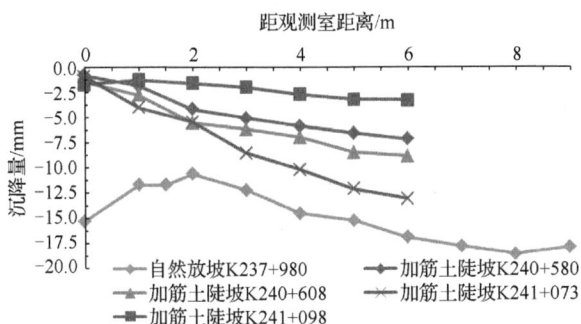

图 5-50　不同路基加宽结构竣工后地基横断面沉降量曲线

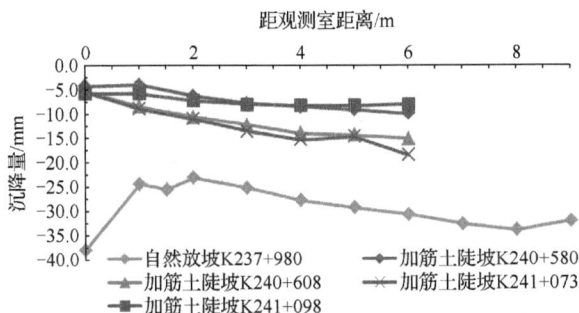

图 5-51　不同路基加宽结构运营 112d 后地基横断面沉降量曲线

通过分析不同路基加宽结构在竣工后与通车 112d 后地基横断面沉降曲线可得出如下结论。

（1）竣工后，除个别断面外，加筋土陡坡结构地基沉降沿横断面方向变化较为平缓；自然放坡结构地基沉降沿横断面方向变化较大，且在新路基坡脚处出现较大波动。自然放坡结构地基沉降量与加筋土结构相比，整体偏大，且在横断面方向上，加筋土结构比自然放坡结构对不均匀沉降量控制得更好。

（2）上述图中各试验断面路基高度分别为 4.8m、5.6m 和 6.4m，因此，通车112d 后各加宽路基横断面沉降量呈梯度变化，随高度的增加沉降量变大；沿横断面方向沉降变形趋势逐渐明显，加筋土结构沿横向变化平缓，而自然放坡结构在横断面方向波动较大。

（3）通过上述图中可以发现，相较于加筋土陡坡结构坡脚处沉降，自然放坡结构沉降量非常大，可得加筋土陡坡在控制路基变形协调性方面较好。由于加筋土结构中有筋材的拉拔作用使结构整体性更强，可消散局部较大的应力，使路基结构的变形更为均匀；而自然放坡结构采用散体性质的素土填料，因此变形波动性较大。通过监测数据可知，靠近路基搭接处加筋土结构筋材应变较大，说明新老路基发生相对位移，格栅可增强搭接处填料的抗剪强度，从而提高加宽路基与老路基的衔接性能。

5.5　加筋土陡坡加宽路基结构行为数值模拟

5.5.1　计算模型建立

1. 模型材料参数的选取

模型材料参数是结合新元高速公路改扩建工程设计资料及室内力学特性试验等并通过计算得到，主要材料参数如表 5-9 和表 5-10 所示。

FLAC3D 软件中有多种能够精确模拟土体本构关系的模型，因摩尔-库仑模型及线弹性模型具有参数少且容易确定等优点，数值模拟中地基土和路基填料均采用摩尔-库仑模型，土工格栅采用线弹性模型进行模拟[67]。

对于本构模型中的重要参数取值进行几点说明[68]：土体的本构关系摩尔-库仑模型中体积模量（K）和剪切模量（G）一般由杨氏模量和泊松比通过 $K=E/3（1-2v）$ 和 $G=E/2（1+v）$ 计算得出来表征材料刚度，其中泊松比常根据 $K_0=\sigma_h/\sigma_v=v/（1-v）$ 来确定，本模型中泊松比取值范围为 0.2～0.35；土力学中，土体变形模量有初始

模量 E_0、割线模量 E_{50} 和卸载模量 E_{UR} 等多种。参考相关资料可知，土体加载问题常采用割线模量作为材料的变形模量（即杨氏模量）。剪胀角反映材料的剪胀性，参考有关资料，得知多数情况下材料剪胀角为零。

表 5-9　模型材料参数

材料	重度/（kN/m³）	体积模量/MPa	剪切模量/MPa	泊松比	黏聚力/kPa	内摩擦角/（°）
粗砂	18	35	16.2	0.3	0	39
中砂	18.2	30	13.8	0.3	0	36
粉土	19.5	43.3	14.4	0.35	6	37
老路基	18.7	25	18	0.28	10	35
自然放坡填料	19	25	18.6	0.28	20	32
加筋土填料	20.8	16.7	18.1	0.2	29.5	33.1

表 5-10　加筋材料参数

加筋材料型号	各向同性材料参数		厚度/mm	耦合弹簧黏聚力/kPa	耦合弹簧摩擦角/（°）	耦合弹簧单位面积刚度/kPa
	拉伸模量/（kN/m）	泊松比				
HDPE TGDG 65	825	0.2	1	4.9	5.7	1300

2. 加筋土陡坡计算模型的建立

根据现场实际情况，对四个试验断面建立两个不同高度的计算模型，模型均采用新元高速公路改扩建工程试验断面的实际尺寸，建立三维计算模型如图 5-52 所示。模型建立时根据各部分尺寸划分网格，土工格栅和土工格室通过软件自带结构单元进行模拟。为减小边界条件对计算结果的影响，本模型取地基深度为 15m、宽为 30m，地基土自下而上为粉土和中砂，其厚度分别为 10m、5m，新加宽地基采用土工格室进行地基处理，处理深度为 0.6m；老路基边坡采用台阶开挖方式加宽，台阶尺寸为高 1.2m、宽 1.8m；两个计算断面加筋土陡坡路基高度分别为 5.6m 和 4.8m，土工格栅自底部开始铺设每 0.4m 一层，加筋土坡率采用 1：0.75；为简化计算，采用 1/2 对称模型，路基顶面宽度取 17.4m。

3. 自然放坡计算模型的建立

自然放坡路基加宽结构作为对比断面，根据实际尺寸建立数值模拟分析模型，地基自下而上为粉土和粗砂，厚度分别为 5.5m 和 9.5m，地基采用土工格室进行

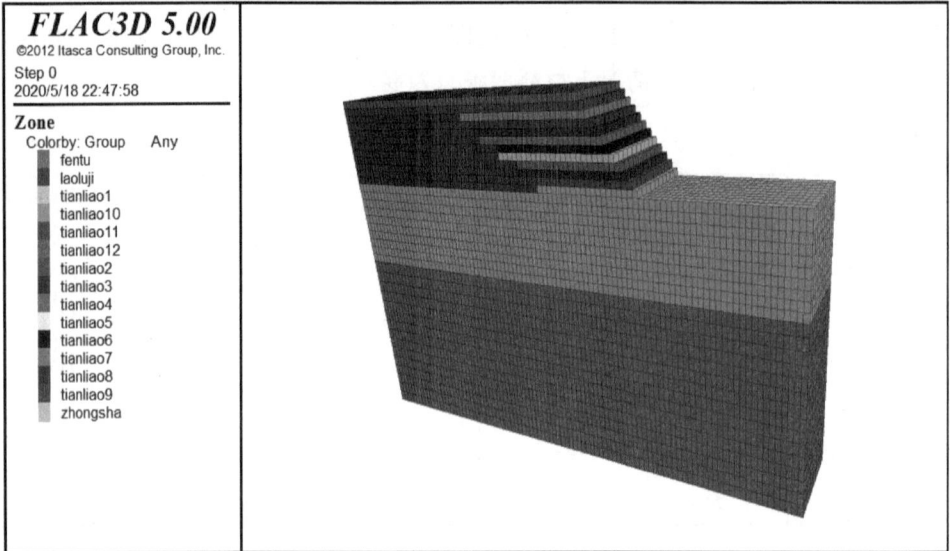

（a）K240+580 左、K241+098 左

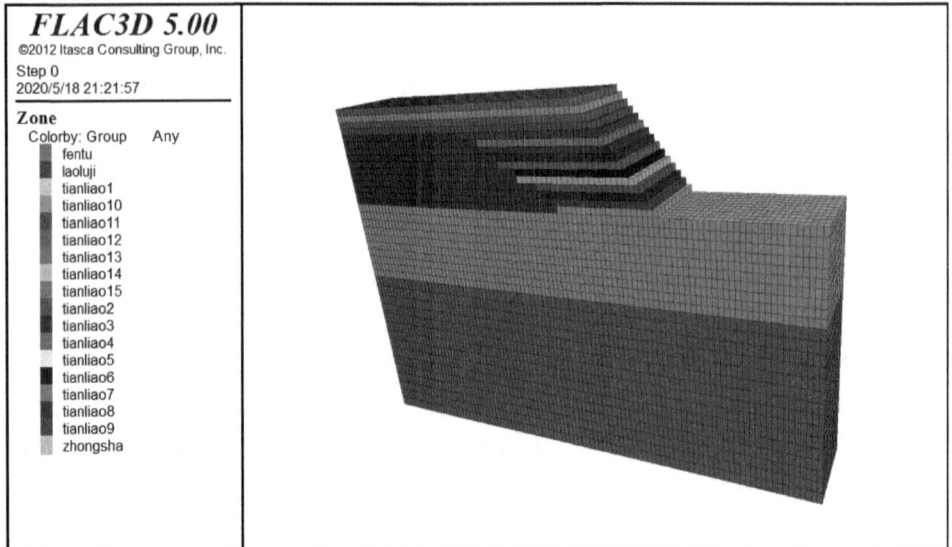

（b）K240+608 左、K241+073 左

图 5-52　加筋土陡坡加宽结构计算模型

处理，厚度为 0.6m，老路基边坡依然采用台阶开挖法，尺寸为高 0.8m、宽 1.2m，路基高度为 6.4m，分层填筑至路基顶，其计算模型如图 5-53 所示。

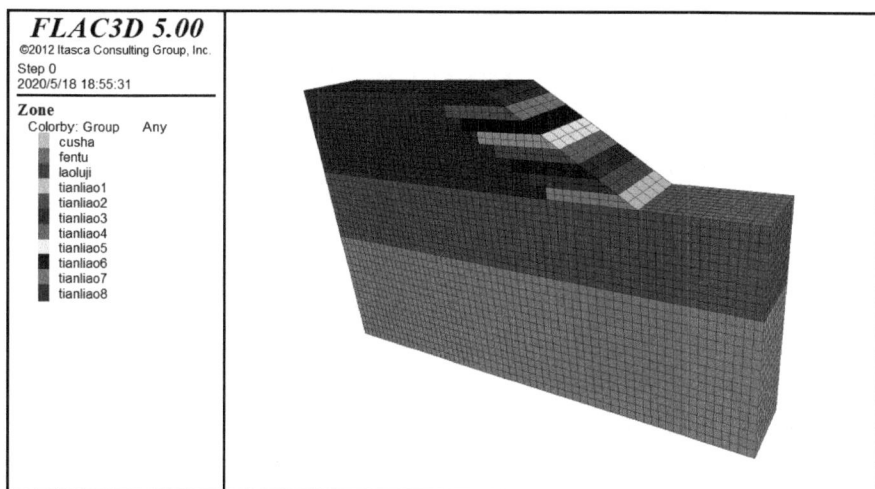

图 5-53　自然放坡加宽结构计算模型

5.5.2　数值模拟结果分析

　　加筋土陡坡数值模拟计算按施工步骤进行计算分析，首先对老路基和地基进行初始的应力平衡，再进行台阶开挖及分层填筑施工等计算分析，每层加筋土填高为 0.4m。监测每个施工工序过程中加筋土陡坡最大不平衡力的发展情况，当最大不平衡力小于 1×10^{-5}N 时，此施工工序计算结束，再进行下一步计算。图 5-54 为各断面加筋土陡坡最大不平衡力的变化情况。

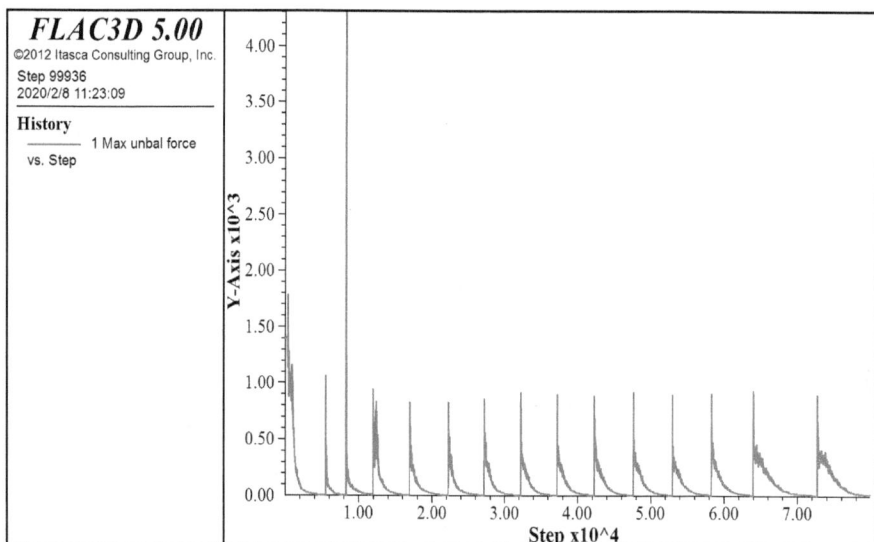

（a）K240+580 左、K241+098 左

图 5-54　加筋土陡坡最大不平衡力的变化情况

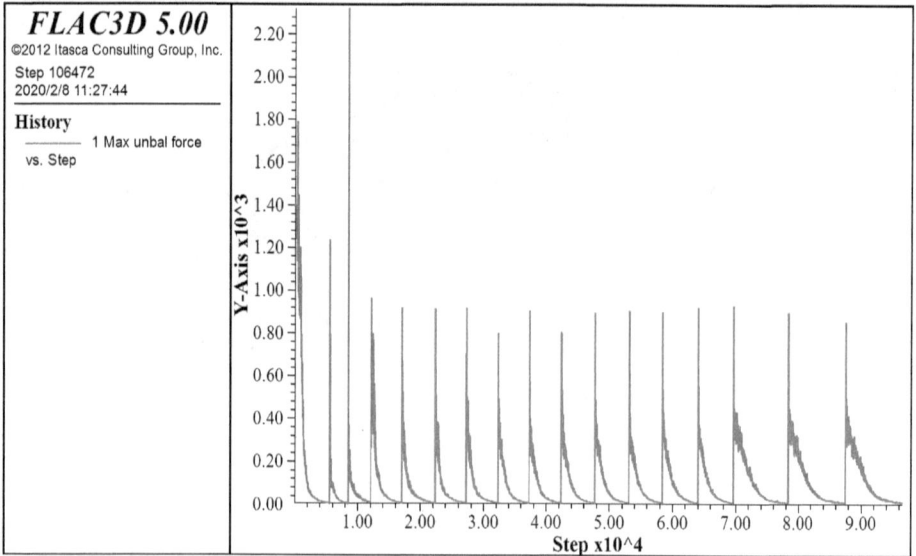

（b）K240+608 左、K241+073 左

图 5-54（续）

1. 路基竖向位移分布规律

图 5-55 为加筋土陡坡加宽路基结构填筑完成后竖向位移分布云图。

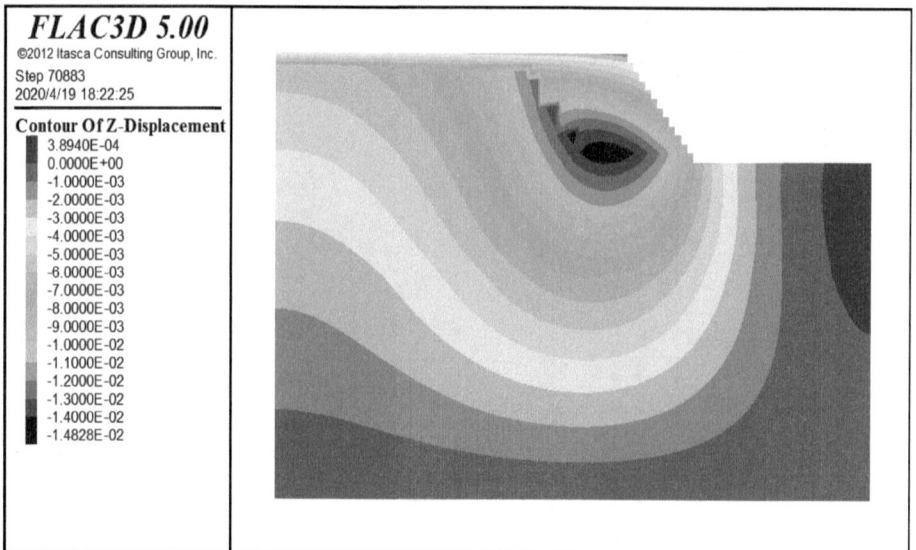

（a）K240+580 左、K241+098 左

图 5-55　加筋土陡坡加宽路基结构填筑完成后竖向位移分布云图

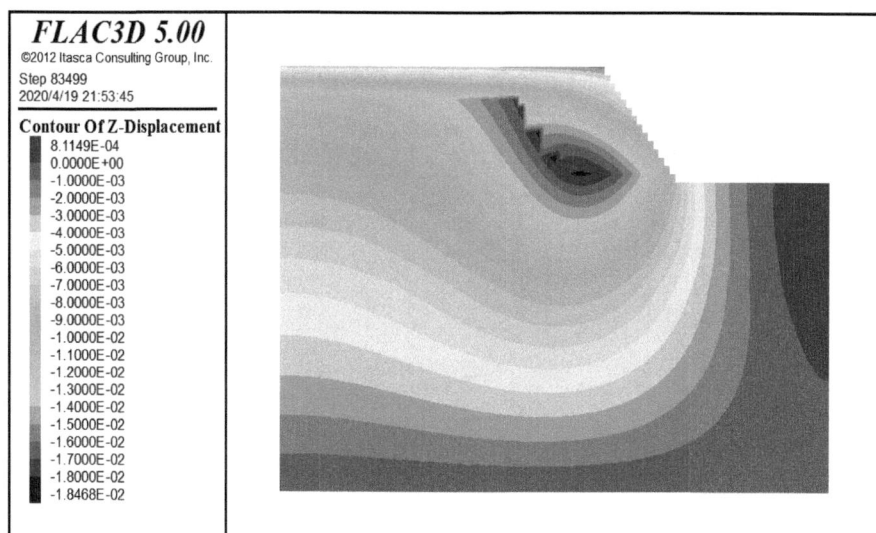

（b）K240+608 左、K241+073 左

图 5-55（续）

从图 5-55 可以看出，两种不同高度断面形式的加筋土陡坡路基结构在施工完成后，竖向位移变化规律相似，即随路基高度增加，竖向位移增大；两个结构断面模拟的整体竖向位移都处于较低水平，各部位最大竖向位移分别为 14.8mm 和 18.5mm。由于老路基在原基础上高度抬升 0.4～2.2m，老路基部分存在一定压密沉降；与路基中心处相比，由于路基边坡处存在不可避免的压实度不足问题，在老路基边坡处一定深度范围内产生了较大的竖向位移；新路基重心处在新路基和老路基的路肩之间，并处于老路基坡脚上方，因此老路基坡脚处位移较大。对于设计施工过程中应控制老路基边坡的开挖深度，并保证路基搭接处的压实质量。

图 5-56 和图 5-57 分别为路基填筑完成后地基横剖面累计沉降量和地基最大沉降点随填筑高度沉降量曲线。

通过两种高度断面的模拟数据与观测数据对比分析可得出如下结论。

（1）路基填筑完成后横剖面累计沉降量模拟结果与实测结果变化规律一直，最大沉降量都发生在靠近老路基坡脚的位置，且距观测室距离增加沉降量逐渐增大，各断面累计沉降量模拟值比实测值偏大，且沿路基横断面分布较为平缓。

由于路基沉降量都处于较低水平，四个观测断面中，实测累计沉降量最大值不超过 13.1mm，且模拟参数比实际值存在一定误差，因此模拟结果与实测值存在偏差；在数值模拟过程中整个路基断面均采用相同的变形模量等参数，使筋材更好地协调路基变形，断面沉降变化较缓，而实际中路基靠近边坡处与靠近中心处压实度存在差异，导致变形模量及与筋材的相互作用等不同，因此与模拟值相比，其对协调不均匀沉降量控制效果较差。在施工过程中尽量保证边坡处的压实效果。

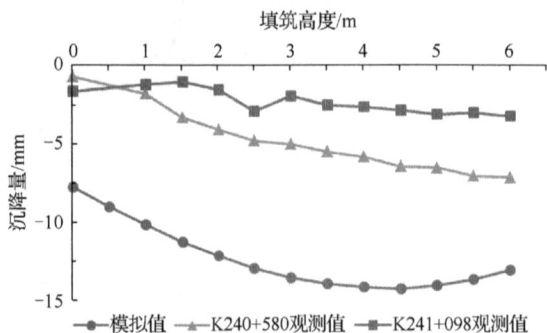

（a）K240+580左、K241+098左

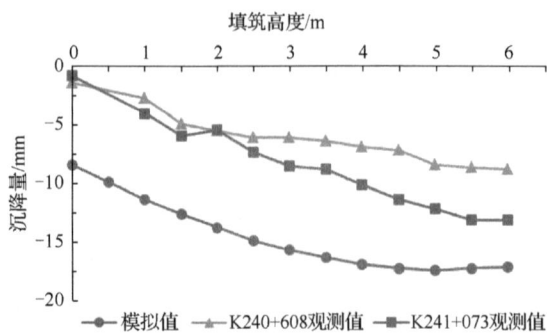

（b）K240+608左、K241+073左

图 5-56　路基填筑完成后地基横剖面累计沉降量曲线

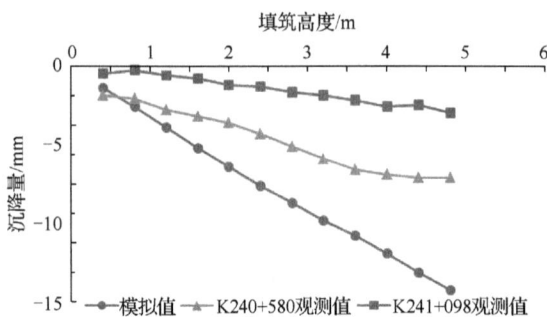

（a）K240+580左、K241+098左

图 5-57　地基最大沉降点随填筑高度沉降量曲线

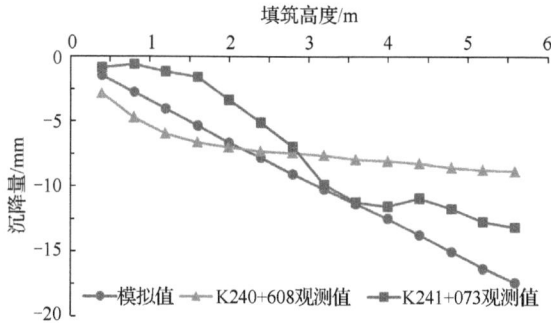

（b）K240+608左、K241+073左

图 5-57（续）

（2）根据地基最大沉降点随填筑高度的变化关系，实测值与模拟值变化规律相似，地基沉降量随填高逐渐增大。由于测量误差及模拟过程中参数选取的原因，模拟值比实测值偏大，但随填高的变化规律基本一致，说明模拟结果可取。

2. 路基水平位移的分布规律

图 5-58 为路基水平位移分布云图。从图中看出，加筋土陡坡路基施工完成后水平位移量处于较低水平，两个模拟断面位移分布规律基本相同，新路基坡面自下而上水平位移逐渐增大，在路基顶部位置位移减小，新路基坡面处位移大多为负位移，两个模拟断面中最大位移量为-2.2mm，即坡面向路基中心发生少许位移；老路基水平位移与新路基相比，位移量较小，在路肩位置出现最大值，为3.4mm。

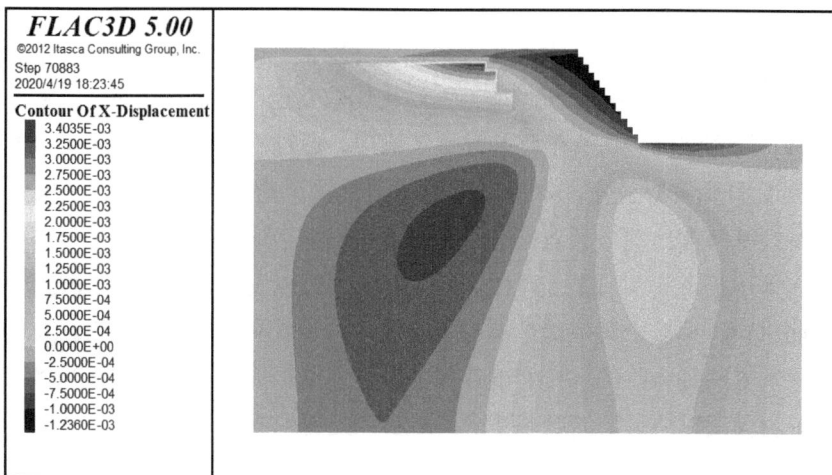

（a）K240+580 左、K241+098 左

图 5-58 路基水平位移分布云图

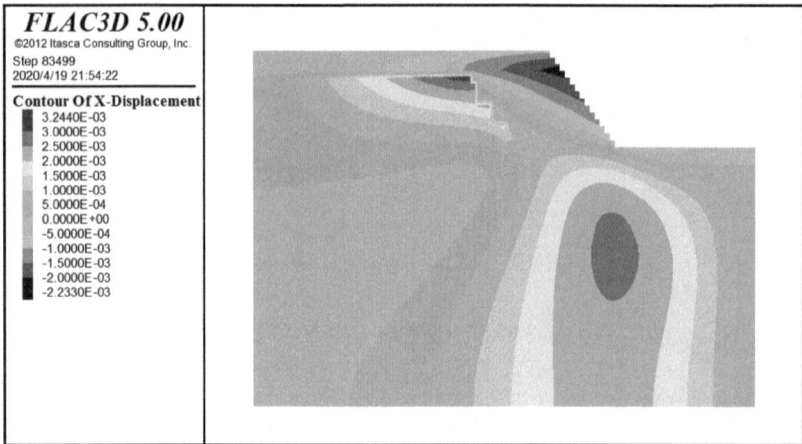

（b）K240+608 左、K241+073 左

图 5-58（续）

出现上述情况，可对比竖向位移云图分析，是由于新老路基搭接处台阶发生沉降，导致新路基内侧发生较大沉降，水平位移朝向路基内侧。

3. 加筋土陡坡结构稳定性分析

由于强度折减差分法不需假定滑裂面形式和位置，可直接求出边坡安全系数，得到各单元应力和变形情况，直接得到土体破坏区域，其与计算结果偏于保守的瑞典条分法和简化 Bishop 法相比更为合理，因此，采用强度折减法进行边坡安全系数计算。

如图 5-59 所示，通过对两种高度断面进行安全系数计算，得出安全系数分别为 2.56 和 2.39，可知该加筋土试验断面结构比较安全，稳定性较高，该种结构形式和筋材布设方法比较适合于路基加宽结构中。通过剪应变增量云图可以看出，两种高度断面最大剪应变基本沿老路基路肩位置至新路基坡脚位置呈圆弧状分布，且新地基外侧出现最大剪应变点。因此，应适当增加新地基的处理深度和宽度，并保证地基土压实质量；对比竖向位移云图可以发现，老路基边坡内部没有铺设加筋材料，相较于其他部位抗剪强度低，因此剪应变较大。在设计及施工中应尽量加宽老路基台阶的搭接宽度并保证台阶处筋材铺设质量，或适当增加路基搭接处筋材强度以协调新老路基变形，减小此处剪应变。

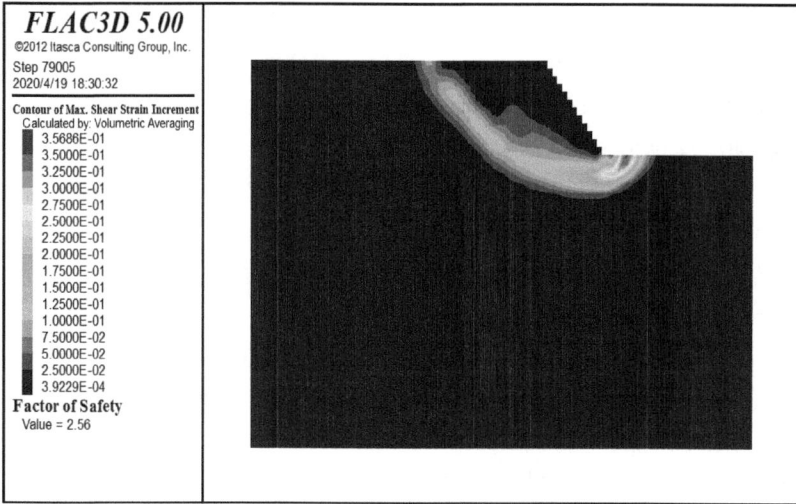

（a）K240+580 左、K241+098 左

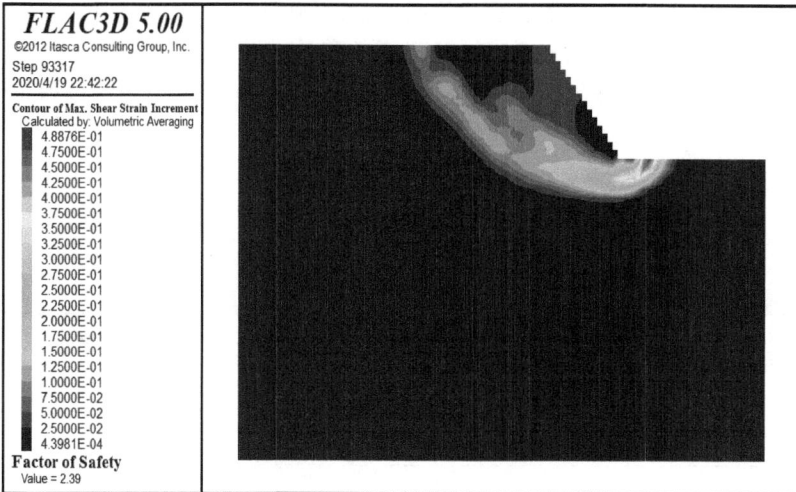

（b）K240+608 左、K241+073 左

图 5-59　加筋土陡坡路基最大剪应变增量云图

5.6　加筋土陡坡加宽路基施工及控制技术研究

5.6.1　总体技术要求

为增加新老路基的整体协调性，避免或减少横向错台和纵向裂缝的发生，在加宽填筑路基前，先对老路基边坡和加宽路基的基底进行 30cm（垂直于坡面方向）

的清表处理，然后自下向上开挖台阶，台阶高度与填土路基开挖台阶相同，并对基底换填 30cm 级配碎石[69]。

（1）加筋土陡边坡系统主要包括以下部分。

① 坡面：反包土工袋。

② 土工格栅：边坡内部采用高密度聚乙烯单向拉伸土工格栅加筋，竖向层间距为 40cm。

③ 填料：碎石土，综合内摩擦角不小于 30°，最大粒径不大于 10cm，碎石含量不低于 30%，压实度应符合要求。

（2）土工袋袋体材料及性能要求。土工袋袋体布料必须采用非织造针刺经熨烫的无纺布缝制而成，材料为 100%高强聚丙烯，具有抗紫外线、耐酸耐碱、抗微生物侵蚀、透水不透土等特性。

（3）土工袋袋内装土土料要求如下。

① 基础层装入砾石或级配料，碎石粒径为 2～5cm。

② 土工袋的装填土要求有利于植物生长，颗粒应均匀，无石块、根茎和其他杂物，不得使用 pH>8 的碱性土壤和 pH<5 的酸性土壤。

③ 当为黏性土时需先敲碎后装袋，并需掺加 20%的细砂以增加袋内土体的透水性能。

④ 装填土含水量尽量控制在最佳含水量附近。

（4）土工格栅的技术指标如表 5-11 所示。

表 5-11 土工格栅技术指标

项目	技术指标值
格栅类型	TGDG65
聚合物原料	HDPE
生产工艺	整体拉伸单向
质控抗拉强度/（kN/m）	65.0
2%应变时的抗拉强度/（kN/m）	16.5
5%应变时的抗拉强度/（kN/m）	31.5
20℃下蠕变极限强度/（kN/m）	26.0
最小炭黑含量/%	2.0
化学剂破坏影响系数	1.0
生物破坏影响系数	1.0

土工格栅加筋土陡边坡坡面返包土工袋详图如图5-60所示；土工格栅连接棒连接详图如图5-61所示。

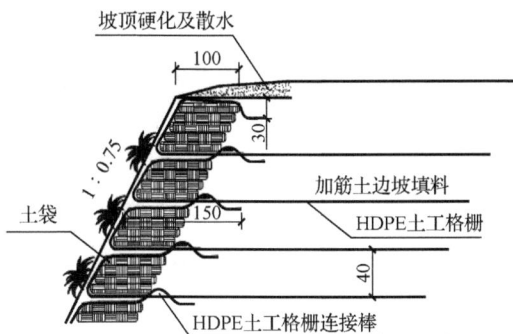

图5-60   土工格栅加筋土陡边坡坡面返包土工袋详图

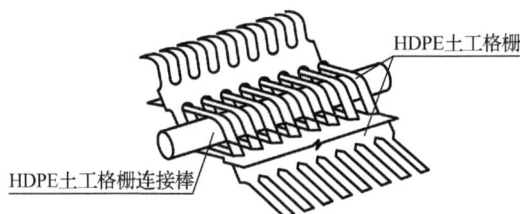

图5-61   土工格栅连接棒连接详图

5.6.2   加筋土陡坡加宽路基施工工艺研究

加筋土陡边坡以其优良的结构性能和路用性能被越来越多地应用到路基工程中，在高速公路改扩建中也正通过节省占地、控制新老路基不均匀变形等优势逐渐扩大使用范围。

加筋土陡边坡具有节省占地、结构稳定性好、施工工艺简单等特点，可以满足许多复杂工况条件。加筋土陡边坡加宽路基常规施工工艺流程如图5-62所示。

5.6.3   加筋土陡坡加宽路基施工质量控制技术研究

1. 地基处理

由于新加宽路基坡脚处于边沟位置，对老路基的边沟和坡脚应进行回填加固处理以保证新加宽路基的地基稳定性，根据现场情况清除边沟内表层土30cm或软弱泥土，并回填砂砾石。对加筋土结构底部0.6m深度范围内地基土进行土工格室加固处理（图5-63），以提高其整体强度，避免不均匀沉降。

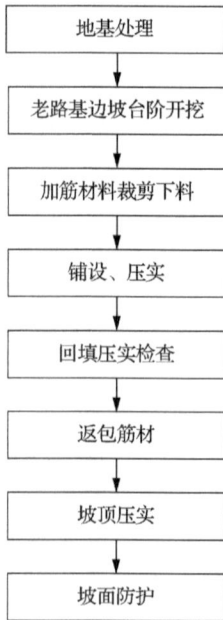

图 5-62　加筋土陡边坡加宽路基施工工艺流程

2. 老路基边坡台阶开挖

路基采用分级开挖台阶加宽的形式达到对道路的拓宽,按照设计图纸,随填筑高度的增加,每填筑 0.8m 高对老路基边坡开挖一次台阶(图 5-64),对开挖台阶后的加宽段地基进行压实整平,满足设计压实度要求,严禁有尖锐突出物。

3. 铺设加筋格栅

土工格栅采用人工分层铺设,根据每层 0.4m 的碾压层厚度及设计返包长度预留不少于 2m 长度格栅。用长 U 形钢筋将格栅固定在基层面,相邻两幅格栅之间应确保搭接无缝。对于单项格栅,铺设时应纵肋垂直于坡面,并保证筋材平顺、不褶皱(图 5-65)。

图 5-63　土工格室加固地基

图 5-64　老路基边坡开挖台阶

图 5-65　铺设加筋格栅

4. 筋材上铺土压实

采用人工张拉的方式将格栅拉紧并固定另一端。使用张拉梁将格栅自由端拽紧，张拉格栅应至少两人同时进行，保证张拉到位，采用 U 形钢筋钉完全固定格栅。将预先装满土（草籽）的土工袋整齐码砌并夯实于加筋土边坡。由于路基两侧拓宽工程的天然地理优势，从老路基进行上料填土，采用挖掘机进行摊铺粗平，以减小格栅的施工损伤及移位，避免车辆及施工机械直接碾压格栅（图 5-66）。在近坡面 1m 处用轻型压实机械压实，以便避免土工袋在碾压过程中发生较大侧向位移，并保持坡面平整。

图 5-66　土工格栅填土压实

5. 格栅返包与连接

当压实层达到上层格栅标高后，按设计标准对压实层表面整平处理，铺设该层格栅。将下层预留格栅返包至该层，返包长度应大于 1m，用 HDPE 连接棒将该上下两层格栅连接（图 5-67）。采用张拉梁穿过格栅纵肋施加张拉力，绷紧下层返包格栅与上层间的连接，并用 U 形钉将其固定于压实层表面。

图 5-67　土工格栅返包与连接

6. 重复格栅铺设、填料压实及返包固定

重复格栅铺设、填料压实及返包固定步骤，直至达到设计标高。最顶层格栅应保证有足够长度埋于填料下面，以保证提供足够的锚固力，并按要求压实最上面一层填土。

7. 坡面防护

根据设计要求进行坡面防护施工。无纺布材质土工袋长期暴露于自然环境中，对其寿命会产生很大影响，因此对于加筋土陡边坡采取边坡土工袋预埋草籽或后期植草的方法进行坡面防护，使人工种植草皮更好地融入加筋土坡面结构中形成复合的坡面防护体系，并减小紫外线、酸碱性物质等自然环境对土工袋和筋材的辐射、侵蚀作用，以及减少雨水对坡面的冲刷作用，提高结构的整体稳定性与耐久性。

5.7　本 章 小 结

　　由于新元高速公路改扩建工程路基加宽部分地段占地受限，在 K240+528～K241+500 左侧等采用了土工格栅加筋土陡坡加宽路基。为了解新型加宽路基结构的稳定性及沉降变形行为，进行了路基填料物理、力学特性及筋土界面摩擦特性试验，土工格栅加筋土陡坡加宽路基设计与不均匀沉降影响因素分析，以及土工格栅加筋土陡坡加宽路基结构行为、现场试验、施工及控制技术等研究。

参 考 文 献

[1] 杨广庆, 高民欢, 陈君朝, 等. 高速公路改扩建路基加宽锚固加筋技术研究[J]. 岩土工程学报, 2013, 35(增 2): 10-15.

[2] 杨广庆, 张仲帆, 熊保林, 等. 台阶开挖技术在高速公路路堤拓宽中的应用及研究[J]. 公路交通科技, 2015(1): 68-73.

[3] GU Z, LIU Q, LU Y, et al. Analysis and prevention of sinkhole collapses during the reconstruction and extension of Guang-Qing freeway, China[J]. Environmental Earth Sciences. 2016, 75(9): 788-792.

[4] 沈立森, 杨广庆, 程和堂, 等. 高速公路路基加宽土工格栅加筋优化技术研究[J]. 岩土工程学报, 2013, 35(4): 789-793.

[5] 李洪亮, 孙吉书, 李鸿运, 等. 泡沫轻质土的力学与疲劳特性分析[J]. 低温建筑技术, 2016, 38(10): 98-111.

[6] 中华人民共和国住和和城乡建设部. 气泡混合轻质土填筑工程技术规程: CJJ/T 177—2012[S]. 北京: 中国建筑工业出版社, 2012

[7] OTANI J, FELLOW T M P, HEAD Y K. Visualization for engineering property of in-situ light weight soils with air foams[J]. Soils and Foundations, 2002, 42(3): 93-105.

[8] SAWICKI A, KAZLMIEROWICZ-FRANKOWSKA K. Creep behaviour of geosynthetics[J]. Geotextiles and Geomembranes, 1998, 16(6): 365-382.

[9] 介玉新, 李广信. 加筋土数值计算的等效附加应力法[J]. 岩土工程学报, 1999, 21(5): 614-616.

[10] 杨广庆. 台阶式加筋土挡墙设计方法的研究[J]. 岩土力学与工程学报, 2004, 23(4): 695-698.

[11] 张孟喜, 孙钧. 土工合成材料加筋土应变软化特性及弹塑性分析[J]. 土木工程学报, 2000, 33(3): 104-107.

[12] 杨广庆, 蔡英, 苏谦. 高路堤加筋土挡墙的变形和受力分析[J]. 岩土力学与工程学报, 2003, 22(2): 221-226.

[13] 王贺, 杨广庆, 熊保林, 等. 模块面板式加筋土挡墙结构行为试验研究[J]. 岩土力学, 2016(2): 487-498.

[14] 高江平, 俞茂宏, 胡长顺, 等. 加筋土挡墙滑动破裂面的大型模型试验[J]. 长安大学学报(自然科学版), 2005(6): 6-9.

[15] 刘华北, LING H. 土工格栅加筋土挡土墙设计参数的弹塑性有限元研究[J]. 岩土工程学报, 2004(5): 668-673.

[16] 杨广庆, 吕鹏, 庞巍, 等. 返包式土工格栅加筋土高挡墙现场试验研究[J]. 岩土力学, 2008(2): 517-522.

[17] 吕鹏, 黄俊, 宋瑞刚, 等. 土工格栅对加宽路堤边坡稳定性能影响有限元分析[J]. 交通标准化, 2006(11): 157-159.

[18] 刘明志, 杨广庆. 列车荷载对路堤式加筋土挡墙结构力学特性影响的数值模拟[J]. 长江科学院院报, 2014, 31(3): 96-100.

[19] 高博. 高速公路改扩建工程沉降观测及评估技术研究[D]. 石家庄: 石家庄铁道大学, 2014.

[20] ZHANG W, SEYLABI E E, TACIROGLU E. An ABAQUS toolbox for soil-structure interaction analysis[J]. Computers and Geotechnics, 2019, 114(10): 114-103.

[21] 杨广庆, 张仲帆, 熊保林, 等. 台阶开挖技术在高速公路路堤拓宽中的应用及研究[J]. 公路交通科技, 2015(1): 68-73.

[22] FAMSWORTH C, BARTLETT S, NEGUSSEY D, et al. Rapid construction and settlement behavior of embankment systems on soft foundation soil[J]. Journal of Geotechnical and Geoenvironmental Engineering, 2008, 134(3): 289-301.

[23] FORSHMAN J, UOTINEN V M. Synthetic reinforcement in the widening of a road embankment on soft ground[C]//Twelfth European Conference on Soil Mechanics and geotechnical Engineering. Balkema: Rotterdam, 1999: 1489-1496.

[24] 徐泽中. 沪宁高速公路路基加宽综合处理技术研究成果报告[R]. 南京: 江苏省交通基础技术工程研究中心, 2004.

[25] 李晨明. 高速公路改扩建工程中路基拓宽的处理问题[J]. 辽宁交通科技, 2002, 33(1): 20-21.

[26] 王斌. 高速公路拼接段沉降变形特性及地基处理对策研究[D]. 南京: 河海大学, 2004.

[27] 杨广庆, 徐超, 张孟喜, 等. 土工合成材料加筋土结构应用技术指南[M]. 北京: 人民交通出版社股份有限公司, 2016.

[28] HOSSEININIA E S, FARZANEH O. A non-linear two-phase model for reinforced soils[J]. Proceedings of the Institution of Civil Engineers Ground Improvement, 2011, 164(GI4): 203-211.

[29] 唐朝生, 刘义怀, 施斌. 新老路基拼接中差异沉降的数值模拟[J]. 中国公路学报, 2007, 20(2): 13-17.

[30] LI H, SUN J, LI B. Analysis on the mechanical and fatigue properties of foamed lightweight soil[C]//Proceedings of the 2017 2nd International Conference on Civil, Transportation and Environmental Engineering(ICCTE 2017), Shenzhen, 2017.

[31] 陈磊, 刘汉龙, 陈永辉. 高速公路拓宽工程地基处理效果的数值分析[J]. 岩土工程, 2006, 27(11): 2066-2070.

[32] GHANBARI A, TAHERI M. An analytical method for calculating active earth pressure in reinforced retaining walls subject to a line surcharge[J]. Geotextiles and Geomembranes, 2012, 34: 1-10.

[33] BATHURST R J, MIYATA Y, ALLEN T M. Facing displacements in geosynthetic reinforced soil walls[C]//Earth Retention Conference. Washington, 2010: 442-459.

[34] 刘志博, 刘志铎. 新老路基结合处不均匀沉降产生纵向裂缝的施工工艺探讨[J]. 辽宁交通科技, 2001, 67(1): 9-10.

[35] 左政. 筋土界面拉拔摩擦特性试验研究[D]. 石家庄: 石家庄铁道大学, 2018.

[36] DESCHAMPS R, HYNES C, BOURDEAU P H. Embankment widening design guidelines and construction procedures[C]//Research Project Final Report. Indiana: Purdur University, 1999.

[37] 高昆. 流态粉煤灰在高速公路台背填土中的应用[J]. 交通世界, 2019(7): 36-37.

[38] 张霞. 液态粉煤灰在台背回填中的质量控制[J]. 交通世界, 2008(10): 74-75.

[39] 石振明, 赵晓伟, 彭铭. 粗粒土大三轴试验研究综述[J]. 工程地质学报, 2014, 22(5): 792-796.

[40] 罗智, 蔡国军, 卢远航, 等. 粗粒土的大型三轴试验及其变形与强度特性研究综述[J]. 岩土工程与地下工程, 2013, 33(3): 91-93.

[41] 曹顿. 悬臂式挡土墙离心试验与分析[D]. 成都: 西南交通大学, 2015.

[42] 叶观宝, 张振, 邢皓枫, 等. 面板对路堤式加筋土挡墙力学特性的影响[J]. 岩土力学, 2012, 33(3): 881-885.

[43] 黄志超. 整体式面板加筋土挡墙试验研究[D]. 石家庄: 石家庄铁道大学, 2018.

[44] 费康, 张建伟. ABAQUS 在岩土工程中的应用[M]. 北京: 中国水利水电出版社, 2010.

[45] 杨广庆, 周义涛, 周乔勇, 等. 土工格栅加筋土挡墙试验研究[J]. 岩土力学, 2009, 30(2): 206-210.

[46] 韩慕霏. 青岛疏港铁路加筋土挡墙试验研究[D]. 石家庄: 石家庄铁道大学, 2019.

[47] 刘国勇, 邓杰文, 张继平. 基于FLAC^{3D}的返包式砂泥岩加筋挡墙稳定性分析[J]. 路基工程, 2015(2): 67-76.

[48] 曹东方, 陈征宙, 邹春江, 等. 加筋土挡墙潜在破裂面分析[J]. 中国水运, 2010, 10(12): 249-250.

[49] 许淋颖. 土工格室加筋土挡墙试验研究[D]. 石家庄: 石家庄铁道大学, 2019.

[50] BROMS B B. Fabric reinforced retaining walls[J]. International Journal of Rock Mechanics and Mining Science and Geomechanics Abstracts, 1990, 27(2): 1-30.

[51] 中华人民共和国水利部. 土工合成材料测试规程: SL 235—2012[S]. 北京: 中国水利水电出版社, 2012.

[52] 中华人民共和国住房和城乡建设部. 土工合成材料应用技术规范: GB/T 50290—2014[S]. 北京: 中国计划出版社, 2014.

[53] 农飞比. 泡沫轻质土力学性能及在柳南高速改扩建工程的应用研究[D]. 南宁: 广西大学, 2018.

[54] 刘鹏, 程铠, 朱剑, 等. 高强泡沫轻质土耐久性试验研究[J]. 建材世界, 2019, 40(3): 38-41.

[55] 赵爱莉, 吴臻林, 刘军勇. 公路采空区泡沫轻质土新型注浆材料水稳性和抗冻性试验研究[J]. 公路, 2016, 61(4): 207-211.

[56] SATOH T, MITSUKURI K, TSUCHIDA T, et al. Field placing test of lightweight treated soil under seawater in kumamoto port[J]. Journal of the Japanese Geotechnical Society Soils ans Foundation, 2008, 41(5): 145-153.

[57] 中华人民共和国交通运输部. 公路土工试验规程: JTG 3430—2020[S]. 北京: 人民交通出版社, 2020.

[58] 中华人民共和国交通运输部. 公路路基设计规范: JTG D30—2015[S]. 北京: 人民交通出版社, 2015.

[59] 中华人民共和国水利部. 水利水电工程边坡设计规范: SL 386—2007[S]. 北京: 中国水利水电出版社, 2007.

[60] 中华人民共和国交通运输部. 公路排水设计规范: JTG/T D33—2012[S]. 北京: 人民交通出版社, 2013.

[61] 宗露丹. 加筋土坡内部稳定性的确定性分析及分项系数法[D]. 杭州: 浙江大学, 2016.

[62] 岳红宇, 陈功, 陈加付. 土工格栅工程特性的试验分析及其在处理公路路基中的应用[J]. 公路交通科技, 2004, 21(6): 20-24.

[63] 介玉新, 秦晓艳, 金鑫, 等. 加筋土高边坡的有限元分析[J]. 水利水电科技进展, 2012(2): 83-86.

[64] 郝鹏. 高速铁路路堤式加筋土挡墙应用技术研究[D]. 石家庄: 石家庄铁道大学, 2016.

[65] 王贺. 静动荷载作用下高速铁路土工格栅加筋土挡墙结构行为研究[D]. 北京: 北京交通大学, 2016.

[66] 胡卫国, 何桥敏. 土工格栅在填方路堤中的加筋作用试验研究[J]. 中外公路, 2018(2): 38-42.

[67] PETER T P M. 加筋土挡墙试验研究与数值分析[D]. 北京: 北京交通大学, 2018.

[68] MEHDIPOUR I, GHAZAVI M, MOAYED R Z. Numerical study on stability analysis of geocell reinforced slopes by considering the bending effect[J]. Geotextiles and Geomembranes, 2013, 37: 24-32.

[69] 陈思龙. 云南某工程挖填方边坡稳定性及岩溶地基稳定性分析[D]. 成都: 西南交通大学, 2017.